容忍與自由

胡適——著

潘光哲——選編

打開胡適思想世界的第一扇窗

目錄

卷三・個人與社會

序

願把金針度與人

中央研究院近代史研究所胡適紀念館（以下簡稱胡適紀念館），位於臺北市南港區，初建於一九六二年，迭經興革，屹立無間，始終是海內外紀念與研究一代哲人胡適最重要的殿堂。

胡適紀念館是緬懷紀念胡適的天地。胡適紀念館由三大部分構成：一為臺北南港胡適故居，是他在一九五八至一九六二年間在臺灣擔任中研院院長的住宅；故居的建築、廊道、擺設等格局，大體上仍保持胡適生前起居生活的原有風貌。二為陳列室，由美國美亞保險公司史帶（C. V. Starr）先生捐贈，建造於一九六四年。陳列室以「常設展區」展示胡適的著作、手稿、照片、遺物與紀念物、播放紀錄片等；又設有「特展區」，專題介紹胡適生命世界的軌跡，不定期更換主題。三為胡適墓園與胡適公園。進入胡適公園，依丘阜拾級而上，即至墓園，曲徑濃蔭，深有山林幽靜景致。瞻仰憑弔之餘，另有遊觀登臨之勝。凡仰慕懷念胡適或有所興趣的朋友，胡適紀念館是必到參訪的園地。胡適紀念館必將繼續努力，讓來訪的朋友享受感性與知性兼具的感動，流連而忘返。

胡適紀念館也是研究胡適生平事蹟和思想的基地。胡適紀念館得天獨厚，收藏胡適的資料（特別是晚年部分），舉世無雙。曾經親臨胡適紀念館，利用館藏資料進行研究的學者，遍布寰宇。胡適紀念館現在已經向全世界公開開放「胡適檔案檢索系統」，利用電腦網路，研究者不必親臨現場，經過簡單的申請手續，進行線上檢索系統查詢，就可以非常方便地找到與研究相關的原始資料。亦且，經過前賢費心耗神，整理編纂，並與民間出版機構通力合作，胡適紀念館主持或協助出版的資料成果，舉凡《胡適手稿》十冊、《胡適作品集》三十七冊、《胡適的日記（手稿本）》十八冊、《胡適日記全集》十冊、《胡適英文文存》三冊、《胡適未刊英文遺稿》、《不思量自難忘：胡適給韋蓮司的信》、《論學談詩二十年——胡適楊聯陞往來書札》、《萬山不許一溪奔——胡適雷震來往書信選集》、《遠路不須愁日暮：胡適晚年身影》以及新近開始推出的新版《胡適全集》等等，有口皆碑。這些資料與出版品，都為開拓「胡適研究」的廣度和深度，促成「胡適研究」的天地綻放燦爛的花朵，供應了無窮的動力。在「胡適研究」的領域裡，胡適紀念館願意持續向研究者提供服務，扮演好應盡的角色。

胡適紀念館還應該是將胡適象徵的意義發揚光大，使之得以經過批判繼承而可歷久彌新的助力。在華人世界裡，環繞著胡適的話題，從來不曾間斷，代表著胡適永遠是人們感到興趣的人物。「胡適研究」的學術成果，更是佳作頻出，蔚為顯學，彰顯了胡適必然是理解歷史趨向不可或缺的一環。可以說，在瞻望未來進程的時候，胡適的生命旅程與思想世界，無論成敗得失，都是我們永不枯竭的「思想資源」。那麼，因應時代與社會的需要，結合「胡適研究」的成果，持續推陳出新，讓胡適在歷史長河裡貢獻過的心血，可以散發永恆的光芒，能夠刺激無限的反省，胡適紀念館自然責無旁貸。基於這樣的信念，這部《容忍與自由：打開胡適思想世界的第一扇窗》，就是我們謹以敬懷之心，實現這樣的責任，推動進行的第一步嘗試。

胡適畢生著述不輟，遺存的文字財富超過千萬，實非一般讀者可以問津通覽。挑選精華之作，匯為一編，導引初學讀者略窺其間美富，進而體會吟詠其旨趣，承繼宏揚其精神，批判轉化其遺產，本來就是胡適自己已經做過的事業，一九三〇年問世的《胡適文選》，正是其例。在此之後，類似的著作，層出無已，始終是文化出版界的熱門主題。本書借鑑既有的成果，企望有所突破，自呈特色。在卷帙浩繁的胡適著述裡，本書以胡適的思想關懷為主題，盡量避免純粹學術理論的作品，精選猶然深具現實意義並可激發思考的原著二十篇，期可提供多樣角度的認知。本書的選文，基本上也力求依據最原始的資料版本進行編輯刊印，以免貽誤讀者。本書並嘗試與眾不同，選文附刊相關圖片，文圖並茂，也在每篇選文內設計「解題」與「延伸閱讀」兩個單元，書末並另附「建議閱讀書目」一篇，期可有助於初學讀者的理解和掌握。「解題」部分，摘述各文論說主旨，解釋相關的時代或思想脈絡，偶做簡要評論。「延伸閱讀」單元則舉引相關文獻，或舉列胡適其他原著，以便讀者得以再登堂入室；讀者於研讀胡適原著之後，倘若意欲更為深入認識相關歷史場景或思想脈絡，可就各文舉列之研究成果，按圖索驥，繼續追查考究，或可廣增識見，或可開展研究。「建議閱讀書目」一篇，精要舉列胡適的著作與史料、研究胡適的著作以及與胡適相關的網站，從初學讀者的角度撰寫推介語，簡單介紹各種文獻資料的價值和貢獻，有心想要進入胡適的生命與思想世界的初學朋友，或可依序而進，不至無可依傍，無所歸向。「鴛鴦繡取從君看，要把金針度與人」，是胡適獨創並力行不輟的心得。謹此懷持胡適的原始意念，師法其意而選編本書，奉獻於有心的世眾。想望所及，不敢自誇自矜，是否有當，期待讀者的批評指教。

歲月悠悠，浪起潮落，胡適的時代已遠，胡適的墓木已拱。只是，做為「人」的永恆問題與現實的挑戰，則仍無或已時；自由、民主與科學這些理想的內涵意義與落實途徑，始終有待思索實踐。胡適期待的理想世界，和我們的夢想處境，不可能一成不變；胡適回應自己時代問題的解答，自然也不會是我們面對自身現實的萬靈丹藥。胡適的遺澤所在，不是他提供了解決人生問題的標準答案，設定了突越生命困境的金科玉律。相對的，叩問追索胡適多彩多姿的生命歷程，體驗品味胡適獨特鮮明的精神遺產，總有「功不唐捐」的結果。正如胡適說過的：「播了種一定會有收穫，用了力決不至於白費」。關心思考自己與群體命運和將來的朋友，透過理解胡適，應該能夠藉以知曉前此歷史發展的軌跡，建立現實批判反思的基本能力，從而找尋可供抉擇的方向，建構理想的未來。希望本書的選編、內容設計與相關文獻資料的指引介紹，可以幫助讀者開始認識和理解這位影響深遠的一代哲人。如果本書能夠引起讀者對於胡適更濃郁的興味，進入胡適豐富多樣的生命世界，必將是我們最大的榮幸。

中央研究院近代史研究所研究員兼
胡適紀念館主任　**潘光哲**　敬序
二〇一九年二月二十四日

編輯說明

打開胡適思想世界的第一扇窗

1. 本書以胡適的思想關懷為主題，收錄胡適的著述精華二十篇，匯為一帙，期望能夠幫助有興趣的讀者，打開展望胡適的思想世界的第一扇窗口。本書選文，以仍具現實意義並可激發讀者思考的原著為原則，盡量避免純粹學術理論的作品。例如，胡適說赫胥黎（Thomas Henry Huxley, 一八二五—一八九五）與杜威（John Dewey, 一八五九—一九五二）是影響他的思想最大的兩個人。就杜威方面而言，與其選錄胡適系統闡釋杜威「實驗主義」的鴻篇巨著，不如選錄〈杜威先生與中國〉一篇，既是他對於將杜威視為「新思潮」引進中國之意義的解釋，也能反映他對杜威思想的基本認識，胡適將杜威學說歸納為「歷史的觀念與實驗的態度」，亦仍具啟發意義。又如，在「文學革命」的領域裡，胡適〈文學改良芻議〉自為「首義」之作，他持續闡釋此義的論著，亦甚繁眾，均是影響深遠。惟時過境遷，白話文已無須再提倡，胡適的相關論著，雖有學術意義，未必與現實思考相關。相對地，胡適批判甚力的「讀經」、「祭孔」等行動，至今仍風行於「思想市場」，選錄胡適〈寫在孔子誕辰紀念之後〉一文，應可有助於培育反思現實文化現象的能力。其餘選擇標準，不一一詳述。

2. 本書卷一「傳統與現代」，選錄胡適對於思想文化和學術教育諸領域之思考。胡適執著的理想，以「再造文明」為核心。在思想文化方面，胡適始終不以空洞玄虛的「主義」為然，主張一個又一個「具體問題」的解決。胡適認為，西洋近代文明是人類文明的最高成就，是舉世人類都可共享同潤的財富，所以他反對「復古崇古」，抱殘守缺；乃至批判聲稱「中國本位」之言論，認為不過是「保持中國舊有種種罪孽的特徵」。在學術教育方面，胡適提倡「整理國故」，對整理詮釋傳統中國文化的路向與方法，帶動一時學風，影響深遠。胡適主張學術自主獨立，為推動現代科學研究體制的改革與建立，竭盡其能。本卷諸文，可以幫助讀者領會胡適在這些方面的基本立場和信念。

3. 本書卷二「自由與容忍」，選錄胡適闡釋自由民主的文獻。胡適始終服膺自由民主的信念，不將自由民主視為挽救國族危亡的「工具」，即令世局變易無常，他從不轉移退讓。胡適不能接受專制獨裁，所以他嚴厲批判國民黨黨國體制與「那個反自由、反民主、不容忍的專制集團」，彰顯了獨特的風格。胡適還強調「容忍是一切自由的根本」，期待容忍「異己」，更不要「以吾輩所主張為必是而不容他人之匡正」，始能向和平改革的道路前進，培養一個「有人味的文明社會」。藉著本卷諸文，讀者能夠對胡適的信念，得到基本的認識，進而涵養善化，反省思考胡適闡釋自由民主的得失所在。

4. 本書卷三「個人與社會」，選錄胡適思索如何推動社會改革的著作。胡適向來以「易卜生主義」論式出發，倡導健全的個人主義，強調「把你自己這塊材料鑄造成器」才能對社會有所貢獻，呼籲養成獨立思想的能力，並應為自己思想信仰的結果，承負完全的責任。即使「國難」當前，學生群體發動了學生運動，熱血填膺，胡適依舊強調「培養個人的知識與能力」才是「報國的真正準備工夫」。胡適推動社會改革，注重從自己身處的社會現實環境入手，所以他提倡「非個人主義的新生活」，主張要「站在這個社會裡來做這種一點一滴的社會改造」，反對「獨善的個人主義」。胡適重視「女子解放」問題，批判傳統的「貞操迷信」，他對於兩性問題的思考，自成一家言，但自身卻未能力行貫徹。本卷諸文，具體展現胡適對於社會改革的思路，對讀者應有啟示意義。

5. 本書選文，均附刊相關圖像，或為胡適及相關人物的照片，或為胡適原文手稿，或為胡適著作原版書影，期以文圖並茂的方式，增加讀者閱讀的興趣。

6. 本書選文，均於篇首設計「解題」單元，摘述各文論說主旨，解釋相關的時代或思想脈絡，偶做簡要評論，期可有助於讀者掌握胡適的論說要旨與相關課題的背景。

7. 本書選文，均於篇末設計「延伸閱讀」單元，舉引與該文相關之資料文獻。引列之文獻，或為胡適其他原著，便於讀者深入，探幽取精；並必舉列相關研究成果，如果讀者想要知曉與該文相關的本來歷史場景或是思想脈絡，自可按圖索驥，追查考究。舉引之研究文獻，以精要為主，不求全備，意在提示讀者研究之相關資料。例如，〈寫在孔子誕辰紀念之後〉一篇，引錄王汎森〈傅斯年對胡適文史觀點的影響〉等文，表示如果讀者想要瞭解胡適和傅斯年的關係，即可以藉之得悉一二。又如，〈為學生運動進一言〉一篇，引錄呂芳上、廖風德的著作，表示如果想要知曉學生運動的情況，可藉二著入門。餘例不一一詳述。

8. 本書書末附有「建議閱讀書目」一篇，精審舉列胡適的著作與史料、研究胡適的著作及與胡適相關的網站，期可有助於初學讀者的理解和掌握。胡適的著作與研究，汗牛充棟，初學者未免難辨精窳，或有泛濫無歸，未可依傍之苦。故本篇以初學者為考慮角度，撰寫推介按語，簡單介紹各種文獻資料的價值和貢獻。述錄文獻，不求全備，但擇其精，有心之士，依序而進，或可稍省精神勞力。本版並增添「附錄」一篇：〈「重新估定一切價值」——「胡適研究」前景的一些反思〉（潘光哲撰），期對讀者開展「胡適研究」稍有提示之助。

9. 本書選文，基本上力求依據最原始的資料版本進行編輯刊印，以免貽誤讀者。文末註明取材來源與初刊時間；原文有作者自行題記撰述時間、地點者，悉據原文格式。標點格式，基本依據原文，略予核更。原文年月日的補註，以【 】號標明；原文的錯別字、異體字、漏字衍文、贅辭與時代用法（如「很有感觸」，當代皆做「狠有感觸」等等），編者則逕行更易。選文註解，均採隨頁註格式；凡未說明者，均為「原註」；編者添加註解，註明為「編註」。

10. 本書之纂輯，以有興趣理解認識胡適的讀者為對象，期可提供一部方便入門的讀本資料。然則，文獻浩瀚，選錄、分類與排序，容或見仁見智；文獻查覈，清校編印，瑣繁匪易，難免錯訛誤失。敬祈讀者與方家，多予指正。

卷一・

傳統 與 現代

第一篇
多研究些問題，少談些「主義」！

【解題】

一九一七年返回中國的胡適，面對風雲變幻莫測的政局，認為在從事政治改革之前，應先致力於文學、思想、社會的改造，所以他一度主張不談政治，不幹政治。不過，當胡適在一九一九年六月接替《每週評論》的編務之後，他再也無法避免談政治。因此，他決定就若干基本的問題，特別是針對當時思想界的流行風潮，痛下針砭，從此拉開了自己論政的序幕。胡適曾說自己的這篇〈多研究些問題，少談些「主義」！〉，是自己「政論的導言」，他呼籲以「細心考察社會的實在情形」做為「與論家的第一天職」，所以「一切學理，一切 Isms（主義），都只是這種考察的工具」。胡適的主張，受到李大釗等人的批評討論，就此引發了「問題與主義」論戰。胡適晚年回顧說，所有的主義和學理應是都該研究的，但是我們應當把它們當成一種假設的觀念來研究，而不應該把它們當成絕對的真理，或終極的教條，或是把它們當成宗教信條一樣來奉行、來頂禮膜拜。這樣才能培植自身創造性的智慧，訓練我們對解決當前團體和社會裡實際問題的能力。也只有這樣，人類才能從含有迷信的抽象名詞或學理中解放出來。

02 胡適發表〈多研究些問題，少談些「主義」〉後不久，引起了迴響，其中一篇是李大釗的〈再論問題與主義〉。這是 1920 年 3 月 14 日，胡適（右 2）、蔡元培（右 3）、蔣夢麟（右 1）及李大釗遊覽北京西山臥佛寺時，四人的合影。

01 胡適。

03 北京西山臥佛寺大合照。

本報第二十八號裡，我曾說過[1]：

> 現在輿論界的大危險，就是偏向紙上的學說，不去實地考察中國今日的社會需要究竟是什麼東西。那些提倡尊孔祀天的人固然是不懂得現時社會的需要。那些迷信軍國民主義或無政府主義的人就可算是懂得現時社會的需要嗎？
>
> 要知道輿論家第一天職就是要細心考察社會的實在情形。一切學理，一切「主義」，都只是這種考察的工具。有了學理作參考材料，便可使我們容易懂得所考察的情形，容易明白某種情形有什麼意義，應該用什麼救濟的方法。

我這種議論，有許多人一定不願意聽。但是前幾天北京《公言報》、《新民國報》、《新民報》（皆安福部的報）和日本文的《新支那報》，都極力恭維安福部首領王揖唐主張民生主義的演說，並且恭維安福部設立民生主義研究會的辦法。有許多人自然嘲笑這種假充時髦的行為。但是我看了這種消息，發生一種感想。這種感想是：「安福部也來高談民生主義了，這不是給我們這班新輿論家作一種教訓嗎？」什麼樣的教訓呢？這個可分三層說：

第一，空談好聽的「主義」，是極容易的事，是阿貓阿狗都能做的事，是鸚鵡和留聲機器都能做的事。

第二，空談外來進口的「主義」，是沒有什麼用處的。一切主義都是某時某地的有心人對於那時那地的社會需要的救濟方法。我們不去實地研究我們現在的社會需要，單會高談某某主義，好比醫生單記得許多湯頭歌訣，不去研究病人的症候，如何能有用呢？

第三，偏向紙上的「主義」，是很危險的。這種口頭禪很容易被無恥政客利用來做種種害人的事。歐洲政客和資本家利用國家主義的流毒，都是人所共知的。現在中國的政客又要利用某種某種主義來欺人了。羅蘭夫人說：「自由！自由！天下多少罪惡都是借你的名做出的！」一切好聽的主義，都有這種危險。

這三條合起來看，可以看出「主義」的性質。凡「主義」都是應時勢而起的。某種社會到了某時代，受了某種的影響，呈現某種不滿意的現狀。於是有一些有心人觀察這種現象，想出某種救濟的法子。這是「主義」的源起。主義初起時，大都是一種救時的具體主張。後來這種主張傳播出去，傳播的人要圖簡便，便用一兩個字來代表這種具體的主張，所以叫它做「某某主義」。主張成了主義，便由具體的計畫變成一個抽象的名詞。「主義」的弱點和危險就在這裡。因為世間沒有一個抽象名詞能把某

註1　參見：胡適，〈歡迎我們的兄弟：《星期評論》〉，《每週評論》，號二十八（北京：一九一九年六月二十九日），收入潘光哲（主編），《胡適全集・時論》（臺北：中央研究院近代史研究所胡適紀念館，二〇一八），冊一，頁四二五—四二八。——編註

人某派的具體主張都包括在裡面。比如「社會主義」一個名詞，馬克思的社會主義和王揖唐的社會主義不同；你的社會主義和我的社會主義不同；決不是這一個抽象名詞所能包括。你談你的社會主義，我談我的社會主義，王揖唐又談他的社會主義，同用一個名詞，中間也許隔開七、八個世紀，也許隔開兩、三萬里路，然而你和我和王揖唐都可自稱社會主義家，都可用這一個抽象名詞來騙人。這不是「主義」的大缺點和大危險嗎？

我再舉現在人人嘴裡掛著的「過激主義」做一個例。現在中國有幾個人知道這一個名詞做何意義？但是大家都痛罵痛恨「過激主義」，內務部下令嚴防「過激主義」，曹錕也行文嚴禁「過激主義」，盧永祥也出示查禁「過激主義」。前兩個月北京有幾個老官僚在酒席上歎氣說：「不好了，過激派到了中國了。」前兩天有一個小官僚看見我寫的一把扇子，大詫異道：「這不是過激黨胡適嗎？」哈哈！這就是「主義」的用處！

我因為深覺得高談主義的危險，所以我奉勸現在新輿論界的同志道：「請你們多提出一些問題，少談一些紙上的主義。」更進一步說：「請你們多多研究這個問題如何解決，那個問題如何解決，不要高談這種主義如何新奇，那種主義如何奧妙。」

現在中國應該趕緊解決的問題真多得很。從人力車夫的生計問題到大總統的權限問題，從賣淫問題到賣官賣國問題，從解散安福部問題到加入國際聯盟問題，從女子解放問題到男子解放問題，……哪一個不是火燒眉毛的緊急問題？

我們不去研究人力車夫的生計，卻去高談社會主義！不去研究女子如何解放，家庭制度如何救正，卻去高談公妻主義和自由戀愛！不去研究安福部如何解散，不去研究南北問題如何解決，卻去高談無政府主義！我們還要得意揚揚的誇口道：「我們所談的是根本解決。」老實說罷，這是自欺欺人的夢話！這是中國思想界破產的鐵證！這是中國社會改良的死刑宣告！

為什麼談主義的人那麼多？為什麼研究問題的人那麼少呢？這都由於一個懶字。懶的定義是避難就易。研究問題是極困難的事，高談主義是極容易的事。比如研究安福部如何解散，研究南北和議如何解決，這都是要費工夫、挖心血、收集材料、徵求意見、考察情形，還要冒險吃苦，方才可以得一種解決的意見。又沒有成例可援，又沒有黃梨洲、柏拉圖的話可引，又沒有《大英百科全書》可查，全憑研究考察的工夫，這豈不是難事嗎？高談「無政府主義」便不同了。買一兩本實社《自由錄》，看一兩本西文無政府主義的小冊子，再翻一翻《大英百科全書》，便可以高談無忌了！這豈不是極容易的事嗎？

高談主義，不研究問題的人，只是畏難求易，只是懶。

凡是有價值的思想，都是從這個那個具體的問題下手的。先研究了問題的種種方面的種種事實，看看究竟病在何處，這是思想的第一步工夫。然後根據於一生的經驗學問，提出種種解決的方法，提出種種醫病的丹方，這是思想的第二步工夫。然後用一生的經驗學問，加上想像的能力，推想每一種假定的解決法該有什麼樣的效果，推想這種效果是否真能解決眼前這個困難問題。推想的結果，揀定一種假定的解決，作為自己的主張。這是思想的第三步工夫。凡是有價值的主張，都是先經過這三步工夫來的。不如此，算不得輿論家，只可算是抄書手。

讀者不要誤會我的意思。我並不是勸人不研究一切學說和一切「主義」。學理是我們研究問題的一種工具。沒有學理做工具，就如同王陽明對著竹子痴坐，妄想「格物」，那是做不到的事。種種學說和主義，我們都應該研究。有了許多學理做材料，見了具體的問題方才能尋出一個解決的方法。

但是我希望中國的輿論家把一切「主義」擺在腦背後做參考資料，不要掛在嘴上做招牌，不要教一知半解的人拾了這些半生不熟的主義去做口頭禪。

「主義」的大危險，就是能使人心滿意足，自以為尋著包醫百病的「根本解決」，從此用不著費心力去研究這個那個具體問題的解決法了。

——《每週評論》，號三十一，一九一九年七月二十日。

延伸閱讀

◆ **胡適**，〈三論問題與主義〉，收入潘光哲（主編），《胡適全集・時論》（臺北：中央研究院近代史研究所胡適紀念館，二〇一八），冊一。

◆ **胡適**，〈四論問題與主義——論輸入學理的方法〉，收入潘光哲（主編），《胡適全集・時論》，冊一。

◆ **藍公武**，〈問題與主義〉，收入潘光哲（主編），《胡適全集・時論》，冊一。

◆ **李大釗**，〈再論問題與主義〉，收入潘光哲（主編），《胡適全集・時論》，冊一。

◆ **唐德剛（譯注）**，《胡適口述自傳》（臺北：傳記文學出版社，一九八三〔再版〕）。

◆ **王汎森**，〈「主義崇拜」與近代中國學術社會的命運以陳寅恪為中心的考察〉，收入氏著，《中國近代思想與學術的系譜》（臺北：聯經出版公司，二〇〇三）。

◆ **王汎森**，〈「主義」與「學問」一九二〇年代中國思想界的分裂〉，收入劉翠溶（主編），《四分溪論學集：慶祝李遠哲先生七十壽辰》（臺北：允晨文化公司，二〇〇六）。

◆**王汎森**，〈「主義時代」的來臨——中國近代思想史的一個關鍵發展〉，《東亞觀念史集刊》，期四（臺北：二〇一三年六月）。

◆**王汎森**，〈「煩悶」的本質是什麼——「主義」與近代私人領域的政治化〉，《思想史》，期一（臺北：二〇一三年十月）。

◆**王遠義**，〈惑在哪裡——新解胡適與李大釗「問題與主義」的論辯及其歷史意義〉，《臺大歷史學報》，期五十（臺北：二〇一二年十二月）。

◆**李林**，〈重論「問題與主義」之爭〉，收入劉青峰（編），《胡適與現代中國文化轉型》（香港：中文大學出版社，一九九四）。

◆**鄧野**，〈王揖唐的「社會主義」演說和「問題與主義」論戰的緣起〉，《近代史研究》，一九八五年期六（北京：一九八五年十二月）。

◆**羅志田**，〈對「問題與主義」之爭的再認識〉，收入氏著，《激變時代的文化與政治：從新文化運動到北伐》（北京：北京大學出版社，二〇〇六）。

第二篇
新思潮的意義

【解題】

一九一〇年代中後期的中國思想界，「百家爭鳴」，「百花齊放」，令人目不暇給。胡適撰寫這篇〈新思潮的意義〉，就他自己的認知和理想，為當時的「新思潮」運動提出「真確解釋」和「將來趨勢」。胡適認為，「評判的態度」乃是「新思潮」的根本意義與共同精神，要求「重新估定一切價值」，打破既定的觀念。胡適主張，應該取「研究問題」與「輸入學理」作為「新思潮」的手段，並且提出「整理國故」的口號，處理傳統中國的學術文化。最後，胡適旗幟鮮明地倡言「新思潮」運動的「唯一目的」是「再造文明」，主張針對具體的問題，以積累漸進的方式推動中國文化的解放和改造。胡適對中國文化未來發展方向的構想，自成理路。不過，「新思潮」的流播，既需要社會條件的配合，往往也會受其制約；亦且，正如余英時教授的提醒，當時的思想世界，是由多重而又變動無常的「心靈社群」（community of mind）構成的；因此，胡適的論說，也只是「一家之言」，並不是普遍真理。然而，對於那些既存的制度風俗、聖賢教訓或是眾所公認的行為與信仰，胡適希望人們都要出於「評判的態度」，他的提示，確實值得吟詠回味。

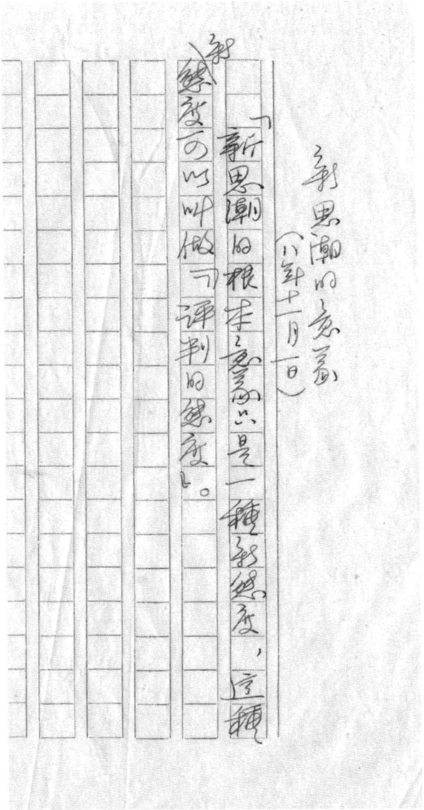

01《新思潮的意義》—— 胡適手稿。

02《新青年》的封面。

研究問題　輸入學理　整理國故　再造文明

（一）

近來報紙上發表過幾篇解釋「新思潮」的文章。我讀了這幾篇文章，覺得他們所舉出的新思潮的性質，或太瑣碎，或太籠統，不能算作新思潮運動的真確解釋，也不能指出新思潮的將來趨勢。即如包世傑先生的〈新思潮是什麼〉一篇長文，列舉新思潮的內容，何嘗不詳細？但是他究竟不曾使我們明白那種新思潮的共同意義是什麼。比較最簡單的解釋要算我的朋友陳獨秀先生所舉出的《新青年》兩大罪案——其實就是新思潮的兩大罪案——一是擁護德莫克拉西先生（民治主義），一是擁護賽因斯先生（科學）。陳先生說：

要擁護那德先生，便不得不反對孔教、禮法、貞節、舊倫理、舊政治。要擁護那賽先生，便不得不反對舊藝術、舊宗教。要擁護德先生，又要擁護賽先生，便不得不反對國粹和舊文學。（《新青年》六卷一號，頁一〇）

這話雖然很簡明，但是還嫌太籠統了一點。假使有人問：「何以要擁護德先生和賽先生便不能不反對國粹和舊文學呢？」答案自然是：「因為國粹和舊文學是同德賽兩位先生反對的」。又問：「何以凡同德賽兩位先生反對的東西都該反對呢？」這個問題可就不是幾句籠統簡單的話所能回答的了。

據我個人的觀察，新思潮的根本意義只是一種新態度。這種新態度可叫做「評判的態度」。

評判的態度，簡單說來，只是凡事要重新分別一個好與不好。仔細說來，評判的態度含有幾種特別的要求：

(1)對於習俗相傳下來的制度風俗，要問：「這種制度現在還有存在的價值嗎？」

(2)對於古代遺傳下來的聖賢教訓，要問：「這句話在今日還是不錯嗎？」

(3)對於社會上糊塗公認的行為與信仰，都要問：「大家公認的，就不會錯了嗎？人家這樣做，我也該這樣做嗎？難道沒有別樣做法比這個更好、更有理、更有益的嗎？」

尼采說現今時代是一個「重新估定一切價值」（Transvaluation of all Values）的時代。「重新估定一切價值」八個字便是「評判的態度」的最好解釋。從前的人說婦女的腳越小越美。現在我們不但不認小腳是「美」，簡直說這是「慘無人道」了。十年前，人家和店家都用鴉片煙敬客。現在鴉片煙變成犯禁品了。二十年前，康有為是洪水猛獸一般的維新黨。現在康有為變成老古董了。康有為並不曾變換，估價的人變了，故他的價值也跟著變了。這叫做「重新估定一切價值」。

我以為現在所謂「新思潮」，無論怎樣不一致，根本上同有這公共的一點——評判的態度。孔教的討論只是要重新估定孔教的價值。文學的評論只是要重新估定舊文學的價值。貞操的討論只是要重新估定貞操的道德在現在社會的價值。舊戲的評論只是要重新估定舊戲在今日文學上的價值。禮教討論只是要重新估定古代的綱常禮教在今日還有什麼價值。女子的問題只是要重新估定女子在社會上的價值。政府與無政府的討論，財產私有與公有的討論，也只是要重新估定政府與財產等等制度在今日社會的價值……我也不必往下數了，這些例子很夠證明：這種評判的態度是新思潮運動的共同精神。

（二）

這種評判的態度，在實際上表現時，有兩種趨勢。一方面是討論社會上、政治上、宗教上、文學上種種問題，一方面是介紹西洋的新思想、新學術、新文學、新信仰。前者是「研究問題」，後者是「輸入學理」。這兩項是新思潮的手段。

我們隨便翻開這兩、三年以來的新雜誌與報紙，便可以看出這兩種的趨勢。在研究問題一方面，我們可以指出：(1)孔教問題，(2)文學改革問題，(3)國語統一問題，(4)女子解放問題，(5)貞操問題，(6)禮教問題，(7)教育改良問題，(8)婚姻問題，(9)父子問題，(10)戲劇改良問題，……。在輸入學理一方面，我們可以指出《新青年》的「易卜生號」、「馬克思號」，《民鐸》的「現代思潮號」，《新教育》的「杜威號」，《建設》的「全民政治」的學理，和北京《晨報》、《國民公報》、《每週評論》，上海《星期評論》、《時事新報》、《解放與改造》，廣州《民風週刊》……雜誌報紙所介紹的種種西洋新學說。

為什麼要研究問題呢？因為我們的社會現在正當根本動搖的時候，有許多風俗制度，向來不發生問題的，現在因為不能適應時勢的需要，不能使人滿意，都漸漸地變成困難的問題，不能不澈底研究，不能不考問舊日的解決法是否錯誤；如果錯了，錯在什麼地方；錯誤尋出了，可有什麼更好的解法方法；有什麼方法可以適應現時的要求。例如孔教的問題，向來不成什麼問題；後來東方文化與西方文化接近，孔教的勢力漸漸衰微，於是有一班信仰孔教的人妄想要用政府法令的勢力來恢復孔教的尊嚴；卻不知道這種高壓的手段恰好挑起一種懷疑的反動。因此，民國四、五年的時候，孔教會的活動最大，反對孔教的人也最多。孔教成為問題就在這個時候。現在大多數明白事理的人，已打破了孔教的迷夢，這個問題又漸漸的不成問題了，故安福部的議員通過孔教為修身大本的議案時，國內竟沒有人睬他們了！

又如文學革命的問題。向來教育是少數「讀書人」的特別權利，於大多數人是無關係的，故文字的艱深不成問題。近來教育成為全國人的公共權利，人人知道普及教育是不可少的，故漸漸的有人知道文言在教育上實在不適用，於是文言、白話就成為問題了。後來有人覺得單用白話做教科書是不中用的，因為世間決沒有人情願學一種除了教科書以外便沒有用處的文字。這些人主張：古文不但不配做教育的工具，並且不配做文學的利器；若要提倡國語的教育，先須提倡國語的文學。文學革命的問題就是這樣發生的。現在全國教育聯合會已全體一致通過小學教科書改用國語的議案，況且用國語做文章的人也漸漸的多了，這個問題又漸漸的不成問題了。

為什麼要輸入學理呢？這個大概有幾層解釋。一來呢，有些人深信中國不但缺乏砲彈、兵船、電報、鐵路，還缺乏新思想與新學術，故他們盡量地輸入西洋近世的學說。二來呢，有些人自己深信某種學說，想要它傳播發展，故盡力提倡。三來呢，有些人自己不能做具體的研究工夫，覺得翻譯現成的學說比較容易些，故樂得做這種稗販事業。四來呢，研究具體的社會問題或政治問題，一方面做那破壞事業，一方面做對症下藥的工夫，不但不容易，並且很遭犯忌諱，很容易惹禍，故不如做介紹學說的事業，借「學理研究」的美名，既可以避「過激派」的罪名，又還可以種下一點革命的種子。五來呢，研究問題的人，勢不能專就問題本身討論，不能不從那問題的意義上著想；但是問題引申到意義上去，便不能不靠許多學理做參考比較的材料，故學理的輸入往往可以幫助問題的研究。

這五種動機雖然不同，但是多少總含有一種「評判的態度」，總表示對於舊有學術思想的一種不滿意，和對於西方的精神文明的一種新覺悟。

但是這兩、三年新思潮運動的歷史應該給我們一種很有益的教訓。什麼教訓呢？就是：這兩、三年來新思潮運動的最大成績差不多全是研究問題的結果。新文學的運動便是一個最明白的例子。這個道理很容易解釋。凡社會上成為問題的問題，一定是與許多人有密切關係的。這許多人雖然不能提出什麼新解決，但是他們平時對於這個問題自然不能不注意。若有人能把這個問題的各方面都細細分析出來，加上評判的研究，指出不滿意的所在，提出新鮮的救濟方法，自然容易引起許多人的注意。起初自然有許多人反對，但是反對便是注意的證據，便是興趣的表示。試看近日報紙上登的馬克思的〈贏餘價值論〉，可有反對的嗎？可有討論的嗎？沒有人討論、沒有人反對，便是不能引起人注意的證據。研究問題的文章所以能發生效果，正是因為所研究的問題一定是社會、人生最切要的問題，最能使人注意，也最能使人覺悟。懸空介紹一種專家學說，如〈贏餘價值論〉之類，除了少數專門學者之外，決不會發生什麼影響。但是我們可以在研究問題裡面做點輸入學理的事業，或用學理來解釋問題的意義，或從學理上尋求解決問題的方法。用這種方法來輸入學理，能使人於不知不覺之中感受學理的影響。不但如此，研究問題最能使讀者漸漸的養成一種批評的態度，研究的興趣、獨立思想的習慣。十部《純粹理性的評判》，不如一點評判的態度；十篇〈贏餘價值論〉，不如一點研究的興趣；十種《全民政治論》，不如一點獨立思想的習慣。

總起來說：研究問題所以能於短時期中發生很大的效力，正因為研究問題有這幾種好處：(1)研究社會人生切要的問題最容易引起大家的注意；(2)因為問題關切人生，故最容易引起反對，但反對是該歡迎的，因為反對便是興趣的表示，況且反對的討論不但給我們許多不要錢的廣告，還可使我們得討論的益處，使真理格外分明；(3)因為問題是逼人的活問題，故容易使人覺悟，容易得人信從；(4)因為從研究問題裡面輸入的學理，最容易消除平常人對於學理的抗拒力，最容易使人於不知不覺之中受學理的影響；(5)因為研究問題可以不知不覺的養成一班研究的、評判的、獨立思想的革新人才。

這是這幾年新思潮運動的大教訓！我希望新思潮的領袖人物以後能了解這個教訓，能把全副精力貫注到研究問題上去；能把一切學理不看作天經地義，但看作研究問題的參考材料；能把一切學理應用到我們自己的種種切要問題上去；能在研究問題上面做輸入學理的工夫；能用研究問題的工夫來提倡研究問題的態度，來養成研究問題的人才。

這是我對於新思潮運動的解釋。這也是我對於新思潮將來的趨向的希望。

（三）

以上所說，是新思潮「評判的精神」在實際上的兩種表現。現在要問：「新思潮的運動對於中國舊有的學術思想，持什麼態度呢？」

我的答案是：「也是評判的態度」。

分開來說，我們對於舊有的學術思想有三種態度。第一，反對盲從；第二，反對調和；第三，主張整理國故。

盲從是評判的反面，我們既主張「重新估定一切價值」，自然要反對盲從。這是不消說的了。

為什麼要反對調和呢？因為評判的態度只認得一個是與不是，一個好與不好，一個適與不適——不認得什麼古今中外的調和。調和是社會的一種天然趨勢。人類社會有一種守舊的惰性，少數人只管趨向極端的革新，大多數人至多只能跟你走半程路。這就是調和。調和是人類懶病的天然趨勢，用不著我們來提倡。我們走了一百里路，大多數人也許勉強走三、四十里。我們若先講調和，只走五十里，他們就一步都不走了。所以革新家的責任只是認定「是」的一個方向走去，不要回頭講調和。社會上自然有無數懶人、懦夫出來調和。

我們對於舊有的學術思想，積極的只有一個主張——就是「整理國故」。整理就是從亂七八糟裡面尋出一個條理脈絡來；從無頭無腦裡面尋出一個前因後果來；從胡說謬解裡面尋出一個真意義來；從武斷迷信裡面尋出一個真價值來。為什麼要整理呢？因為古代的學術思想向來沒有條理，沒有頭緒，沒有系統，故第一步是條理系統的整理。因為前人研究古書，很少有歷史進化的眼光的，故從來不講究一種學術的淵源，一種思想的前因後果，所以第二步是要尋出每種學術思想怎樣發生，發生之後有什麼影響效果。因為前人讀古書，除極少數學者以外，大都是以訛傳訛的謬說——如太極圖，爻辰，先天圖，卦氣……之類——故第三步是要用科學的方法，作精確的考證，把古人的意義弄得明白清楚。因為前人對於古代的學術思想，有種種武斷的成見，有種種可笑的迷信，如罵楊朱、墨翟為禽獸，卻尊孔丘為德配天地，道冠古今！

故第四步是綜合前三步的研究，各家都還他一個本來真面目，各家都還他一個真價值。

這叫做「整理國故」。現在有許多人自己不懂得國粹是什麼東西，卻偏要高談「保存國粹」。林琴南先生做文章論古文之不當廢，他說，「吾知其理而不能言其所以然」！現在許多國粹黨，有幾個不是這樣糊塗懵懂的？這種人如何配談國粹？若要知道什麼是國粹，什麼是國渣，先須要用評判的態度、科學的精神，去做一番整理國故的工夫。

（四）

新思潮的精神是一種評判的態度。

新思潮的手段是研究問題與輸入學理。

新思潮的將來趨勢，依我個人的私見看來，應該是注重研究人生社會的切要問題，應該於研究問題之中做介紹學理的事業。

新思潮對於舊文化的態度，在消極一方面是反對盲從，是反對調和；在積極一方面，是用科學的方法來做整理的工夫。

新思潮的唯一目的是什麼呢？是再造文明！

文明不是籠統造成的，是一點一滴的造成的。進化不是一晚上籠統進化的，是一點一滴的進化的。現今的人愛談「解放與改造」，須知解放不是籠統解放，改造也不是籠統改造。解放是這個、那個制度的解放，這種、那種思想的解放，這個、那個人的解放，是一點一滴的解放。改造是這個、那個制度的改造，這種、那種思想的改造，這個、那個人的改造，是一點一滴的改造。

再造文明的下手工夫，是這個、那個問題的研究。再造文明的進行，是這個、那個問題的解決。

中華民國八年十一月一日晨三時

——《新青年》，卷七號一，一九一九年十二月一日。

延伸閱讀

◆**王汎森**，〈思潮與社會條件——新文化運動中的兩個例子〉，收入氏著，《中國近代思想與學術的系譜》（臺北：聯經出版公司，二〇〇三）。

◆**王晴佳**，〈從整理國故到再造文明：五四時期史學革新的現代意義〉，《中國社會歷史評論》，輯五（北京：商務印書館，二〇〇七）。

◆**余英時**，〈文藝復興乎？啟蒙運動乎？一個史學家對五四運動的反思〉，收入余英時（等著），《五四新論：既非文藝復興，亦非啟蒙運動》（臺北：聯經出版公司，一九九九）。

◆**歐陽軍喜**，《歷史與思想：中國現代史上的五四運動》（福州：福建教育出版社，二〇〇九）。

◆**羅志田**，〈新的崇拜：西潮沖擊下近代中國思想權勢的轉移〉，收入氏著，《權勢轉移近代中國的思想、社會與學術》（武漢：湖北人民出版社，一九九九）。

◆**顧昕**，《中國啟蒙的歷史圖景》（香港：牛津大學出版社，一九九二）。

第三篇
杜威先生與中國

【解題】

約翰．杜威（John Dewey）是二十世紀美國重要的思想家之一。長期任教美國哥倫比亞大學的杜威，指導了許多中國留學生（胡適就是其中之一），門生遍及中國文教界；他從一九一九至一九二一年間在中國各地講學，引發了熱烈的迴響，總是「座為之滿」；一九二二年的中國學制改革，也脫胎於他的教育思想。正如胡適述說：「自從中國與西洋文化接觸以來，沒有一個外國學者在中國思想界的影響有杜威先生這樣大的。」不過，杜威能在中國產生影響的動力來源，胡適扮演了主要供應者的角色，他既是杜威訪問中國的促成者之一，也積極參與杜威在中國的活動，或是充當翻譯，或是撰文、演講宣傳杜威的思想，儼然是杜威在中國的正宗詮釋者。杜威憑藉著被蔡元培譽為「西洋新文明的代表」，及胡適在中國文化思想界的地位，無形中「水漲船高」。胡適一直說赫胥黎（Thomas Henry Huxley）與杜威是影響他思想最大的兩個人。不過，胡適對於杜威哲學的引介與詮釋，其實自有其中心關懷的興趣，只在於把握它的基本精神、態度和方法，而不墨守枝節。本文既是胡適對於杜威行旅中國的總結，也反映了他對於杜威思想的認識。在胡適看來，杜威所倡「實驗主義」的「哲學方法」，係以「歷史的方法」與「實驗的方法」為精義所在，正可以讓人「用這個方法去解決我們自己的特別問題」，因為「特別主張的應用是有限的，方法的應用是無窮的」。胡適誠摯地希望，「歷史的觀念與實驗的態度」，能夠成為「思想界的風尚與習慣」。這樣的期待，未必真正落實，卻是胡適自己始終服膺力行的信念。

01 胡適演講杜威思想。

02 晚年杜威與續弦夫人。

杜威先生今天離開北京，起程歸國了。杜威先生於民國八年五月一日「五四」的前三天到上海，在中國共住了兩年零兩個月[1]。中國的地方他到過並且演講過的，有奉天、直隸、山西、山東、江蘇、江西、湖北、湖南、浙江、福建、廣東十一省。他在北京的五種長期講演錄已經過第十版了，其餘各種小講演錄——如山西的、南京的、北京學術講演會的，幾乎數也數不清楚了！我們可以說，自從中國與西洋文化接觸以來，沒有一個外國學者在中國思想界的影響有杜威先生這樣大的。

我們還可以說，在最近的將來幾十年中，也未必有別個西洋學者在中國的影響可以比杜威先生還大的。這句預言初聽似乎太武斷了，但是我們可以舉兩個理由：

第一，杜威先生最注重的是教育的革新，他在中國的講演，是以教育的講演為最多。當這個教育破產的時代，他的學說自然沒有實行的機會。但他的種子確已散布不少了。將來各地的「試驗學校」漸漸的發生，杜威的教育學說有了試驗的機會，那纔是杜威哲學開花結子的時候呢！現在的杜威，還只是一個盛名；十年、二十年後的杜威，變成了無數杜威式的試驗學校，直接或間接影響全中國的教育，那種影響不是比現在更大千百倍嗎？

第二，杜威先生不曾給我們一些關於特別問題的特別主張——如共產主義，無政府主義，自由戀愛之類，他只給了我們一個哲學方法，使我們用這個方法去解決我們自己的特別問題。他的哲學方法，總名叫做「實驗主義」；分開來可作兩步說：

(1) **歷史的方法——「祖孫的方法」**

他從來不把一個制度或學說看作一個孤立的東西，總把它看作一個中段：一頭是它所以發生的原因，一頭是它自己發生的效果；上頭有它的祖父，下面有它的子孫。捉住了這兩頭，它再也逃不出去了！這個方法的應用，一方面是很忠厚寬恕的，因為他處處指出一個制度或學說所以發生的原因，指出它的歷史背景，故能了解它在歷史上占的地位與價值，故不致有過分的苛責。另一方面，這個方法又是最嚴厲的，最帶有革命性質的，因為他處處拿一個學說或制度所發生的結果來評判它本身的價值，故最公平，又最厲害。這種方法是一切帶有評判（Critical）精神的運動的一個重要武器。

註1 胡適的述說，不符歷史事實，杜威與夫人在一九一九年四月三十日抵達中國，一九二一年七月十一日，杜威一家離開北京轉赴山東，八月二日，他們才由青島離開中國，道經日本，返回美國，見：王劍，〈胡適與杜威的中國之行〉，《社會科學研究》，二〇〇三年，期一（成都：二〇〇三年一月），頁一二〇—一二四。——編註

(2) 實驗的方法

實驗的方法至少注重三件事：(一)從具體的事實與境地下手；(二)一切學說理想，一切知識，都只是待證的假設，並非天經地義；(三)一切學說與理想都須用實行來試驗過；實驗是真理的唯一試金石。第一件，注意具體的境地——使我們免去許多無謂的假問題，省去許多無意義的爭論。第二件，一切學理都看作假設——可以解放許多「古人的奴隸」。第三件，實驗——可以稍稍限制那上天下地的妄想冥思。實驗主義只承認那一點一滴做到的進步——步步有智慧的指導，步步有自動的實驗——才是真進化。

特別主張的應用是有限的，方法的應用是無窮的。杜威先生雖去了，他的方法將來一定會得更多的信徒。國內敬愛杜威先生的人若都能注意於推行他所提倡的這兩種方法，使歷史的觀念與實驗的態度漸漸的變成思想界的風尚與習慣，那時候，這種哲學的影響之大，恐怕我們最大膽的想像力也還推測不完呢。

因為這兩種理由，我敢斷定：杜威先生雖去，他的影響仍舊永永存在，將來還要開更燦爛的花，結更豐盛的果。

杜威先生真愛中國，真愛中國人；他這兩年之中，對我們中國人，他是我們的良師好友；對於國外，他還替我們做了兩年的譯人與辯護士。他在《新共和國》（*The*

New Republic）和《亞細亞》（*Asia*）兩個雜誌上發表的幾十篇文章，都是用最忠實的態度對於世界為我們作解釋的。因為他的人格高尚，故世界的人對於他的評判幾乎沒有異議（除了樸蘭德〔Bland〕[2]一流的妄人）！杜威這兩年來對於中國盡的這種義務，真應該受我們很誠懇的感謝。

我們對於杜威先生一家的歸國，都感覺很深摯的別意。我們祝他們海上平安！

十・七・十一

——《胡適文存》（上海：亞東圖書館，一九二一），卷二。

註2 原文如此。——編註

延伸閱讀

◆ **胡適（著），夏道平（譯）**，〈杜威在中國〉，《自由中國》，卷二十一期四（臺北：一九五九年八月十六日），收入潘光哲（主編），《胡適全集・時論》（臺北：中央研究院近代史研究所胡適紀念館，二〇一八），冊八。

◆ **袁剛、孫家祥、任丙強（編）**，《民治主義與現代社會：杜威在華講演集》（北京：北京大學出版社，二〇〇四）。

◆ **川尻文彥**，〈杜威來華與五四之後的教育界——以陶行知的杜威思想受容為中心〉，收入中國社會科學院近代史研究所（編），《紀念五四運動九十周年國際學術研討會論文集》（北京：社會科學文獻出版社，二〇一二），下冊。

◆ **元青**，《杜威與中國》（北京：人民出版社，二〇〇一）。

◆ **江勇振**，〈胡適詮釋杜威的自由主義——以新發現的杜威在中國演講殘稿為案例〉，收入潘光哲（主編），《胡適與現代中國的理想追尋——紀念胡適先生一百二十歲誕辰國際學術討論會論文集》（臺北：秀威資訊科技股份有限公司，二〇一三）。

◆ **余英時**，〈中國近代思想史上的胡適——《胡適之先生年譜長編初稿》序〉，收入氏著，《重尋胡適歷程胡適生平與思想再認識》（臺北：聯經出版公司，二〇〇四）。

◆**吳俊升**，〈杜威在華演講及其影響〉，《東方雜誌》，復刊卷五期四（臺北：一九七一年十月一日）。

◆**吳森**，〈杜威思想與中國文化〉，收入汪榮祖（編），《五四運動研究論文集》（臺北：聯經出版公司，一九七九）。

◆**沈松僑**，〈一代宗師的塑造——胡適與民初的文化、社會〉，收入周策縱（等著），《胡適與近代中國》（臺北：時報文化出版公司，一九九一）。

◆**高力克**，〈杜威與五四新自由主義〉，收入劉青峰、岑國良（主編），《自由主義與中國近代傳統：「中國近現代思想的演變」研討會論文集（上）》（香港：中文大學出版社，二〇〇二）。

◆**鄒振環**，〈「五四」前後江浙地區的「杜威熱」及其與江南文化的關聯〉，中國社會科學院近代史研究所（編），《紀念五四運動九十周年國際學術研討會論文集》，下冊。

第四篇
《國學季刊》發刊宣言

【解題】

胡適在一九一九年提出「整理國故」的主張，隨即引發相當的迴響。一九二二年創辦的北京大學研究所國學門，正是具體落實這個主張的學術體制，《國學季刊》則是學界同好發表研究成果的園地。胡適身為《國學季刊》的主任編輯，負起撰寫發刊宣言的責任，解說了「整理國故」的原則和方法。胡適先從歷史的角度，指陳前此三百年學術研究的得失，觀察當時國內外學者研究中國學術的現狀，進而標舉「用歷史的眼光來擴大研究的範圍」、「用系統的整理來部勒國學研究的材料」與「用比較的研究來幫助國學材料的整理與解釋」，作為下手的方向。胡適的《中國哲學史大綱》（一九一九年初版）在問世之後，早已震動一時視聽，猶如開創學術典範，宛若架設了知識生產活動的軌範和標準；他在本文的述說，更儼然如同一份「新國學的研究大綱」，影響深遠，竟讓「整理國故」成為一九二〇年代全國性的學術運動。不過，胡適在〈整理國故與打鬼——給浩徐先生信〉裡曾經揚言「整理國故」是為了要「捉妖」、「打鬼」，目的在於「重新估定一切價值」、「解放人心」，但後行者則未必都體會其意，反而扛起「發揚民族精神感情」的旗幟，竟使得學術成了為民族主義服務的工具。胡適一度希望年輕人不要「向故紙堆去亂鑽」，而應該「多學一點自然科學的知識與技術」（〈治學的方法與材料〉），恐怕也是對這等風氣的一種抗議方式吧！

01 北大國學研究門同仁的合影；左一為甲骨文研究大師董作賓。

02 胡適與《國學季刊》編輯委員會同仁的合影。右起：陳垣、朱希祖、顧頡綱、胡適、馬衡、沈兼士、徐炳昶。

近年來，古學的大師漸漸死完了，新起的學者還不曾有什麼大成績表現出來。在這個青黃不接的時期，只有三五個老輩在那裡支撐門面。古學界表面上的寂寞，遂使許多人發生無限的悲觀。所以有許多老輩遂說，「古學要淪亡了！」「古書不久要無人能讀了！」

在這個悲觀呼聲裡，很自然的發出一種沒氣力的反動的運動來。有些人還以為西洋學術思想的輸入是古學淪亡的原因，所以他們至今還在那裡抗拒那他們自己也莫名其妙的西洋學術。有些人還以為孔教可以完全代表中國的古文化；所以他們至今還夢想孔教的復興；甚至於有人竟想抄襲基督教的制度來光復孔教。有些人還以為古文古詩的保存就是古學的保存了；所以他們至今還想壓語體文字的提倡與傳播。至於那些靜坐扶乩，逃向迷信裡去自尋安慰的，更不用說了。

在我們看起來，這些反動都只是舊式學者破產的鐵證；這些行為，不但不能挽救他們所憂慮的國學之淪亡，反可以增加國中少年人對於古學的藐視。如果這些舉動可以代表國學，國學還是淪亡了更好！

我們平心靜氣的觀察這三百年的古學發達史，再觀察眼前國內和國外的學者研究中國學術的現狀，我們不但不抱悲觀，並且還抱無窮的樂觀。我們深信，國學的將來，定能遠勝國學的過去；過去的成績雖然未可厚非，但將來的成績一定還要更好無數倍。

自從明末到於今，這三百年，誠然可算是古學昌明時代。總括這三百年的成績，可分這些方面：

(1)整理古書。在這方面，又可分三門。第一，本子的校勘；第二，文字的訓詁；第三，真偽的考訂。考訂真偽一層，乾嘉的大師（除了極少數學者如崔述等之外）都不很注意；只有清初與晚清的學者還肯做這種研究，但方法還不很精密，考訂的範圍也不大。因此，這一方面的整理，成績就比較少了。然而校勘與訓詁兩方面的成績實在不少。戴震、段玉裁、王念孫、阮元、王引之們的治「經」；錢大昕、趙翼、王鳴盛、洪亮吉們的治「史」；王念孫、俞樾、孫詒讓們的治「子」；戴震、王念孫、段玉裁、邵晉涵、郝懿行、錢繹、王筠、朱駿聲們的治古詞典，都有相當的成績。

重要的古書，經過這許多大師的整理，比三百年前就容易看的多了。我們試拿明刻本的《墨子》來比孫詒讓的《墨子閒詁》，或拿二徐的《說文》來比清儒的各種《說文》注，就可以量度這幾百年整理古書的成績了。

(2)發現古書。清朝一代所以能稱為古學復興時期，不單因為訓詁校勘的發達，還因為古書發現和翻刻之多。清代中央政府，各省書局，都提倡刻書。私家刻的書更是重要，叢書與單行本，重刊本，精校本，摹刻本，近來的影印本。我們且舉一個最微細的例。近三十年內發現與刻行的宋元詞集，給文學史家添了多少材料？清初朱彝尊們固然見著不少的詞集，但我們今日購買詞集之便易，卻是清初詞人沒有享過的福氣了。翻刻古書孤本之外，還有輯佚書一項，如《古經解鉤沉》、《小學鉤沉》、《玉函山房輯佚書》，和《四庫全書》裡那幾百種從《永樂大典》輯出的佚書，都是國學史上極重要的貢獻。

(3)發現古物。清朝學者好古的風氣不限於古書一項；風氣所被，遂使古物的發現、記載、收藏，都成了時髦的嗜好。鼎彝、泉幣、碑版、壁畫、雕塑、古陶器之類，雖缺乏系統的整理，材料確是不少了。最近三十年來，甲骨文字的發現，竟使殷商一代的歷史有了地底下的證據，並且給文字學添了無數的最古材料。最近遼陽、河南等處石器時代文化的發現，也是一件極重要的事。

但這三百年的古學的研究，在今日估計起來，實在還有許多缺點。三百年的第一流學者的心思精力都用在這一方面，而究竟還只有這一點點結果，也正是因為有這些缺點的緣故。那些缺點，分開來說，也有三層：

(1)研究的範圍太狹窄了。這三百年的古學，雖然也有整治史書的，雖然也有研究子書的，但大家的眼光與心力注射的焦點，究竟只在儒家的幾部經書。古韻的研究，古詞典的研究，古書舊注的研究，子書的研究，都不是為這些材料的本身價值而研究的。一切古學都只是經學的丫頭！內中固然也有婢作夫人的；如古韻學之自成一種專門學問，如子書的研究之漸漸脫離經學的羈絆而獨立。但學者的聰明才力被幾部經書籠罩了三百年，那是不可諱言的事實。況且在這個狹小的範圍裡，還有許多更狹小的門戶界限。有漢學和宋學的分家，有今文和古文的分家；甚至於治一部《詩經》還要捨棄東漢的鄭《箋》而專取西漢的毛《傳》。專攻本是學術進步的一個條件；但清儒狹小研究的範圍，卻不是沒有成見的分工。他們脫不了「儒書一尊」的成見，故用全力治經學，而只用餘力去治他書。他們又脫不了「漢儒去古未遠」的成見，故迷信漢人，而排除晚代的學者。他們不知道材料固是愈古愈可信，而見解則後人往往勝過前人；所以他們力排鄭樵、朱熹而迷信毛公、鄭玄。今文家稍稍能有獨立的見解了；但他們打倒了東漢，只落得回到西漢的圈子裡去。研究的範圍狹小是清代學術所以不能大發展的一個絕大原因。三五部古書，無論怎樣絞來擠去，只有那點精華和糟粕。打倒宋朝的「道士《易》」固然是好事，但打倒了「道士《易》」，跳過了魏晉人的「道家《易》」，卻回到兩漢的「方士《易》」，那就是很不幸的了。《易》的故事如此，《詩》、《書》、《春秋》、《三禮》的故事也是如此。三百年的心思才力，始終不曾跳出這個狹小的圈子外去！

(2)太注重功力而忽略了理解。學問的進步有兩個重要方面：一是材料的積聚與剖解；一是材料的組織與貫通。前者須靠精勤的功力，後者全靠綜合的理解。清儒有鑑於宋、明學者專靠理解的危險，所以努力做樸實的功力而力避主觀的見解。這三百年之中，幾乎只有經師，而無思想家；只有校史者，而無史家；只有校注，而無著作。這三句話雖然很重，但我們試除去戴震、章學誠、崔述幾個人·就不能不承認這三句話的真實了。章學誠生當乾隆盛時（乾隆，一七三六—一七九五；章學誠，一七三八—一八〇〇），大聲疾呼的警告當日的學術界道：

> 今之博雅君子，疲精勞神於經傳子史，而終身無得於學者，正坐……誤執求知之功力，以為學即在是爾。學與功力實相似而不同。學不可以驟幾，人當致攻乎功力，則可耳。指功力以為學，是猶指秫黍以為酒也（《文史通義·博約篇》）。

他又說：

> 近日學者風氣，徵實太多，發揮太少，有如蠶食葉而不能抽絲（《章氏遺書·與汪輝祖書》）。

古人說：「鴛鴦繡取從君看，不把金針度與人」。單把繡成的鴛鴦給人看，而不肯把金針教人，那是不大度的行為。然而天下的人不是人人都能學繡鴛鴦的，多數人只愛看鴛鴦，而不想自己動手去學繡。清朝的學者只是天天一針一針的學繡，始終不肯繡鴛鴦。所以儘管他們辛苦殷勤的做工，但在社會的生活思想上幾乎完全不發生影響。他們自以為打倒了宋學，然而全國的學校裡讀的書仍舊是朱熹的《四書集注》、《詩集傳》、《易本義》等書。他們自以為打倒了偽《古文尚書》，然而全國村學堂裡的學究仍舊繼續用蔡沈的《書集傳》。三百年第一流的精力，二千四百三十卷的《經解》，仍舊不能替換朱熹一個人的幾部啟蒙的小書！這也可見單靠功力而不重理解的失敗了。

(3) 缺乏參考比較的材料，我們試問，這三百年的學者何以這樣缺乏理解呢？我們推求這種現象的原因，不能不回到第一層缺點——研究的範圍過於狹小。宋明的理學家所以富於理解，全因為六朝、唐以後佛家與道士的學說瀰漫空氣中，宋明的理學家全都受了他們的影響，用他們的學說作一種參考比較的資料。宋明的理學家，有了這種比較研究的材料，就像一個近視眼的人戴了近視眼鏡一樣；從前看不見的，現在都看見了；從前不明白的，現在都明白了。同是一篇《大學》，漢魏的人不很注意它，宋明的人忽然十分尊崇它，把它從《禮記》裡抬出來，尊為四書之一，推為「初學入德之門」。《中庸》也是如此的。宋明的人戴了佛書的眼鏡，望著《大學》、《中庸》，便覺得「明明德」、「誠」、「正心誠意」、「率性之謂道」等等話頭都有哲學的意義了。清朝的學者深知戴眼鏡的流弊，決意不配眼鏡；卻不知道近視而不戴眼鏡，同瞎子相差有限。說《詩》的回到《詩序》，說《易》的回到「方士易」，說《春秋》的回到《公羊》，可謂「陋」之至了；然而我們試想這一班第一流才士，何以陋到這步田地，可不是因為他們沒有高明的參考資料嗎？他們排斥「異端」，他們得著一部《一切經音義》，只認得它有保存古韻書、古詞典的用處；他們拿著一部子書，也只認得它有旁證經文古義的功用。他們只向那幾部儒書裡兜圈子，兜來兜去，始終脫不了一個「陋」字！打破這個「陋」字，沒有別的法子，只有旁搜博採，多尋參考比較的材料。

以上指出的這三百年來古學研究的缺點，不過是隨便挑出了幾樁重要的。我們的意思並不是要菲薄這三百年的成績；我們只想指出他們的成績所以不過如此的原因。前人上了當，後人應該學點乖。我們借鑑於先輩學者的成功與失敗，然後可以決定我們現在和將來研究國學的方針。我們不研究古學則已；如要想提倡古學的研究，應該注意這幾點：

(1) 擴大研究的範圍。

(2) 注意系統的整理。

(3) 博採參考比較的資料。

(1) 怎樣擴大研究的範圍呢？「國學」在我們的心眼裡，只是「國故學」的縮寫。中國的一切過去的文化歷史，都是我們的「國故」，研究這一切過去的歷史文化的學問，就是「國故學」，省稱為「國學」。「國故」這個名詞，最為妥當；因為它是一個中立的名詞，不含褒貶的意義。「國故」包含「國粹」，但他又包含「國渣」。我們若不瞭解「國渣」，如何懂得「國粹」？所以我們現在要擴充國學的領域，包括上下三四千年的過去文化，打破一切的門戶成見。拿歷史的眼光來統整一切，認清了「國故學」的使命是整理中國一切文化歷史，便可以把一切狹陋的門戶之見都掃空了。例如治經，鄭玄、王肅在歷史上固然占一個位置，王弼、何晏也占一個位置，王安石、朱熹也占一個位置，戴震、惠棟也占一個位置，劉逢祿、康有為也占一個位置。段玉裁曾說：

> 校經之法，必以賈還賈，以孔還孔，以陸還陸，以杜還杜，以鄭還鄭，各得其底本，而後判其義理之是非。……不先正注、疏、釋文之底本，則多誣古

人。不斷其立說之是非，則多誤今人……（《經韻樓集．與諸同志書論校書之難》）。

我們可借他論校書的話來總論國學，我們也可以說：

整治國故，必須以漢還漢，以魏晉還魏晉，以唐還唐，以宋還宋，以明還明，以清還清；以古文還古文家，以今文還今文家；以程朱還程朱，以陸王還陸王，……各還他一個本來面目，然後評判各代各家各人的義理的是非。不還他們的本來面目，則多誣古人。不評判他們的是非，則多誤今人。但不先弄明白了他們的本來面目，我們決不配評判他們的是非。

這還是專為經學、哲學說法。在文學的方面，也有同樣的需要。廟堂的文學固可以研究，但草野的文學也應該研究。在歷史的眼光裡，今日民間小兒女唱的歌謠，和《詩》三百篇有同等的位置；民間流傳的小說，和高文典冊有同等的位置；吳敬梓、曹霑和關漢卿、馬東籬和杜甫、韓愈有同等的位置。故在文學方面，也應該把三百篇還給西周東周之間的無名詩人；把古樂府還給漢魏六朝的無名詩人；把唐詩還給唐，把詞還給五代兩宋；把小曲雜劇還給元朝；把明清的小說還給明清。每一個時代，還他那個時代特長的文學，然後評判他們的文學價值。若不認明每一個時代的特殊文學，則多誣古人而多誤今人。

近來頗有人注意戲曲和小說了，但他們的注意仍不能脫離古董家的習氣。他們只看得起宋人的小說，而不知道在歷史的眼光裡，一本石印小字的《平妖傳》和一部精刻的殘本《五代史平話》有同樣的價值，正如《道藏》裡極荒謬的道教經典和《尚書》、《周易》有同等的研究價值。

總之，我們所謂「用歷史的眼光來擴大國學研究的範圍」，只是要我們大家認清國學是國故學，而國故學包括一切過去的文化歷史。歷史是多方面的：單記朝代興亡，固不是歷史；單有一宗一派，也不成歷史。過去種種，上自思想學術之大，下至一個字，一支山歌之細，都是歷史，都屬於國學研究的範圍。

(2)怎樣才是「注意系統的整理」呢？學問的進步不單靠積聚材料，還須有系統的整理。系統的整理可分三步說：

（甲）索引式的整理。不曾整理的材料，沒有條理，不容易檢尋，最能銷磨學者有用的精神才力，最足阻礙學術的進步。若想學問進步增加速度，我們須想出法子來解放學者的精力，使他們的精力用在最經濟的方面。例如一部《說文解字》，是最沒有條理系統的；向來的學者差不多全靠記憶的苦工夫，方才能用這部書。但這種苦工夫是最不經濟的；如果有人能把《說文》重新編制一番（部首依筆畫，每部的字也依筆畫），再加上一個檢字的索引（略如《說文通檢》或《說文易檢》），那就可省許多無謂的時間與記憶力了。又如一部《二十四史》，有了一部《史姓韻編》，可以省多少精力與時間？清代的學者也有見到這一層的，如章學誠說：

> 竊以典籍浩繁，聞見有限；在博雅者且不能悉究無遺，況其下乎？校讎之先，宜盡取四庫之藏，中外之籍，擇其中之人名地名官階書目，凡一切有名可治有數可稽者，略倣《佩文韻府》之例，悉編為韻；乃於本韻之下，註明原書出處，及先後篇第；自一見再見，以至數千百，皆詳注之；藏之館中，以為群書之總類。至校書之時，遇有疑似之處，即名而求其編韻，因韻而檢其本書，參互錯綜，即可得其至是。此則淵博之儒窮畢生年力而不可究殫者，今即中才校勘可坐收於几席之間，非校讎之良法歟（《校讎通義》）？

當日的學者如朱筠、戴震等，都有這個見解，但這件事不容易做到，直到阮元得勢力的時候，方才集合許多學者，合力做成一部空前的《經籍纂詁》，「展一韻而眾字畢備，檢一字而諸訓皆存，尋一訓而原書可識」（王引之〈序〉）；「即字而審其義，依韻而類其字，有本訓，有轉訓，次敘布列，若網在綱」（錢大昕〈序〉）。這種書的功用，在於節省學者的功力，使學者不疲於功力之細碎，而省出精力來做更有用的事業。後來這一類的書被科場士子用作夾帶的東西，用作抄竊的工具，所以有許多學者竟以用這種書為可恥的事。這是大錯的。這一類「索引」式的整理，乃是系統整理的最低且最不可少的一步；沒有這一步的預備，國學只限於有天才而又有閒空工夫的少數人；並且這些少數人也要因功力的拖累而減少他們的成績。偌大的事業，應該有許多人分擔去做的，卻落在少數人的肩膀上，這是國學所以不能發達的一個重要原因。所以我們主張，國學系統整理的第一步是提倡這種「索引」式的整理，把一切大部的書或不容易檢查的書，一概編成索引，使人人能用古書。人人能用古書，是提倡國學的第一步。

（乙）結賬式的整理。商人開店，到了年底，總要把這一年的賬結算一次，要曉得前一年的盈虧和年底的存貨，然後繼續進行，做明年的生意。一種學術到了一個時期，也有總結賬的必要。學術上結賬的用處有兩層：一是把這一種學術裡已經不成問題的部分整理出來，交給社會；二是把那不能解決的部分特別提出來，引起學者的注意，使學者知道何處有隙可乘，有功可立，有困難可以征服。結賬是(1)結束從前的成績，(2)預備將來努力的新方向。前者是預備普及的，後者是預備繼長增高的。古代結賬的書，如李鼎祚的《周易集解》，如陸德明的《經典釋文》，如唐宋的《十三經注疏》，如朱熹的《四書》、《詩集傳》、《易本義》等，所以都在後世發生很大的影響，全是這個道理。三百年來，學者都不肯輕易做這種結賬的事業。二千四百多卷的《清經解》，除了極少數之外，都只是一堆「流水」爛賬，沒有條理，沒有系統；人人從「粵若稽古」、「關關雎鳩」說起，人人做的都是「雜記」式的稿本！怪不得學者看了要「望洋興歎」了；怪不得國學有淪亡之憂了。我們試看科舉時代投機的書坊肯費整年的工夫來編一部《皇清經解縮本編目》，便可以明白索引式整理的需要；我們又看那時代的書坊肯費幾年的工夫來編一部《皇清經解分經彙纂》，便又可以明白結賬式整理的需要了。現在學問的途徑多了，學者的時間與精力更有經濟的必要了。例如《詩經》，二千年研究的結果，究竟到了什麼田地，很少人說得出來，只因為二千年的《詩經》爛賬至今不曾有一次的總結算。宋人駁了漢人，清人推翻了宋人，自以為回到漢人：至今《詩經》的研究，音韻自音韻，訓詁自訓詁，異文自異文，序說自序說，各不相關連。少年的學者想要研究《詩經》的，伸頭望一望，只看見一屋子的爛賬簿，嚇得吐舌縮不進去，只好嘆口氣，「算了罷！」《詩經》在今日所以漸漸無人過問，是少年人的罪過呢？還是《詩經》專家的罪過呢？我們以為，我們若想少年學者研究《詩經》，我們應該把《詩經》這筆爛賬結算一遍，造成一筆總賬。《詩經》的總賬裡應該包括這四大項：

(A)異文的校勘：總結王應麟以來，直到陳喬樅、李富孫等校勘異文的賬。

(B)古韻的考究：總結吳棫、朱熹、陳第、顧炎武以來考證古音的賬。

(C)訓詁：總結毛公、鄭玄以來直到胡承珙、馬瑞辰、陳奐，二千多年訓詁的賬。

(D)見解（序說）：總結《詩序》、《詩辨妄》、《詩集傳》，《偽詩傳》，姚際恒、崔述、龔橙、方玉潤……等二千年猜謎的賬。

有了這一本總賬，然後可以使大多數的學子容易踏進「《詩經》研究」之門，這是普及。入門之後，方才可以希望他們之中有些人出來繼續研究那總賬裡未曾解決的懸賬，這是提高。《詩經》如此，一切古書古學都是如此。我們試看前清用全力治經學，而經學的書不能流傳於社會，倒是那幾部用餘力做的《墨子間詁》、《荀子集解》、《莊子集釋》一類結賬式的書流傳最廣。這不可以使我們覺悟結賬式整理的重要嗎？

（丙）專史式的整理。索引式的整理是要使古書人人能用；結賬式的整理使古書人人能讀；這兩項都只是提倡國學的設備。但我們在上文曾主張，國學的使命是要使大家懂得中國的過去的文化史；國學的方法是要用歷史的眼光來整理一切過去文化的歷史。國學的目的是要做成中國文化史。國學的系統研究，要以此為歸宿。一切國學的研究，無論時代古今，無論問題大小，都要朝著這一個大方向走。只有這個目的可以整統一切材料；只有這個任務可以容納一切努力；只有這種眼光可以破除一切門戶畛域。

我們理想中的國學研究，至少有這樣的一個系統：

中國文化史：1.民族史、2.語言文字史、3.經濟史、4.政治史、5.國際交通史、6.思想學術史、7.宗教史、8.文藝史、9.風俗史、10.制度史。

這是一個總系統。歷史不是一件人人能做的事，歷史家須要有兩種必不可少的能力：一是精密的功力，一是高遠的想像。沒有精密的功力，不能做搜求和評判史料的工夫；沒有高遠的想像力，不能構造歷史的系統。況且中國這麼大，歷史這麼長，材料這麼多，除了分工合作之外，更無他種方法可以達到這個大目的。但我們又覺得，國故的材料太紛繁了，若不先做一番歷史的整理工夫，初學的人實在無從下手，無從入門。後來的材料也無所統屬；材料無所統屬，是國學紛亂煩碎的重要原因。所以我們主張，應該分這幾個步驟：

第一，用現在力所能搜集考定的材料，因陋就簡的先做成各種專史，如經濟史，文學史，哲學史，數學史，宗教史，……之類。這是一些大間架，他們的用處只是要使現在和將來的材料有一個附麗的地方。

第二，專史之中，自然還可分子目，如經濟史可分時代，又可分區域；如文學史、哲學史可分時代，又可分宗派，又可專治一人；如宗教史可分時代，可專治一教，或一宗派，或一派中的一人。這種子目的研究是學問進步必不可少的條件。治國學的人應該各就「性之所近而力之所能勉者」，用歷史的方法與眼光去擔任一部分的研究。子目的研究是專史修正的唯一源頭，也是通史修正的唯一源頭。

(3)怎樣「博採參考比較的資料」呢？向來的學者誤認「國學」的「國」字是國界的表示，所以不承認「比較的研究」的功用。最淺陋的是用「附會」來代替「比較」：他們說基督教是墨教的緒餘，墨家的「巨子」即是「矩子」，而「矩子」即是十字架！……附會是我們應該排斥的，但比較的研究是我們應該提倡的。有許多現象，孤立的說來說去，總說不通，總說不明白；一有了比較，竟不須解釋，自然明白了。倒如一個「之」字，古人說來說去，總不明白；現在我們懂得西洋文法學上的術語，只須說某種「之」字是內動詞（由是而之焉），某種是介詞（賊夫人之子），某種是指物形容詞（之子于歸），某種是代名詞的第三身用在目的位（愛之能勿勞乎），就都明白分明了。又如封建制度，向來被那方塊頭的分封說欺騙了，所以說來說去，總不明白；現在我們用歐洲中古的封建制度和日本的封建制度來比較，就容易明白了。音韻學上，比較的研究最有功效。用廣東音可以考侵覃各韻的古音，可以考古代入聲各韻的區別。近時西洋學者如 Karlgren，如 Baron von Stal- Holstein，用梵文原本來對照漢文譯音的文字，很可以幫助我們解決古音學上的許多困難問題。不但如此，日本語裡，朝鮮語裡，安南語裡，都保存有中國古音可以供我們參考比較。西藏文自唐朝以來，音讀雖變了，而文字的拼法不曾變，更可以供我們參考比較，也許還可以幫助我們發現中國古音裡有許多奇怪的複輔音呢。制度史上，這種比較的材料也極重要。懂得了西洋的議會制度史，我們更可以了解中國御史制度的性質與價值；懂得了歐美高等教育制度史，我們更能了解中國近一千年來的書院制度的性質與價值。哲學史上，這種比較的材料已發生很大的助力了。《墨子》裡的《經》上、下諸篇，若沒有印度因明學和歐洲哲學作參考，恐怕至今還是幾篇無人能解的奇書。韓非、王莽、王安石、李贄……一班人，若沒有西洋思想作比較，恐怕至今還是沉冤莫白。看慣了近世國家注重財政的趨勢，自然不覺得李覯、王安石的政治思想奇怪了。懂得了近世社會主義的政策，自然不能不佩服王莽、王安石的見解和魄力了。《易．繫辭傳》裡「易者，象也」的理論，因柏拉圖「法象論」的比較而更明白；荀卿書裡「類不悖，雖久同理」的理論，得亞里斯多德的「類不變論」的參考而更易懂。這都是很明顯的例子。至於文學史上，小說戲曲近年忽然受學者的看重，民間俗歌近年漸漸引起學者的注意，都是和西洋文學接觸比較的功效更不消說了。此外，如宗教的研究、民俗的研究、美術的研究，也都是不能不利用參考比較的材料的。

以上隨便舉的例，只是要說明比較參考的重要。我們現在治國學，必須要打破閉關孤立的態度，要存比較研究的虛心。第一，方法上，西洋學者研究古學的方法早已影響日本的學術界了，而我們還在冥行索塗的時期。我們此時正應該虛心採用他們的科學方法，補救我們沒有條理系統的習慣。第二，材料上，歐、美、日本學術界有無數的成績可以供我們參考比較，可以給我們開無數新法門，可以給我們添無數借鑑的鏡子。

學術的大仇敵是孤陋寡聞；孤陋寡聞的唯一良藥是博採參考比較的材料。

我們觀察這三百年的古學史，研究這三百年來學者的缺陷，知道他們的缺陷都是可以補救的；我們又反觀現在古學研究的趨勢，明白了世界學者提供我們參考比較的好機會，所以我們對於國學的前途，不但不抱悲觀，並且還抱無窮的樂觀。我們認清了國學前途的黑暗與光明全靠我們努力的方向對不對。因此，我們提出這三個方向來做我們一班同志互相督責勉勵的條件：

第一，用歷史的眼光來擴大國學研究的範圍。

第二，用系統的整理來部勒國學研究的材料。

第三，用比較的研究來幫助國學材料的整理與解釋。

——《國學季刊》，卷一號一，一九二三年一月。

延伸閱讀

◆**胡適**，〈整理國故與打鬼——給浩徐先生信〉，《現代評論》，期一一九（北京：一九二七年三月十九日），收入《治學的方法與材料》，《胡適作品集》，冊十一（臺北：遠流出版事業股份有限公司，一九八六）。

◆**胡適**，〈治學的方法與材料〉，《新月》，卷一號九（上海：一九二八年十一月十日），收入《治學的方法與材料》，《胡適作品集》，冊十一。

◆**王存奎**，《再造與復古的辯難：二十世紀二十年代「整理國故」論爭的歷史考察》（合肥：黃山書社，二〇一〇）。

◆**余英時**，〈《中國哲學史大綱》與史學革命〉，收入氏著，《重尋胡適歷程胡適生平與思想再認識》（臺北：聯經出版事業股份有限公司，二〇〇四）。

◆**李孝悌**，〈胡適與整理國故：兼論胡適對中國傳統的態度〉，《食貨》，第十五卷五-六期（臺北：一九八五年十一月）。

◆**沈松僑**，〈敘事、論述與歷史：胡適與近代中國知識結構的轉型〉，《近代中國史研究通訊》，第三十三期（臺北：中央研究院近代史研究所，二〇〇二年三月）。

◆**周質平**，〈評胡適的提倡科學與整理國故〉，收入周策縱（等著），《胡適與近代中國》（臺北：時報文化出版公司，一九九一）。

◆ **河田悌一**，〈民國初期近代學術研究之成立整理國故與戴震評價〉，收入周質平、Willard J. Peterson（編），《國史浮海開新錄：余英時教授榮退論文集》（臺北：聯經出版事業公司，二〇〇二）。

◆ **徐雁平**，《胡適與整理國故考論以中國文學史研究為中心》（合肥：安徽教育出版社，二〇〇三）。

◆ **陳以愛**，《中國現代學術研究機構的興起以北京大學研究所國學門為中心的探討（一九二二～一九二七）》（臺北：政治大學歷史學系，一九九九）。

◆ **陳以愛**，〈胡適的「整理國故」在二〇—三〇年代學術界的反響〉，《近代中國史研究通訊》，期三十三（臺北：中央研究院，近代史研究所，二〇〇二年三月）。

◆ **陳以愛**，〈胡適對王國維「古史新證」的回應〉，《歷史研究》，二〇〇八年期六（北京：二〇〇八年十二月）。

◆ **陳以愛**，〈王國維與胡適文學革命論〉，《中央研究院近代史研究所集刊》，期一〇一（臺北：二〇一八年九月）。

◆ **潘光哲**，〈費密的「發現」與胡適對近代中國「反理學」思想系譜的建構〉，《國際中國學研究》，輯十五（韓國首爾：二〇一三）。

第五篇
我們對於西洋近代文明的態度

【解題】

現代中國知識分子群體內部的構成，錯綜複雜。某些人物，在政治社會改革議題方面，可以站在基本一致的立場；對文化思想的認知與主張，卻如南轅北轍。胡適與張君勱，就是最好的例證。在政治上，兩人都是國民黨黨國體制的抗議者，都反對共產主義的暴力革命，也都希望中國能夠建立民主憲政體制。不過，張君勱涉入政治更深，是中國國家社會黨（後來的中國民主社會黨）的領袖，也是一九四七年頒行的中華民國憲法的起草者；一九四九年後，兩人都流亡美國，胡適最後選擇來到臺灣，骸埋斯土；張君勱卻拒絕踏上蔣介石統治的土地，客死異鄉。在文化思想領域裡，兩人各有堅持，始終沒有交集調和的可能。一九二三年，與梁啟超關係密切的張君勱，發表「人生觀」演講，他承繼梁氏前此將中國與西方文化歸結於「精神」與「物質」二元對立範疇的論說，既指稱中國為「精神文明」，歐洲為「物質文明」，也論證科學無法解決「人生觀問題」，引發了「科學與人生觀論戰」。稍早之先，梁漱溟的《東西文化及其哲學》（一九二一年出版），持論和梁啟超、張君勱大致相類，也引發熱烈的迴響。在這樣的思想氣候裡，胡適既批判梁漱溟「犯了籠統的大病」，不能拿簡單抽象的名詞概括某種文化；稍後更撰作本文，尖銳地批判「識貶西洋文明為唯物的」、「尊崇東方文明為精神的」乃是「最沒有根據而又最有毒害的妖言」，也清楚指陳「西洋近代文明」的優越性。此後，對於文化路向的構想，胡適與張君勱各自努力，依舊道分南北。胡適一度聲言「全盤西化」（或是「充分的世界化」），直至晚年仍然發表〈科學發展所需要的社會改革〉，基本上都倡言西洋近代文明是人類文明的最高成就，在在引發了嚴厲的批判聲浪。相反地，張君勱看重中國的文化歷史傳統，正如他評論胡適所象徵的「思想路線」的述說，即使西方文化思想確實有意義和價值，他更強調「不應忘卻自己傳統，以自陷於蔑視數千年之歷史根據，而自毀其特色，自忘其根本」，始可確立「學術自主自立之大方針」。有趣的是，胡適在這裡聲言「十九世紀中葉以後的新宗教信條是社會主義」，展現了他對「社會主義」的「好感」，日後他卻發表〈從《到奴役之路》說起〉，公開「懺悔」說這是自己「錯誤的見解」。相較之下，張君勱則始終堅持追求「社會主義」的理想，晚年還遠去新加坡演講「社會主義運動」的歷史。胡適與張君勱的思想對比以及各自的轉折，凸顯二十世紀中國思想世界的多重風貌，都有待深思細想，挖掘其間值得承繼發揚的成分。

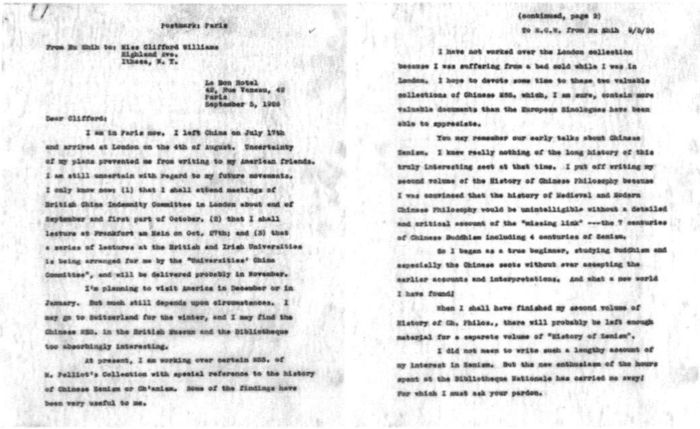

Postmark: Paris

From Hu Shih to: Miss Clifford Williams
Highland Ave.
Ithaca, N. Y.

Le Bon Hotel
42, Rue Vaneau, 42
Paris
September 5, 1926

Dear Clifford:

I am in Paris now. I left China on July 17th and arrived at London on the 4th of August. Uncertainty of my plans prevented me from writing to my American friends. I am still uncertain with regard to my future movements. I only know now: (1) that I shall attend meetings of British China Indemnity Committee in London about end of September and first part of October. (2) that I shall lecture at Frankfort am Main on Oct. 27th; and (3) that a series of lectures at the British and Irish Universities is being arranged for me by the "Universities' China Committee", and will be delivered probably in November.

I'm planning to visit America in December or in January. But much still depends upon circumstances. I may go to Switzerland for the winter, and I may find the Chinese MSS. in the British Museum and the Bibliotheque too absorbingly interesting.

At present, I am working over certain MSS. of M. Pelliot's Collection with special reference to the history of Chinese Zenism or Ch'anism. Some of the findings have been very useful to me.

(continued, page 2)
To E.C.W. from Hu Shih 9/5/26

I have not worked over the London collection because I was suffering from a bad cold while I was in London. I hope to devote some time to these two valuable collections of Chinese MSS. which, I am sure, contain more valuable documents than the European Sinologues have been able to appreciate.

You may remember our early talks about Chinese Zenism. I knew really nothing of the long history of this truly interesting sect at that time. I put off writing my second volume of the History of Chinese Philosophy because I was convinced that the history of Medieval and Modern Chinese Philosophy would be unintelligible without a detailed and critical account of the "missing link" ---the 7 centuries of Chinese Buddhism including 4 centuries of Zenism.

So I began as a true beginner, studying Buddhism and especially the Chinese sects without ever accepting the earlier accounts and interpretations. And what a new world I have found!

When I shall have finished my second volume of History of Ch. Philos., there will probably be left enough material for a seperate volume of "History of Zenism".

I did not mean to write such a lengthy account of my interest in Zenism. But the new enthusiasm of the hours spent at the Bibliotheque Nationale has carried me away! For which I must ask your pardon.

01 胡適在 1926 年 9 月 6 日寫給韋蓮司（Edith Clifford Williams）的信，談到〈我們對於西洋近代文明的態度〉這篇文章。他說：在這篇文章裡，「我所給予東方文明的指責，比任何來自西方的指責更嚴苛，而我對西方文明的高度評價，也比西方人自己所說得更好。」

02 胡適對於西洋近代文明的態度，和他早年留學美國的經驗密不可分。圖為就讀康乃爾大學時期的胡適，和他的一群朋友郊遊的合影，左 2 是胡適。

今日最沒有根據而又最有毒害的妖言是譏貶西洋文明為唯物的（Materialistic），而尊崇東方文明為精神的（Spiritual）。這本是很老的見解，在今日卻有新興的氣象。從前東方民族受了西洋民族的壓迫，往往用這種見解來解嘲，來安慰自己。近幾年來，歐洲大戰的影響使一部分的西洋人對於近世科學的文化起一種厭倦的反感，所以我們時時聽見西洋學者有崇拜東方的精神文明的議論。這種議論，本來只是一時的病態心理，卻正投合東方民族的誇大狂；東方的舊勢力就因此增加了不少的氣燄。

我們不願「開倒車」的少年人對於這個問題沒有一種澈底的見解，所以不能沒有一種鮮明的表示。

現在高談「精神文明」、「物質文明」的人，往往沒有共同的標準做討論的基礎，故只能作文字上或表面上的爭論，而不能有根本的了解。我想提出幾個基本觀念來做討論的標準。

第一，文明（Civilization）是一個民族應付他的環境的總成績。

第二，文化（Culture）是一種文明所形成的生活方式。

第三，凡一種文明的造成，必有兩個因子：一是物質的（Material），包括種種自然界的勢力與質料；一是精神的（Spiritual），包括一個民族的聰明才智，感情和理想。凡文明都是人的心思智力運用自然界的質與力的作品；沒有一種文明是精神的，也沒有一種文明單是物質的。

我想這三個觀念是不須詳細說明的，是研究這個問題的人都可以承認的。一隻瓦盆和一隻鐵鑄的大蒸汽鑪，一隻舢板船和一隻大汽船，一部單輪小車和一輛電力街車，都是人的智慧利用自然界的質力製造出來的文明，同有物質的基礎，同有人類的才智作動力。這裡面只有精粗巧拙的程度差異，卻沒有根本上的不同，蒸汽鐵鑪固然不必笑瓦盆的幼稚，單輪小車上的人也更不配自誇他的精神文明，而輕視電車上人的物質文明。

因為一切文明都少不了物質的表現，所以「物質的文明」（Material Civilization）一個名詞不應該有什麼譏貶的涵義。我們說一部摩托車是一種物質的文明，不過單指它物質的形體；其實一部摩托車所代表的人類心思智慧決不亞於一首詩所代表的心思智慧。所以「物質文明」不是和「精神文明」相對的一個貶詞，我們於此可以不討論。

我們現在要討論的是(1)什麼叫做「唯物的文明」（Materialistic Civilization），(2)西洋現代文明是不是唯物的文明。

崇拜所謂東方精神文明的人說，西洋近代文明偏重物質上和肉體上的享受，而略視心靈上與精神上的要求，所以是唯物的文明。

我們先要指出這種議論含有靈肉衝突的成見，我們認為錯誤的成見。我們深信，精神的文明必須建築在物質的基礎之上。提高人類物質上的享受，增加人類物質上的便利與安逸，這都是朝著解放人類能力的方向走，使人們不至於把精力心思全拋在僅僅生存之上，使他們可以有餘力去滿足他們精神上的要求。東方的哲人曾說：

衣食足而後知榮辱，倉廩實而後知禮節。

這不是什麼舶來的「經濟史觀」；這是平恕的常識。人世的大悲劇是無數的人們終身做血汗的生活，而不能得著最低限度的人生幸福，不能避免凍與餓。人世的更大悲劇是人類的先知先覺者眼看無數人們的凍餓，不能設法增進他們的幸福，卻把「樂天」、「安命」、「知足」、「安貧」種種催眠藥給他們吃，叫他們自己欺騙自己，安慰自己。西方古代有一則寓言說，狐狸想吃葡萄，葡萄太高了，牠吃不著，只好說，「我本不愛吃這酸葡萄！」狐狸吃不著甜葡萄，只好說葡萄是酸的；人們享不著物質上的快樂，只好說物質上的享受是不足羨慕的，而貧賤是可以驕人的。這樣自欺自慰成了懶惰的風氣，又不足為奇了。於是有狂病的人又進一步，索性回過頭去，戕賊身體，斷臂、絕食、焚身，以求那幻想的精神安慰。從自欺自慰以至於自殘自殺，人生觀變成了人死觀，都是從一條路上來的，這條路就是輕蔑人類的基本欲望。朝這條路上走，逆天而拂性，必至於養成懶惰的社會，多數人不肯努力以求人生基本欲望的滿足，也就不肯進一步以求心靈上與精神上的發展了。

西洋近代文明的特色便是充分承認這個物質享受的重要。西洋近代文明，依我的鄙見看來，是建築在三個基本觀念之上：

第一，人生的目的是求幸福。

第二，所以貧窮是一樁罪惡。

第三，所以衰病是一樁罪惡。

借用一句東方古話，這就是一種「利用厚生」的文明。因為貧窮是一樁罪惡，所以要開發富源，獎勵生產，改良製造，擴張商業。因為衰病是一樁罪惡，所以要研究醫藥，提倡衛生，講求體育，防止傳染的疾病，改善人種的遺傳。因為人生的目的是求幸福，所以要經營安適的起居，便利的交通，潔淨的城市，優美的藝術，安全的社會，清明的政治。縱觀西洋近代的一切工藝、科學、法制，固然其中也不少殺人的利器與侵略掠奪的制度，我們終不能不承認那利用厚生的基本精神。

這個利用厚生的文明，當真忽略了人類心靈上與精神上的要求嗎？當真是一種唯物的文明嗎？

我們可以大膽地宣言：西洋近代文明絕不輕視人類精神上的要求。我們還可以大膽地進一步說：西洋近代文明能夠滿足人類心靈上的要求的程度，遠非東洋舊文明所能夢見。在這一方面看來，西洋近代文明絕非唯物的，乃是理想主義的（Idealistic），乃是精神的（Spiritual）。

我們先從理智的方面說起。

西洋近代文明的精神，第一個特色是科學。科學的根本精神在於求真理。人在世間，受環境的逼迫，受習慣的支配，受迷信與成見的拘索。只有真理可以使你自由，使你強有力，使你聰明聖智；只有真理可以使你打破你的環境裡的一切束縛，使你戡天，使你縮地，使你天不怕、地不怕，堂堂地做一個人。

求知是人類天生的一種精神上的最大要求。東方的舊文明對於這個要求，不但不想滿足他，並且常想裁制他，斷絕他。所以東方古聖人勸人要「無知」，要「絕聖棄智」，要「斷思惟」，要「不識不知，順帝之則」。這是畏難，這是懶惰。這種文明，還能自誇可以滿足心靈上的要求嗎？

東方的懶惰聖人說，「吾生也有涯，而知也無涯，以有涯逐無涯，殆已」。所以他們要人靜坐澄心，不思不慮，而物來順應。這是自欺欺人的誑語，這是人類的誇大狂。真理是深藏在事物之中的；你不去尋求探討，它決不會露面。科學的文明教人訓練我們的官能智慧，一點一滴地去尋求真理，一絲一毫不放過，一銖一兩地積起來。

這是求真理的唯一法門。自然（Nature）是一個最狡猾的妖魔，只有敲打逼拶可以逼她吐露真情。不思不慮的懶人只好永永作愚昧的人，永永走不進真理之門。

東方的懶人又說：「真理是無窮盡的，人的求知欲望如何能滿足呢？」誠然，真理是發現不完的，但科學決不因此而退縮。科學家明知真理無窮，知識無窮，但他們仍然有他們的滿足：進一寸有一寸的愉快，進一尺有一尺的滿足。二千多年前，一個希臘哲人思索一個難題，想不出道理來；有一天，他跳進浴盆去洗澡，水漲起來，他忽然明白了，他高興極了，赤裸裸地跑出門去，在街上亂嚷嚷「我尋著了！我尋著了！」（Eureka! Eureka!）這是科學家的滿足。牛頓（Newton）、巴斯德（Pasteur）以至於愛迪生（Edison）時時有這樣的愉快。一點一滴都是進步，一步一步都可以躊躇滿志。這種心靈上的快樂是東方的懶聖人所夢想不到的。

這裡正是東西文化的一個根本不同之點。一邊是自暴自棄的不思不慮，一邊是繼續不斷的尋求真理。

朋友們，究竟是哪一種文化能滿足你們心靈上的要求呢？

其次，我們且看看人類的情感與想像力上的要求。

文藝，美術，我們可以不談，因為東方的人，凡是能睜開眼睛看世界的，至少還都能承認西洋人並不曾輕蔑了這兩個重要的方面。

我們來談談道德與宗教罷。

近世文明在表面上還不曾和舊宗教脫離關係，所以近世文化還不曾明白建立它的新宗教與新道德。但我們研究歷史的人不能不指出近世文明自有它的新宗教與新道德。科學的發達提高了人類的知識，使人們求知的方法更精密了，評判的能力也更進步了，所以舊宗教的迷信部分漸漸被淘汰到最低限度，漸漸地連那最低限度的信仰——上帝的存在與靈魂的不滅——也發生疑問了。所以這個新宗教的第一特色是它的理智化。近世文明仗著科學的武器，開闢了許多新世界，發現了無數新真理，征服自然界的無數勢力，叫電氣趕車，叫「以太」送信，真個作出種種動地掀天的大事業來。人類能力的發展使他漸漸增加對於自己的信仰心，漸漸把向來信天安命的心理變成信任人類自己的心理。所以這個新宗教的第二特色是它的人化。智識的發達不但抬高了人的能力，並且擴大了他的眼界，使他胸襟闊大，想像力高遠，同情心濃摯。同時，物質享受的增加使人有餘力可以顧到別人的需要與痛苦。擴大了的同情心加上擴大了的能力，遂產生了一個空前的社會化的新道德，所以這個新宗教的第三特色就是它的社會化的道德。

古代的人因為想求得感情上的安慰，不惜犧牲理智上的要求，專靠信心（Faith），不問證據，於是信鬼，信神，信上帝，信天堂，信淨土，信地獄。近世科學便不能這樣專靠信心了。科學並不菲薄感情上的安慰；科學只要求，一切信仰須要禁得起理智的評判，須要有充分的證據。凡沒有充分證據的，只可存疑，不足信仰。赫胥黎（Huxley）說的最好：

> 如果我對於解剖學上或生理學上的一個小小困難，必須要嚴格的不信任一切沒有充分證據的東西，方才可望有成績，那麼，我對於人生的奇祕的解決，難道就可以不用這樣嚴格的條件嗎？

這正是十分尊重我們精神上的要求。我們買一畝田，賣三間屋，尚且要一張契據；關於人生最高希望的根據，豈可沒有證據就胡亂信仰呢？

這種「拿證據來！」的態度，可以稱為近世宗教的「理智化」。

從前人類受自然的支配，不能探討自然界的祕密，沒有能力抵抗自然的殘酷，所以對於自然常懷著畏懼之心。拜物，拜畜生，怕鬼，敬神，「小心翼翼，昭事上帝」，都是因為人類不信任自己的能力，不能不倚靠一種超自然的勢力。現代的人便不同了。人的智力居然征服了自然界的無數質力，上可以飛行無礙，下可以潛行海底，遠可以窺算星辰，近可以觀察極微。這個兩隻手一個大腦的動物——人——已成了世界的主人翁，他不能不尊重自己了。一個少年的革命詩人曾這樣的歌唱：

我獨自奮鬥，勝敗我獨自承當，
我用不著誰來放我自由，
我用不著什麼耶穌基督
妄想祂能替我贖罪替我死。

I fight alone and win or sink,
I need no one to make me free,
I want no Jesus Christ to think
That he could ever die for me.

這是現代人化的宗教。信任天不如信任人，靠上帝不如靠自己。我們現在不妄想什麼天堂天國了，我們要在這個世界上建造「人的樂國」。我們不妄想做不死的神仙了，我們要在這個世界上做個活潑健全的人。我們不妄想什麼四禪定六神通了，我們要在這個世界上做個有聰明智慧可以戡天縮地的人。我們也許不輕易信仰上帝的萬能了，我們卻信仰科學的方法是萬能的，人的將來是不可限量的。我們也許不信靈魂的不滅了，我們卻信人格是神聖的，人權是神聖的。

這是近世宗教的「人化」。

但最重要的要算近世道德宗教的「社會化」。

古代的宗教大抵注重個人的拯救，古代的道德也大抵注重個人的修養。雖然也有自命普渡眾生的宗教，雖然也有自命兼濟天下的道德，然而終苦於無法下手，無力實行，只好仍舊回到個人的身心上用工夫，做那向內的修養。越向內做工夫，越看不見外面的現實世界；越在那不可捉摸的心性上玩把戲，越沒有能力應付外面的實際問題。即如中國八百年的理學工夫居然看不見二萬萬婦女纏足的慘無人道！明心見性，何補於人道的苦痛困窮！坐禪主敬，不過造成許多「四體不勤，五穀不分」的廢物！

近世文明不從宗教下手，而結果自成一個新宗教；不從道德入門，而結果自成一派新道德。十五、十六世紀的歐洲國家簡直都是幾個海盜的國家，哥倫布（Columbus）、麥哲倫（Magellan）、德瑞克（Drake）一班探險家都只是一些大海盜。他們的目的只是尋求黃金、白銀、香料、象牙、黑奴。然而這班海盜和海盜帶來的商人開闢了無數新地，開拓了人的眼界，抬高了人的想像力，同時又增加了歐洲的富力。工業革命接著起來，生產的方法根本改變了，生產的能力更發達了。二、三百年間，物質上的享受逐漸增加，人類的同情心也逐漸擴大。這種擴大的同情心便是新宗教新道德的基礎。自己要爭自由，同時便想到別人的自由，所以不但自由須以不侵犯他人的自由為界限，並且還進一步要求絕大多數人的自由。自己要享受幸福，同時便想到人的幸福，所以樂利主義（Utilitarianism）的哲學家便提出「最大多數的最大幸福」為標準來作人類社會的目的。這都是「社會化」的趨勢。

十八世紀的新宗教信條是自由，平等，博愛。十九世紀中葉以後的新宗教信條是社會主義。這是西洋近代的精神文明，這是東方民族不曾有過的精神文明。

固然東方也曾有主張博愛的宗教，也曾有公田均產的思想。但這些不過是紙上的文章，不曾實地變成社會生活的重要部分，不曾變成範圍人生的勢力，不曾在東方文化上發生多大的影響。在西方便不然了。「自由，平等，博愛」成了十八世紀的革命口號。美國的革命、法國的革命、一八四八年全歐洲的革命運動，一八六二年的南北美戰爭，都是在這三大主義的旗幟之下的大革命。美國的憲法，法國的憲法，以至於南美洲諸國的憲法，都是受了這三大主義的絕大影響的。舊階級的打倒，專制政體的推翻，法律之下人人平等的觀念的普遍，「信仰、思想、言論、出版」幾大自由的保障的實行，普及教育的實施，婦女的解放，女權的運動，婦女參政的實現，……都是這個新宗教新道德的實際表現。這不僅僅是三、五個哲學家書本裡的空談；這都是西洋近代社會政治制度的重要部分，這都已成了範圍人生，影響實際生活的絕大勢力。

十九世紀以來，個人主義趨勢的流弊漸漸暴白於世了，資本主義之下的苦痛也漸漸明瞭了。遠識的人知道自由競爭的經濟制度不能達到真正「自由，平等，博愛」的目的。向資本家手裡要求公道的待遇，等於「與虎謀皮」。救濟的方法只有兩條大路：一是國家利用其權力，實行裁制資本家，保障被壓迫的階級；一是被壓迫的階級團結起來，直接抵抗資本階級的壓迫與掠奪。於是各種社會主義的理論與運動不斷地發生。西洋近代文明本建築在個人求幸福的基礎之上，所以向來承認「財產」為神聖的人權之一。但十九世紀中葉以後，這個觀念根本動搖了；有的人竟說「財產是賊贓」，有的人竟說「財產是掠奪」。現在私有財產制雖然還存在，然而國家可以徵收極重的所得稅和遺產稅，財產久已不許完全私有了。勞動是向來受賤視的；但資本集中的制度使勞工有大組織的可能，社會主義的宣傳與階級的自覺又使勞工覺悟團結的必要，於是幾十年之中有組織的勞動階級遂成了社會上最有勢力的分子。十年以來，工黨領袖可以執掌世界強國的政權，同盟總罷工可以屈伏最有勢力的政府，俄國的勞農階級竟做了全國的專政階級。這個社會主義的大運動現在還正在進行的時期，但它的成績已很可觀了。各國「社會立法」（Social Legislation）的發達，工廠的視察，工廠衛生的改良，兒童工作與婦女工作的救濟，紅利分配制度的推行，縮短工作時間的實行，工人的保險，合作制之推行，最低工資（Minimum Wage）的運動，失業的救濟，級進制的（Progressive）所得稅與遺產稅的實行，……這都是這個大運動已經做到的成績。這也不僅僅是紙上的文章，這也都已成了近代文明的重要部分。

這是「社會化」的新宗教與新道德。

東方的舊腦筋也許要說：「這是爭權奪利，算不得宗教與道德」。這裡又正是東西文化的一個根本不同之點。一邊是安分、安命、安貧、樂天、不爭、認吃虧；一邊是不安分、不安貧、不肯吃虧、努力奮鬥、繼續改善現成的境地。東方人見人富貴，說他是「前世修來的」；自己貧，也說是「前世不曾修」，說是「命應如此」。西方人便不然；他說，「貧富的不平等，痛苦的待遇，都是制度不良的結果，制度是可以改良的」。他們不是爭權奪利，他們是爭自由、爭平等、爭公道；他們爭的不僅僅是個人的私利，他們奮鬥的結果是人類絕大多數人的福利。最大多數人的最大幸福，不是袖手念佛號可以得來的，是必須奮鬥力爭的。

朋友們，究竟是哪一種文化能滿足你們心靈上的要求呢？

※　※　※

我們現在可綜合評判西洋近代的文明了。這一系的文明建築在「求人生幸福」的基礎之上，確然替人類增進了不少物質上的享受；然而它也確然很能滿足人類精神上的要求。它在理智的方面，用精密的方法，繼續不斷地尋求真理，探索自然界無窮的祕密。它在宗教道德的方面，推翻了迷信的宗教，建立合理的信仰，打倒了神權，建立人化的宗教；拋棄了那不可知的天堂淨土，努力建設「人的樂國」、「人世的天堂」；丟開了那自稱個人靈魂的超拔，盡量用人的新想像力和新智力去推行那充分社會化了的新宗教與新道德，努力謀人類最大多數的最大幸福。

東方的文明的最大特色是知足。西洋近代文明的最大特色是不知足。

知足的東方人自安於簡陋的生活，故不求物質享受的提高；自安於愚昧，自安於「不識不知」，故不注意真理的發見與技藝器械的發明；自安於現成的環境與命運，故不想征服自然，只求樂天安命；不想改革制度，只圖安分守己；不想革命，只做順民。

這樣受物質環境的拘束與支配，不能跳出來，不能運用人的心思智力來改造環境改良現狀的文明，是懶惰不長進的民族的文明，是真正唯物的文明。這種文明只可以遏抑而決不能滿足人類精神上的要求。

西方人大不然。他們說「不知足是神聖的」（Divine Discontent）。物質上的不知足產生了今日鋼鐵世界、汽機世界、電力世界。理智上的不知足產生了今日的科學世界。社會政治制度上的不知足產生了今日的民權世界、自由政體、男女平權的社會、勞工神聖的喊聲、社會主義的運動。神聖的不知足是一切革新一切進化的動力。

這樣充分運用人的聰明智慧來尋求真理以解放人的心靈，來制服天行以供人用，來改造物質的環境，來改革社會政治的制度，來謀人類最大多數的最大幸福——這樣的文明應該能滿足人類精神上的要求；這樣的文明是精神的文明，是真正理想主義的（Idealistic）文明，決不是唯物的文明。

固然，真理是無窮的，物質上的享受是無窮的，新器械的發明是無窮的，社會制度的改善是無窮的。但格一物有一物的愉快，革新一器有一器的滿足，改良一種制度有一種制度的滿意。今日不能成功的，明日明年可以成功；前人失敗的，後人可以繼續助成。盡一分力便有一分的滿意；無窮的進境上，步步都可以給努力的人充分的愉快。所以大詩人鄧內孫（Tennyson）借古英雄（Ulysses）的口氣歌唱道：

然而人的閱歷就像一座穹門，
從那裡露出那不曾走過的世界，
越走越遠，永永望不到它的盡頭。
半路上不幹了麼沉悶呵！
明晃晃的快刀為什麼甘心上鏽！

難道留得一口氣就算得生活了？

……

朋友們，來罷！

去尋一個更新的世界是不會太晚的。

……

用掉的精力固然不回來了，剩下的還不少呢。

現在雖然不是從前那樣掀天動地的身手了，

然而我們畢竟還是我們，

光陰與命運頹唐了幾分壯志！

終止不住那不老的雄心，

去努力，去探尋，去發見，

永不退讓，不屈服。

一九二六．六．六

——《現代評論》，第八十三期，一九二六年七月十日；

《胡適文存三集》，第一卷（上海：亞東圖書館，一九三〇）。

延伸閱讀

◆**胡適**，〈讀梁漱溟先生的《東西文化及其哲學》〉，《讀書雜志》（《努力週報》增刊），期八（北京：一九二三年四月一日），收入《五十年來中國之文學》，《胡適作品集》，冊八（臺北：遠流出版事業股份有限公司，一九八六）。

◆**胡適**，〈充分世界化與全盤西化〉，《大公報》（天津：一九三五年六月二十二日），收入張忠楝、李永熾、林正弘（主編），劉季倫、薛化元、潘光哲（編輯），《現代中國自由主義資料選編——④文化的道路》（臺北：唐山出版社，二○○○）。

◆**胡適**，〈從《到奴役之路》說起在《自由中國》社歡迎茶會上講詞〉（一九五四年三月五日），《自由中國》，卷十期六（臺北：一九五四年三月十六日），收入潘光哲（主編），《胡適全集·時論》（臺北：中央研究院近代史研究所胡適紀念館，二○一八），冊七。

◆**胡適（著）**，**徐高阮（譯）**，〈科學發展所需要的社會改革〉，《文星》，卷九期二（臺北：一九六一年十二月一日），收入潘光哲（主編），《胡適全集·時論》，冊七。

◆**張君勱**，〈胡適思想路線評論〉，《再生（重慶版）》，期五一（重慶：一九四〇年一二月三一日），收入周陽山（等編），《近代中國思想人物論‧自由主義》（臺北：時報文化出版公司，一九八〇）。

◆**張君勱**，《社會主義思想運動概觀》（臺北：稻鄉出版社，一九八八）。

◆**王中江**，〈全盤西化與本位文化論戰中之胡適〉，收入劉青峰（編），《胡適與現代中國文化轉型》（香港：中文大學出版社，一九九四）。

◆**何信全**，〈張君勱論儒學與民主社會主義〉，收入氏著，《儒學與現代民主——當代新儒家政治哲學研究》（臺北：中央研究院中國文哲研究所籌備處，一九九六）。

◆**林毓生**，〈胡適與梁漱溟關於〈東西文化及其哲學〉的辯論及其歷史涵義〉，收入氏著，《政治秩序與多元社會》（臺北：聯經出版公司，一九八九）。

◆**章清**，〈現代中國自由主義與社會主義的合離：自由知識分子關於社會主義的圖景〉，收入瞿海源（等主編），《自由主義的發展及問題》，《殷海光基金會自由、平等、社會正義學術研討會論文集》，冊一（臺北：桂冠圖書股份有限公司，二〇〇二）。

◆**雷頤**，〈殊途同歸：胡適與張君勱〉，收入李又寧（主編），《胡適與民主人士》

（紐約：天外出版社，一九九八）。

◆**薛化元**，《民族主義與民主憲政的辯證發展：張君勱思想研究》（臺北：稻禾出版社，一九九四）。

◆**羅志田**，〈胡適與社會主義的合離〉，《學人》，輯四（南京：江蘇文藝出版社，一九九三年七月），收入氏著，《民族主義與近代中國思想》（臺北：東大圖書股份有限公司，一九九八）。

第六篇
試評所謂「中國本位的文化建設」

【解題】

約略從十九世紀中葉以來，面對西方帝國主義的入侵，中國知識人深感國族陷入多重危機，尤以文化層面為然；如何重塑國族／文化認同，方向權衡所在，莫衷一是。或聲言「中學為體，西學為用」（張之洞語）；或宣示「物質上開新」，「道德上復舊」（章士釗語）；或聲稱「必須一方面吸收輸入外來之學說，一方面不忘本來民族之地位」（陳寅恪語）；或力主「全盤西化」（陳序經語）；持論既有同異，彼此之間，論爭不斷。胡適這篇文章批判的對象：由薩孟武、何炳松等十位教授聯名發表於《文化建設》月刊的《中國本位的文化建設宣言》（一九三五年一月十日），「要求有中國本位的文化建設」，主張「此時此地的需要，就是中國本位的基礎」，遂而引發的文化論戰，也是例證之一。然而，這份《宣言》的問世，本與國民黨體制關係密切，他們的行動，實在深具扮演「文化御林軍」角色的意味。特別是當時國民黨中央政府既舉行「祭孔大典」，掌柄廣東、湖南地方大權的陳濟棠、何鍵也大力推動「讀經」和「祭孔」，一幕幕「復古」氣息濃厚的戲碼，陸續上演。即使這份《宣言》主張，面對固有文化應該「去其渣滓，存其精英」，面對世界新文化應當「取長捨短，擇善而從」；在胡適看來，這份《宣言》的意蘊，不過是「一般反動空氣的一種最時髦的表現」。胡適認為，中國今日最可令人焦慮的，其實是政治的形態，社會的組織，和思想的內容與形式，處處都保持舊有種種罪孽的特徵，太多了，太深了；因此，中國應該虛心接受科學工藝的世界文化和它背後的精神文明，藉世界文化的朝氣銳氣，來打掉一點中國固有文化裡的惰性和暮氣。這份《宣言》更引發了熾熱的「全盤西化」論爭，對塑造國族／文化認同，開創了廣袤的想像空間。在我們的生活世界裡，既存的現實體制及其「文化御林軍」，規擬發動各種文化政策和主張的作為，始終不厭其煩；胡適當年的警語：「政府無論如何聖明，終是不配做文化的裁判官的」，實如針砭妙諦，值得後來者深思細想。

01 胡適與孫佛泉父子。孫佛泉是胡適甚為欣賞的後起之秀，也參與了「全盤西化」論爭，來臺後任教東海大學，後赴加拿大任教。圖為胡適晚年與孫佛泉父子的合影。

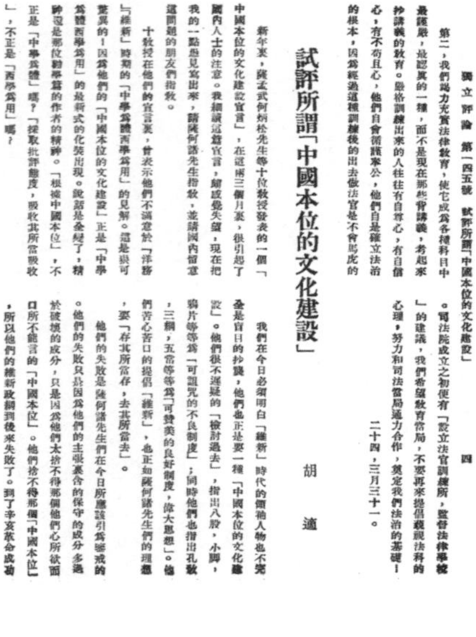

獨立評論　第一四五號　試評所謂「中國本位的文化建設」　四

第二，我們竭力充實法律教育，使它成為各種科目中最謹嚴，最認真的一種，而不是現在那些背講義，考起來抄講義的教育。嚴格訓練出來的人往往有自尊心，有自信心，有不苟且心，他們自會循謹奉公，他們自是確立法治的根本，因為經過這種訓練後的出去做法官是不會馬虎的。司法院成立之初便有「設立法官訓練所，監督法律學校」的建議，我們希望教育當局，不要再來提倡藐視法科的心理，努力和司法當局通力合作，奠定我們法治的基礎！

二十四，三月三十一。

試評所謂「中國本位的文化建設」

胡　適

新年裏，薩孟武何炳松先生等十位教授發表的一個「中國本位的文化建設宣言」，在這兩三個月裏，很引起了國內人士的注意。我細讀這篇宣言，頗感覺失望，現在把我的一點愚見寫出來，請薩何諸先生指教，並請國內留意這問題的朋友們指教。

十教授在他們的宣言裏，曾表示他們不滿意於「洋務」「維新」時期的「中學為體西學為用」的見解。這是很可驚異的！因為他們的「中國本位的文化建設」正是「中學為體西學為用」的最新式的化裝出現。說話是全變了，精神還是那位勸學篇的作者的精神。「根據中國本位」，不正是「中學為體」嗎？「採取批評態度，吸收其所當吸收」，不正是「西學為用」嗎？

我們在今日必須明白「維新」時代的領袖人物也不完全是盲目的抄襲，他們也正是要一種「中國本位的文化建設」。他們很不遲疑的「檢討過去」，指出八股，小腳，鴉片等等為「可詛咒的不良制度」；同時他們也指出孔教，三綱，五常等等為「可贊美的良好制度，偉大思想」。他們苦心苦口的提倡「維新」，也正如薩何諸先生們的理想，要「存其所當存，去其所當去」。

他們的失敗是薩何諸先生們在今日所應該引為鑑戒的。他們的失敗只是因為他們的主張裏含的保守的成分多過於破壞的成分，只是因為他們太捨不得那個他們心所欲而口所不能言的「中國本位」。他們捨不得那個「中國本位」，所以他們的維新政綱到後來失敗了。到了辛亥革命成功

02 〈試評所謂「中國本位的文化建設」〉書影。

新年裡，薩孟武、何炳松先生等十位教授發表的一個《中國本位的文化建設宣言》，在這兩三個月裡，很引起了國內人士的注意。我細讀這篇《宣言》，頗感覺失望，現在把我的一點愚見寫出來，請薩、何諸先生指教，並請國內留意這問題的朋友們指教。

十教授在他們的《宣言》裡，曾表示他們不滿意「洋務」、「維新」時期「中學為體，西學為用」的見解。這是很可驚異的！因為他們的「中國本位的文化建設」正是「中學為體，西學為用」最新式的化裝出現。說話是全變了，精神還是那位《勸學篇》作者的精神。「根據中國本位」，不正是「中學為體」嗎？「採取批評態度，吸收其所當吸收」，不正是「西學為用」嗎？

我們在今日必須明白「維新」時代的領袖人物也不完全是盲目的抄襲，他們也正是要一種「中國本位的文化建設」。他們很不遲疑的「檢討過去」，指出八股、小腳、鴉片等等為「可詛咒的不良制度」；同時他們也指出孔教、三綱、五常等等為「可讚美的良好制度、偉大思想」。他們苦心苦口的提倡「維新」，也正如薩、何諸先生們的理想，要「存其所當存，去其所當去」。

他們的失敗是薩、何諸先生們在今日所應該引為鑑戒的。他們的失敗只是因為他們的主張裡含的保守成分多過於破壞成分，只是因為他們太捨不得那個他們心所欲而口所不能言的「中國本位」。他們捨不得那個「中國本位」，所以他們的維新政綱到後來失敗了。到了辛亥革命成功之後，帝制推翻了，當年維新家所夢想的改革自然在那大變動的潮流裡成功了。辛亥的革命是戊戌維新家所不敢要求的，因為推翻帝制、建立民主，豈不要毀了那個「中國本位」了嗎？然而在辛亥大革命之後，「中國本位」依然存在，於是不久大家又都安之若固有之了！

辛亥以來，二十多年了，中國經過五四時代的大震動，又經過民國十五、六年國共合作的國民革命的大震動。每一次大震動，老成持重的人們，都疾首蹙額，悲歎那個「中國本位」有隕滅的危險。尤其是民國十五、六年的革命，其中含有世界最激烈的社會革命思潮，所以社會政治制度受震撼也最厲害。那激烈震盪在一剎那間過去了，雖然到處留下了不可磨滅的創痕，始終沒有打破那個「中國本位」。然而老成持重的人們卻至今日還不曾擱下他們悲天憫人的遠慮。何鍵、陳濟棠、戴傳賢諸公的復古心腸當然是要維持那個「中國本位」，薩孟武、何炳松諸公的《文化建設宣言》也只是要護持那個「中國本位」。何鍵、陳濟棠諸公也不是盲目的全盤復古：他們購買飛機槍砲，當然也會挑選一九三五的最新模特兒；不過他們要用二千五百年前的聖經賢傳來教人做人罷了。這種精神，也正是薩、何十教授所提倡的「存其所當存，吸收其所當吸收」。

我們不能不指出，十教授口口聲聲捨不得那個「中國本位」，他們筆下儘管宣言「不守舊」，其實還是他們的保守心理在那裡作怪。他們的《宣言》也正是今日一般反動空氣中一種最時髦的表現。時髦的人當然不肯老老實實的主張復古，所以他們的保守心理都托庇於折衷調和的煙幕彈之下。對於固有文化，他們主張「去其渣滓，存其精英」；對於世界新文化，他們主張「取長捨短，擇善而從」；這都是最時髦的折衷論調。陳濟棠、何鍵諸公又何嘗不可以全盤採用十教授的《宣言》來做他們的煙幕彈？他們並不主張八股小腳，他們也不反對工業建設，所以他們的新政建設也正是「取長捨短，擇善而從」；而他們的讀經祀孔也正可以掛起「去其渣滓，存其精英」的金字招牌！十教授的《宣言》，無一句不可以用來替何鍵、陳濟棠諸公做有力的辯護。何也？何、陳諸公的中心理論也正是要應付「中國此時此地的需要」，建立一個中國本位的文化。

薩、何十教授的根本錯誤在於不認識文化變動的性質。文化變動有這些最普遍的現象：第一，文化本身是保守的。凡一種文化既成為一個民族的文化，自然有他的絕大保守性，對內能抵抗新奇風氣的興起，對外能抵抗新奇方式的侵入。這是一切文化所公有的惰性，是不用人力去培養保護的。

第二，凡兩種不同文化接觸時，比較觀摩的力量可以摧陷某種文化在某方面保守性與抵抗力的一部分；其被摧陷的多少，其抵抗力的強弱，都和那一個方面的自身適用價值成比例。最不適用的，抵抗力最弱，被淘汰也最快，被摧陷的成分也最多。如鐘錶替代銅壺滴漏，如槍砲替代弓箭刀矛，都是明顯的例子。如泰西曆法之替代中國與回回曆法，是經過一個時期的抵抗爭鬥而終於實現的。如飲食衣服，在材料方面雖不無變化，而基本方式則因本國所有也可以適用，所以至今沒有重大的變化：吃飯的，決不能都改吃「番菜」，用筷子的，決不能全改用刀叉。

第三，在這個優勝劣敗的文化變動的歷程之中，沒有一種完全可靠的標準可以用來指導整個文化各方面的選擇去取。十教授所夢想的「科學方法」，在這種巨大的文化變動上，完全無所施其技。至多不過是某一部分的主觀成見而美其名為「科學方法」而已。例如婦女放腳剪髮，大家在今日應該公認為合理的事。但我們不能濫用權力，武斷的提出標準來說：婦女解放，只許到放腳剪髮為止，更不得燙髮、不得短袖、不得穿絲襪、不得跳舞、不得塗脂抹粉。政府當然可以用稅則禁止外國奢侈品和化妝品的大量輸入，但政府無論如何聖明，終是不配做文化的裁判官的，因為文化的淘汰選擇是沒有「科學方法」能作標準的。

第四，文化各方面的激烈變動，終有一個大限度，就是終不能根本掃滅那固有文化的根本保守性。這就是古今來無數老成持重的人們所恐怕要隕滅的「本國本位」。

這個本國本位就是在某種固有環境與歷史之下所造成的生活習慣；簡單說來，就是那無數無數的人民。那才是文化的「本位」。那個本位是沒有毀滅的危險的。物質生活無論如何驟變，思想學術無論如何改觀，政治制度無論如何翻造，日本人還只是日本人，中國人還只是中國人。試看今日的中國女子，腳是放了，髮是剪了，體格充分發育了，曲線美顯露了，但她無論如何摩登化，總還是一個中國女人，和世界任何國的女人都絕不相同。一個澈底摩登化的都市女人尚且如此，何況那無數無數僅僅感受文化變動的些微震盪的整個民族呢？所以「中國本位」，是不必勞十教授們焦慮的。戊戌的維新，辛亥的革命，五四時期的潮流，民國十五、六年的革命，都不曾動搖那個扳不倒的中國本位。在今日有先見遠識的領袖們，不應該焦慮那個中國本位的動搖，而應該焦慮那固有文化的惰性之太大。今日的大患並不在十教授們所痛心的「中國政治的形態、社會的組織、和思想的內容與形式，已經失去它的特徵」。我們的觀察，恰恰和他們相反。中國今日最可令人焦慮的，是政治的形態、社會的組織、和思想的內容與形式，處處都保持中國舊有種種罪孽的特徵，太多了，太深了，所以無論什麼良法美意，到了中國都成了踰淮之橘，失去了原有的良法美意。政治的形態，從娘子關到五羊城，從東海之濱到峨嵋山腳，何處不是中國舊有的把戲？社會的組織，從破敗的農村，到簇新的政黨組織，何處不具有「中國的特徵」？思想的內容與形式，從讀經祀孔，國術國醫，到滿街的性史，滿牆的春藥，滿紙的洋八股，何處不是「中國的特徵」？

我的愚見是這樣的：中國舊文化的惰性實在大得可怕，我們正可以不必替「中國本位」擔憂。我們肯往前看的人們，應該虛心接受這個科學工藝的世界文化和它背後的精神文明，讓那個世界文化充分和我們的老文化自由接觸，自由切磋琢磨，藉它的朝氣銳氣來打掉一點我們的老文化的惰性和暮氣。將來文化大變動的結晶品，當然是一個中國本位的文化，那是毫無可疑的。如果我們的老文化裡真有無價之寶，禁得起外來勢力的洗滌衝擊，那一部分不可磨滅的文化將來自然會因這一番科學文化的淘洗而格外發揮光大的。

總之，在這個我們還只僅僅接受了這個世界文化的一點皮毛的時候，侈談「創造」固是大言不慚，而妄談折衷也是適足為頑固的勢力添一種時髦的煙幕彈。

二十四．三．三十

——《大公報（天津）》，星期論文，一九三五年三月三十一日，版二—三；又載：《獨立評論》，號一四五，一九三五年四月七日。

延伸閱讀

◆**馬芳若（編）**，《中國文化建設討論集》，《民國叢書》，第一編，冊四十三（上海：上海書店，一九八九〔據龍文書店一九三五年版影印〕）＝帕米爾書店編輯部（編），《文化建設與西化問題討論集》，二冊，《中國現代文化史料叢刊》（臺北：帕米爾書店，一九八〇〔影印〕）。

◆**陳崧（編）**，《「五四」前後東西文化問題論戰文選》（北京：中國社會科學出版社，一九八九〔增訂第二版〕）。

◆**羅榮渠（主編）**，《從「西化」到現代化：五四以來有關中國的文化趨向和發展道路論爭文選》（合肥：黃山書社，二〇〇八）。

◆**陳序經**，〈再談「全盤西化」〉，《獨立評論》，號一四七（北平：一九三五年四月二一日），收入張忠棟、李永熾、林正弘（主編），劉季倫、薛化元、潘光哲（編輯），《現代中國自由主義資料選編④文化的道路》（臺北：唐山出版社，二〇〇〇）。

◆**陳序經**，〈從西化問題的討論裡求得一個共同信仰〉，《獨立評論》，號一四九（北平：一九三五年五月五日），收入《現代中國自由主義資料選編④文化的道路》。

◆**陶孟和**，〈國粹與西洋文化〉，《獨立評論》，號一五一（北平：一九三五年五月十九日），收入《現代中國自由主義資料選編④文化的道路》。

◆**梁實秋**，〈自信力與誇大狂〉，《獨立評論》，號一五六（北平：一九三五年六月二十三日），收入《現代中國自由主義資料選編④文化的道路》。

◆**陳序經**，〈全盤西化的辯護〉，《獨立評論》，號一六〇（北平：一九三五年七月二十一日），收入《現代中國自由主義資料選編④文化的道路》。

◆**張佛泉**，〈西化問題的尾聲〉，《國聞週報》，卷十二期三十（上海：一九三五年八月五日），收入《現代中國自由主義資料選編④文化的道路》。

◆**陳序經**，〈一年來國人對於西化態度的變化〉，《國聞週報》，卷十三期三（上海：一九三六年一月十三日），收入《現代中國自由主義資料選編④文化的道路》。

◆**余英時**，〈自序：中國現代的文化危機與民族認同〉，收入氏著，《歷史人物與文化危機》（臺北：東大圖書股份有限公司，一九九五）。

◆**趙立彬**，《民族立場與現代追求：二十世紀二〇—四〇年代全盤西化思潮研究》（北京：生活・讀書・新知三聯書店，二〇〇五）。

◆**潘光哲**，〈想像「現代化」：一九三〇年代中國思想界的一個解剖〉，《新史學》，卷十六期一（臺北：二〇〇五年三月）。

第七篇
爭取學術獨立的十年計劃

【解題】

還只是美國康乃爾大學學生的胡適，就立下宏願，只要中國能夠建立可以和美國的哈佛、英國的劍橋、牛津、德國的柏林與法國的巴黎等等世界名校相提並論的大學，「吾死瞑目矣」（《胡適留學日記》，一九一五年二月二十日）。胡適的這番心願，在戰火不絕的中國，固然難能全面落實；只要情況適宜，他卻竭盡所能。如北京大學在一九三一年起得到中華教育文化基金董事會（中基會）的支持進行改革，正是胡適推動的結果。一九四六年，胡適就任北京大學校長，再度透過中基會的支持，不但企望「復興北大」，也想要支持其他已有規模的大學，「更上層樓」。胡適的這篇〈爭取學術獨立的十年計劃〉，勾勒了他的雄心壯志。胡適認為，由於人才不足，只有「集中人才、集中設備」，「替他們造成最適宜的工作條件，使他們可以自己做研究，使他們可以替全國訓練將來的師資與工作人員」，長積久累，才能使中國「在現代學術上得著獨立的地位」。因此，他不主張以「雨露均霑」的方式分配學術教育資源，而應該「重點培植」，挑選「五個到十個成績最好的大學」，「使他們盡力發展他們的研究工作，使他們成為第一流的學術中心，使他們成為國家學術獨立的根據地」。遺憾的是，胡適的苦心構想，不僅引起反彈，在遍地烽火的「內戰」場景裡，更只是「空中樓閣」。胡適返臺就任中央研究院院長之後，重倡舊議，在相對安定的環境下，一九五九年成立的國家長期發展科學委員會（後易名為行政院國家科學委員會，現在的行政院科技部），就是他這番努力的成果。胡適畢生提倡科學，他對科學的認識述說，卻總是遭受激烈的批評，甚至認為他將科學當做宗教來崇拜。只是，胡適始終執著於現代科學研究體制的改革與建立，百折不回，熱情不減，深具典範意義。

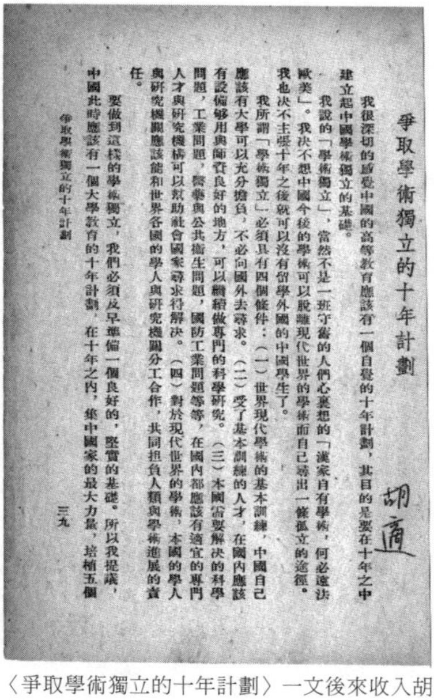

爭取學術獨立的十年計劃

胡適

我很深切的感覺中國的高等教育應該有一個自覺的十年計劃，其目的是要在十年之中建立起中國學術獨立的基礎。

我說的「學術獨立」，當然不是一班守舊的人們心裏想的「漢家自有學術，何必遠法歐美」。我決不想中國今後的學術可以脫離現代世界的學術而自己尋出一條孤立的途徑。我也決不主張十年之後就可以沒有留學外國的中國學生了。

我所謂「學術獨立」必須具有四個條件：（一）世界現代學術的基本訓練，中國自己應該有大學可以充分擔負，不必向國外去尋求。（二）受了基本訓練的人才，在國內應該有設備夠用與師資良好的地方，可以繼續做專門的科學研究。（三）本國需要解決的科學問題，工業問題，醫藥與公共衞生問題，國防工業問題等等，在國內都應該有適宜的專門人才與研究機構可以幫助社會國家尋求得解決。（四）對於現代世界的學術，本國的學人與研究機關應該能和世界各國的學人與研究機關分工合作，共同担負人類與學術進展的責任。

要做到這樣的學術獨立，我們必須及早準備一個良好的，堅實的基礎。所以我提議，中國此時應該有一個大學教育的十年計劃，在十年之內，集中國家的最大力量，培植五個

爭取學術獨立的十年計劃　三九

〈爭取學術獨立的十年計劃〉一文後來收入胡適的《時論》，圖為該文首頁，有胡適的親筆簽名。

我很深切的感覺中國的高等教育應該有一個自覺的十年計劃，其目的是要在十年之中建立起中國學術獨立的基礎。

我說的「學術獨立」，當然不是一班守舊的人們心裡想的「漢家自有學術，何必遠法歐美」。我決不想中國今後的學術可以脫離現代世界的學術而自己尋出一條孤立的途徑；我也決不主張十年之後就可以沒有留學外國的中國學者了。

我所謂「學術獨立」必須具有四個條件：㈠世界現代學術的基本訓練，中國自己應該有大學可以充分擔負，不必向國外去尋求。㈡受了基本訓練的人才，在國內應該有設備夠用與師資良好的地方，可以繼續做專門的科學研究。㈢本國需要解決的科學問題、工業問題、醫療與公共衛生問題、國防工業問題等等，在國內都應該有適宜的專門人才與研究機構可以幫助社會國家尋求得解決。㈣對於現代世界的學術，本國的學人與研究機關應該能和世界各國的學人與研究機關分工合作，共同擔負人類與學術進展的責任。

要做到這樣的學術獨立，我們必須及早準備一個良好的、堅實的基礎。所以我提議，中國此時應該有一個大學教育的十年計劃，在十年之內，集中國家的最大力量，培植五個到十個成績最好的大學，使它們盡力發展它們的研究工作，使它們成為第一流的學術中心，使它們成為國家學術獨立的根據地。

這個十年計劃也可以分做兩個階段：第一個五年，先培植起五個大學，五年之後，再加上五個大學。這個分兩期的方法有幾種好處：第一，國家的人才與財力恐怕不夠同時發展十個第一流的大學；第二，先用國家力量培植五個大學，可以鼓勵其他大學努力向上，爭取第二期五個大學的地位。

我提議的十年計劃，當然不是只顧到那五個、十個大學，而不要那其餘的大學和學院了。說的詳細一點，我提議：

(一)政府應該下大決心，在十年之內，不再添設大學或獨立學院。

(二)本年憲法生效之後，政府必須嚴格實行憲法第一百六十四條的規定：「教育文化科學之經費，在中央不得少於其預算總額百分之十五，在省不得少於其預算總額百分之二十五，在市縣不得少於其預算總額百分之三十五。」全國人民與人民團體應該隨時監督各級政府嚴格執行。

(三)政府應該有一個高等教育的十年計劃，分兩期施行。

(四)在第一個五年裡，挑選五個大學，用最大的力量培植它們，特別發展它們的研究所，使它們能在已有的基礎之上，在短期間內，發展成為現代學術的重要中心。

(五)在第二個五年裡，繼續培植前期五個大學之外，再挑選五個大學，用同樣的大力量培植它們，特別發展它們的研究所，使它們在短期內發展成為現代學術的重要中心。

（六）在這十年裡，對於其餘的四十多個國立大學和獨立學院，政府應該充分增加它們的經費，擴充它們的設備，使它們有繼續整頓發展的機會，使它們成為各地最好的大學。對於有成績的私立大學和獨立學院，政府也應該繼續民國二十二年以來補助私立學校的政策，給它們適當的補助費，使它們能繼續發展。

（七）在選擇每一期的五個大學之中，私立的學校與國立的學校應該有同樣被挑選的機會，選擇的標準應該注重人才、設備、研究成績。

（八）這個十年計劃應該包括整個大學教育制度的革新，也應該包括「大學」觀念的根本改換。近來所爭的幾個學院以上才可稱大學，簡直是無謂之爭。今後中國的大學教育應該朝著研究院的方向去發展，凡能訓練研究工作的人才的，凡有教授與研究生做獨立的科學研究的，才是真正的大學。凡只能完成四年本科教育的，儘管有十院七、八十系，都不算是將來的最高學府。從這個新的「大學」觀念出發，現行的大學制度應該及早澈底修正，多多減除行政衙門的干涉，多多增加學術機關的自由與責任。例如現行的〈學位授予法〉，其中博士學位的規定最足以阻礙大學研究所的發展。這部分的法令公布了十六年，至今不能實行，政府應該早日接受去年中央研究院評議會的建議，「博士候選人之平時研究工作及博士論文，均應由政府核准設立研究所五年以上並經特許收受博士候選人之大學或獨立學院自行審查考試，審核考試合格者，由該校院授予博士學位。」今日為了要提倡獨立的科學研究，為了要提高各大學研究所的尊嚴，為了要減少出洋鍍金的社會心理，都不可不修正〈學位授予法〉，讓國內有資格的大學自己擔負授予博士學位的責任。

這是我的建議的大概。這裡面我認為最重要又最簡單易行而收效最大最速的，是用國家最大力量培植五個到十個大學的計劃。眼前的人才實在不夠分配到一百多個大學與學院去（照去年夏天的統計，全國有二十八個國立大學，十八個國立學院，二十個私立大學，十三個省立學院，二十一個私立學院，共計一百個。此外還有四十八個公私立專科學校）。試問中國第一流的物理學者，國內外合計，有多少人？中國專治西洋歷史有成績的，國內外合計，有多少人？這都是大學必不可少的學科，而人才稀少如此。學術的發達，人才是第一要件。我們必須集中第一流人才，替他們造成最適宜的工作條件，使他們可以自己做研究，使他們可以替全國訓練將來的師資與工作人員。有了這五個十個最高學府做學術研究的大本營，十年之後，我相信中國必可以在現代學術上得著獨立的地位。

這不是我過分樂觀的話。世界學術史上有許多事實可以使我說這樣大膽的預言。

在我出世的那一年（一八九一），羅氏基金會決定捐出二千萬美金來創辦芝加哥大學。第一任校長哈勃爾（W. R. Harper）擔任籌備的事。他周遊全國，用當時空前的待遇（年俸七千五百元），選聘第一流人物做各院系的主任教授。美國沒有的，他到英國、歐洲去挑。一年之後，人才齊備了，設備夠用了，開學之日，芝加哥大學就被公認為第一流大學。一個私家基金會能做到的事，一個堂堂的國家當然更容易做得到。

更數上去十多年，一八七六年，吉爾門校長（D. C. Gilman）創立霍鏗斯大學，專力提倡研究院的工作。那時候，美國的大學還都只有大學本科的教育。耶魯大學的研究院成立於一八七一年，哈佛大學的研究院成立於一八八二年。吉爾門在霍鏗斯大學才創立了專辦研究院的新式大學，打開了「大學是研究院」的新風氣。當時霍鏗斯大學的人才盛極一時。哲學家如杜威、如羅以斯（Royce），經濟學家如伊黎（Ely），政治學家如威爾遜總統，都是霍鏗斯大學研究院出來的博士。在醫學方面，當霍鏗斯大學開辦時（一八七六），美國全國還沒有一個醫學院是有研究實驗室的設備的！吉爾門校長選聘了幾個有研究成績的青年醫學家，如倭斯勒（Osler）、韋爾渠（Welch）諸人，創立了第一個注重研究提倡實驗的醫學院，就奠定了美國新醫學的基礎。所以美國史家都承認美國學術獨立的風氣是從吉爾門校長創立大學研究院開始的。一個私人能倡導的風氣，一個堂堂的國家當然更容易做得到。

所以我深信，用國家的大力來造成五個、十個第一流大學，一定可以在短期間內做到學術獨立的地位。我深信，只有這樣集中人才、集中設備，只有這一個方法可以使我們這個國家走上學術獨立的路。

——《中央日報》，一九四七年九月二十八日；收入《獨立時論集》，集一（北平：獨立時論社，一九四八）。

延伸閱讀

◆ **胡適**，〈發展科學、培植人才的五年計劃的綱領草案〉（一九五八年五月中草擬），收入潘光哲（主編），《胡適全集．時論》（臺北：中央研究院近代史研究所胡適紀念館，二〇一八），冊八。

◆ **胡適**，〈科學會致詞〉（一九六一年一月二十九日科學會第五次全體委員會議致詞），收入潘光哲（主編），《胡適全集．時論》，冊八＝胡適，〈發展科學的重任和遠路——五十一年國科會年會報告〉（一九六一年一月二十九日），《新時代》，卷一期二（臺北：一九六一年二月十五日），收入《胡適演講集》（二），《胡適作品集》，冊二十五（臺北：遠流出版事業股份有限公司，一九八六）。

◆ **林正弘**，〈胡適的科學主義〉，收入周策縱（等著），《胡適與近代中國》（臺北：時報文化出版公司，一九九一）。

◆ **林毓生**，〈民初「科學主義」的興起與涵義——對民國十二年「科學與玄學論爭」的省察〉，收入氏著，《政治秩序與多元社會》（臺北：聯經出版公司，一九八九）。

◆ **楊貞德**，〈胡適科學方法觀論析〉，《中國文哲研究集刊》，期五（臺北：中央研究院中國文哲研究所籌備處，一九九四年九月）。

◆ **楊翠華**，《中基會對科學的贊助》（臺北：中央研究院近代史研究所，一九九一）。

◆ 楊翠華，〈胡適對臺灣科學發展的推動：「學術獨立」夢想的延續〉，《漢學研究》，卷二十期二（臺北：二〇〇二年十二月）。

◆ **潘光哲**，〈怎樣歡迎「賽先生」：胡適與巴斯德〉，《思想史》，期六（臺北：聯經出版事業股份有限公司，二〇一六年六月）。

◆ **D. W. Y. Kwok**, *Scientism in Chinese Thought, 1900-1950*（New Heaven & London: Yale University Press, 1965）＝郭穎頤（著），雷頤（譯），《中國現代思想中的唯科學主義（一九〇〇—一九五〇）》（南京：江蘇人民出版社，一九八九）。

卷二·

自由與容忍

第八篇
自由主義是什麼？

【解題】

胡適向來主張「多研究些問題，少談些主義」，所以他在一九四八年對武昌的公教人員講演〈自由主義在中國〉的時候，就說自己從來不在任何地方公開講演過什麼主義。不過，在共產主義浪潮澎湃無已的這個時候，為了時代的需要，胡適不再墨守己律，反而奔波各地，到處宣講「自由主義」，企圖鼓舞人們的信念，起而抗之。從這樣的時代脈絡來看，胡適會將「愛自由的」、「承認自由是個人發展與社會進步的基本條件的」、「承認自由難得而易失故必須隨時隨地勤謹護視培養的」，都視為「自由主義者」，正蘊含著號召同志的意味。在胡適看來，自由主義就是人類進行「解縛」的努力；然而，相較於東方的自由主義運動，只有西方「抓住政治自由的特殊重要性」，走上建設民主政治的道路，因此「能夠保障人民的基本自由」，更還形成了「容忍異己的度量與風氣」，不但能夠讓少數人的自由權利得到保障，也能夠容忍反對黨的存在，為實現和平的政治社會改革，打下了基礎。胡適對自由主義的「一家之言」，當然不是絕對真理，他在本文裡對於自由和法治的關係，絕無討論，就是一例。只是，胡適始終堅持固守自由主義的信念和立場，不隨時勢變遷而轉移退讓的作為，值得後人再三吟詠體認。

胡適對自由民主的認識，來自他在美國的親身體驗。圖為 1913 年，第八屆世界學生會會員在華盛頓參觀國會時與國務卿 William Bryan 合影。當時胡適（第 3 排右 4）為康乃爾大學世界學生會會長。

孫中山先生曾引一句外國成語：「社會主義有五十七種，不知哪一種是真的？」其實「自由主義」也可以有種種說法，人人都可以說他的說法是真的。今天我說的「自由主義是什麼」當然只是我的看法，簡單寫出來請大家指教。

自由主義最淺顯的意思是強調尊重自由。現在有些人否認自由價值，同時又自稱是自由主義者。自由主義裡沒有自由，那就好像「長坂坡」裡沒有趙子龍，「空城計」裡沒有諸葛亮，總有點叫不順口罷。據我的笨見，自由主義就是人類歷史上那個提倡自由、崇拜自由、爭取自由，充實並推廣自由的大運動。世間的民族，在這個大運動裡，努力有早有晚，成功有多有少。在這個大運動裡，凡是愛自由的，凡是承認自由是個人發展與社會進步的基本條件的，凡是承認自由難得而易失故必須隨時隨地勤謹護視培養的，都是自由主義者。

「自由」在中國古文裡的意思是「由於自己」，就是「不由於外力」。在歐洲文字裡，「自由」含有「解放」之意，是從外力裁制之下解放出來。中國禪宗和尚愛說「治病解縛」，自由在歷史上意義是「解縛」。解除了束縛，方才可以自由自在。

人類歷史上那個自由主義大運動實在是一大串「解縛」的努力。宗教信仰自由只是解除某個某個宗教威權的束縛。思想自由只是解除某派某派正統思想威權的束縛。在這些方面——在信仰與思想的方面，東方歷史上也有很大膽的批評者與反抗者：從墨翟、楊朱到桓譚、王充，從范縝、傅奕、韓愈到李贄、顏元、李塨，都可以說是為信仰思想自由奮鬥的東方豪傑之士，很可以同他們的許多西方同志齊名媲美。

但東方的自由主義運動始終沒有抓住政治自由的特殊重要性，所以始終沒有走上建設民主政治的路子。西方自由主義的絕大貢獻正在這一點——他們覺悟到只有民主的政治方才能夠保障人民的基本自由。

所以自由主義的政治意義是強調擁護民主——一個國家的統治權必須操在多數人民的手裡。近代民主政治制度是盎格魯撒克遜民族的貢獻居多：代議制度是英國人的貢獻，成文而可以修改的憲法是英美人的創制，無記名投票是澳洲的英國人的發明。這都是政治的自由主義應該包含的意義。

自由主義在這兩百年的演進史上，還有一個特殊的、空前的政治意義，就是容忍反對黨，保障少數人的自由權利。向來的政治鬥爭，不是東風壓了西風，就是西風壓了東風。被壓倒的人是沒有好日子過的。但近代西方民主政治卻漸漸養成了一種容忍異己的度量與風氣。因為政權是多數人民授與的。在朝執政權的黨一旦失去了多數人民的支持，就成了在野黨了。所以執政權的人都得準備下臺時坐冷板凳的生活，而各個少數黨都有逐漸變成多數黨的可能，甚至於極少數人信仰與主張，「好像一個芥子，在各種種子裡是頂小的，等到它生長起來，卻比各種蔬菜都大，竟成了小樹，空中的飛鳥可以來停在它的枝上。」（《新約》馬太十四。聖地的芥菜可以高達十英尺。）人們能這樣想，就不能不存容忍別人的態度了，就不能不尊重少數人的基本自由了。在近代民主國家裡，容忍反對黨，保障少數人的權利，久已成了當然的政治作風，這是近代自由主義裡最可愛慕而又最基本的一個方面。

前些時，北平《華北日報》翻譯了哥倫比亞大學史學教授納文斯（Nevins）的一篇文字，其中有這樣一句話：「真正自由主義者——連正統的社會主義者都包括在內——雖然意見互有不同，但其最後歸趨都一致認為多數人的統治應以尊重少數人的基本權利為原則。」納文斯生長在一個自由主義的社會裡，享受慣了自由主義造成的幸運環境，單單指出真正自由主義的最後歸宿是「多數人的統治應以尊重少數人基本權利為原則。」基本權利是自由，多數人的統治是民主，而多數人的政權能夠尊重少數人的基本權利才是真正自由主義的精髓。

為什麼現代的學者如納文斯教授之流要這樣特別重視「尊重少數人的基本權利」呢？我們的答案是：正因為容忍反對黨、尊重少數人權利，是和平的基本權利，是和平的政治社會改革的唯一基礎。反對黨的對立，第一是為政府樹立最嚴格的批評監督機關；第二是使人民可以有選擇的機會，使國家可以用法定和平方式來轉移政權。嚴格的批評監督，和平的改換政權，都是現代民主國家做到和平革新的大路。近代最重大的政治變遷莫過於英國工黨的執掌政權。英國工黨在五十多年前，只能選舉出十幾個議員。三十年後，工黨兩次執政，但還站不長久。到了大戰勝利之年

（一九四五），工黨得到了絕對多數的選舉票，故這一次工黨的政權是鞏固的，在五年之內誰都不能推翻他們，他們可以放手改革英國的工商業，可以放手改革英國的經濟制度。這樣重大的變化——從資本主義的英國變到社會主義的英國——不用流一滴血，不用武力革命，只靠一張無記名的選舉票！這種和平的革命基礎只是那容忍反對黨的雅量，只是那保障少數人自由權利的政治制度，頂小的芥子不會受摧殘，在五十年裡居然變成大樹了。

自由主義在歷史上有解除束縛的作用，故有時不能避免流血的革命。但自由主義的運動在最近百年中最大成績——例如英國自從一八三二年以來的政治革新，直到今日的工黨政府——都是不流血的和平革新。所以在許多人的心目中，「自由主義」竟成了「和平改革主義」的別名。有些人反對自由主義，說它是「不革命主義」，也正是為此。

我個人也承認現代的自由主義正應該有「和平改革」的含義。因為在民主政治已上了軌道的國家裡，自由與容忍鋪下了和平改革的大路，自由主義者也就不覺得有暴力革命的必要了。

——胡適，〈自由主義是什麼？〉，一九四八年八月一日（《獨立時論》文稿，原定於一九四八年八月十二日發表），胡適檔案檢索系統《北京檔》，館藏號：HS-JDSHSC-0554-001。

延伸閱讀

- **胡適**，〈自由主義〉（一九四八年九月四日北平廣播電臺廣播詞），《世界日報》（北平：一九四八年九月五日），收入潘光哲（主編），《胡適全集·時論》（臺北：中央研究院近代史研究所胡適紀念館，二〇一八），冊六。
- **胡適**，〈當前中國文化問題〉（一九四八年九月二十七日在上海公餘學校演講）、胡適，〈從言論自由談到當前時局〉（一九四八年九月二十七日在上海公餘學校演講部分內容），收入潘光哲（主編），《胡適全集·時論》，冊六。
- **胡適**，〈自由主義在中國〉（一九四八年十月五日在武昌講），《大公報》（重慶：一九四八年十月六日），版二，收入潘光哲（主編），《胡適全集·時論》，冊六。
- **胡適（講），王鎮坤（記錄）**，〈自由主義與中國〉（一九四八年十月二十日在浙江大學演講），收入潘光哲（主編），《胡適全集·時論》，冊六。
- **陳儀深**，〈國內鬥爭下的自由主義（一九四一—一九四九）〉，《中央研究院近代史研究所集刊》，期二十三下冊（臺北：一九九四年六月）。
- **黃克武**，〈西方自由主義在現代中國〉，收入黃俊傑（編），《中華文化與域外文化的互動與融合》（臺北：喜瑪拉雅研究發展基金會，二〇〇六），冊一。

◆**左玉河**，〈最後的絕唱：一九四八年前後關於自由主義的討論〉，收入鄭大華、鄒小站（主編），《中國近代史上的自由主義》（北京：社會科學文獻出版社，二〇〇八）。

◆**潘光哲**，〈中國自由主義的轉折：以《新路週刊》（一九四八年）為中心〉，收入《近代國家的型塑：中華民國建國一百年國際學術討論會論文集》（臺北：國史館，二〇一三）。

第九篇
人權與約法[1]

【解題】

一九二八年，國民黨政府在形式上統一中國，打起「訓政」的旗號，建立了獨特的「黨國體制」，同時也以「孫中山崇拜」為核心，企圖形塑對於國民黨「黨國體制」的認同。最初，胡適曾與國民黨要員如胡漢民等人有所往來，藉機表達他的想法；漸漸地，胡適無法忍受國民黨的統治政策，既發表〈名教〉批評國民黨以「口號標語」執政的作風，也撰寫〈新文化運動與國民黨〉批判國民黨的統治，已然「造成了一個絕對專制的局面，思想言論完全失去了自由。上帝可以否認，而孫中山不許批評」。胡適這些直接向黨國體制「宣戰」的文字，不但使刊載這些異議之聲的《新月》雜誌被查禁，他也成為國民黨「圍剿」的對象；〈人權與約法〉就是讓胡適「惹火上身」的文章之一，他批評所謂「保障人權」的命令只是紙上文章，因為在黨國體制之下，「中國的政治行為根本上從沒有法律規定的權限，人民的權利自由也從沒有法律規定的保障。在這種狀態之下，說什麼保障人權！說什麼確立法治基礎！」既然國民黨政府以孫中山的學說作為統治中國的正當性的來源，胡適遂「以子之矛，攻子之盾」，從孫中山的言論裡找尋依據，主張制定可以「規定人民之權利義務與革命政府之統治權」的約法，始可確實保障人權。

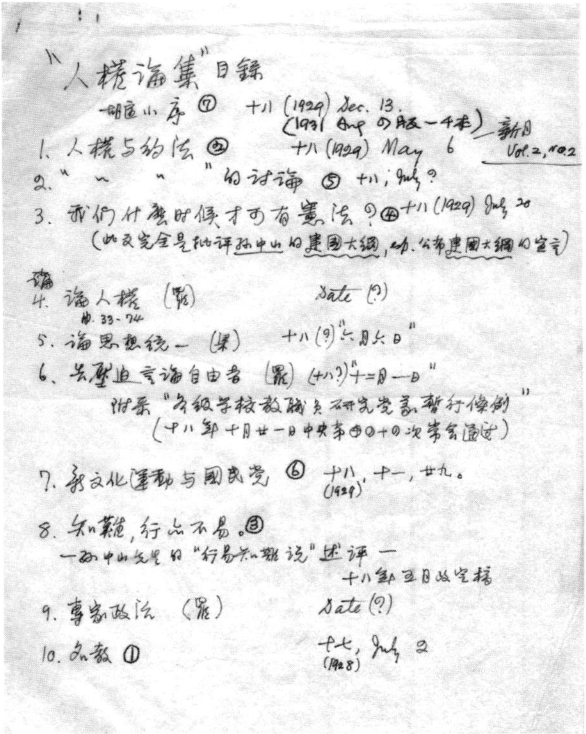
"人權論集"目錄
胡適小序 ⑦ 十八(1929) Dec. 13.
(1931 Aug 四版一千本) 新月
1. 人權与約法 ② 十八(1929) May 6 Vol.2, No.2
2. " " "的討論 ⑤ 十八, July ?
3. 我們什麼時候才可有憲法? ④ 十八(1929) July 20
(此文完全是批評孫中山的建國大綱,及公布建國大綱的宣言)
4. 論人權 (羅) Date (?)
pp. 33-74
5. 論思想統一 (梁) 十八(?)"六月六日"
6. 告壓迫言論自由者 (羅) (十八?)"十二月一日"
附錄"各級学校教職員研究党義暫行條例"
(十八年十月廿一日中央常會四十四次常会通過)
7. 新文化運動与國民党 ⑥ 十八(1929), 十一, 廿九。
8. 知難,行亦不易。③
—孫中山先生的"行易知難說"述評—
十八年五月改定稿
9. 專家政治 (羅) Date (?)
10. 名教 ① 十七(1928), July 2

胡適《人權論集》目錄手稿。

註 1　本文撰於 1929 年 5 月 6 日，見曹伯言（整理），《胡適日記全集》（臺北：聯經出版公司，2004），冊五，頁五十八——編註四月二十日國民政府下了一道保障人權的命令，全文是：

世界各國人權均受法律之保障。當此訓政開始，法治基礎亟宜確立。凡在中華民國法權管轄之內，無論個人或團體均不得以非法行為侵害他人身體、自由，及財產。違者即依法嚴行懲辦不貸。著行政司法各院通飭一體遵照。此令。

在這個人權被剝奪幾乎沒有絲毫餘剩的時候，忽然有明令保障人權的盛舉，我們老百姓自然是喜出望外。但我們歡喜一陣之後，揩揩眼鏡，仔細重讀這道命令，便不能不感覺大失望。失望之點是：

第一，這道命令認「人權」為「身體、自由、財產」三項，但這三項都沒有明確規定。就如「自由」究竟是哪幾種自由？又如「財產」究竟受怎樣的保障？這都是很重要的缺點。

第二，命令所禁止的只是「個人或團體」，而並不曾提及政府機關。個人或團體固然不得以非法行為侵害他人身體自由及財產，但今日我們最感覺痛苦的是種種政府機關或假借政府與黨部的機關侵害人民的身體自由及財產。如今日言論、出版自由之受干涉，如各地私人財產之被沒收，如近日各地電氣工業之被沒收，都是以政府機關的名義執行的。四月二十日的命令對於這一方面完全沒有給人民什麼保障，這豈不是「只許州官放火，不許百姓點燈」嗎？

第三，命令中說：「違者即依法嚴行懲辦不貸」，所謂「依法」是依什麼法？我們就不知道今日有何種法律可以保障人民的人權。中華民國刑法固然有「妨害自由罪」等章，但種種妨害若以政府或黨部名義行之，人民便完全沒有保障了。

果然，這道命令頒布不久，上海各報上便發現「反日會的活動是否在此命令範圍之內」的討論。日本文的報紙以為這命令可以包括反日會（改名救國會）的行動；而中文報紙如《時事新報》畏壘先生的社論則以為反日會的行動不受此命令的制裁。

豈但反日會的問題嗎？無論什麼人，只須貼上「反動分子」、「土豪劣紳」、「反革命」、「共黨嫌疑」等等招牌，便都沒有人權的保障。身體可以受侮辱，自由可以完全被剝奪，財產可以任意宰制，都不是「非法行為」了。無論什麼書報，只需貼上「反動刊物」的字樣，都在禁止之列，都不算侵害自由了。無論什麼學校，外國人辦的只需貼上「文化侵略」字樣，中國人辦的只需貼上「學閥」、「反動勢力」等等字樣，也就都可以封禁沒收，都不算非法侵害了。

我們在這種種方面，有什麼保障呢？

我且說一件最近的小事，事體雖小，其中含著的意義卻很重要。三月二十六日上海各報登出一個專電，說上海特別市黨部代表陳德徵先生在三全大會提出了一個「嚴厲處置反革命分子案」。此案的大意是責備現有的法院太拘泥證據了，往往使反革命分子容易漏網。陳德徵先生提案的辦法是：

> 凡經省黨部及特別市黨部書面證明為反革命分子者，法院或其他法定之受理機關應以反革命罪處分之。如不服，得上訴。惟上級法院或其他上級法定之受理機關，如得中央黨部之書面證明，即當駁斥之。

這就是說，法院對於這種案子，不必審問，只憑黨部的一紙證明，便可定罪處刑。這豈不是根本否認法治了嗎？

我那天看了這個提案，有點忍不住，便寫了一封信給司法院長王寵惠博士，大意是問他「對於此種提議作何感想」，並且問他「在世界法制史上，不知在哪一世紀哪一個文明民族曾經有這樣一種辦法，筆之於書，立為制度的嗎？」

我認為這個問題是值得大家注意的，故把信稿送給國聞通信社發表。過了幾天，我們接到國聞通信社的來信，說：

昨稿已為轉送各報，未見刊出，聞已被檢查者扣去。茲將原稿奉還。

我不知道我這封信有什麼軍事上的重要而竟被檢查新聞的人扣去，這封信是我親自負責署名的，我不知道一個公民為什麼不可以負責發表對於國家問題的討論。

但我們對於這種無理的干涉，有什麼保障呢？

又如安徽大學的一個學長，因為語言上頂撞了蔣主席，遂被拘禁了多少天。他的家人朋友只能到處奔走求情，決不能到任何法院去控告蔣主席。只能求情而不能控訴，這是人治，不是法治。

又如最近唐山罷市的案子，其起源是因為兩益成商號的經理楊潤普被當地駐軍指為收買槍枝，拘去拷打監禁。據四月二十八日《大公報》的電訊，唐山總商會的代表十二人到一百五十二旅去請求釋放，軍法官不肯釋放。代表等辭出時，正遇兵士提楊潤普入內，「時楊之兩腿已甚臃腫，並有血跡，周身動轉不靈，見代表等則欲哭無淚，語不成聲，其悽慘情形，實難盡述」。但總商會及唐山商店八十八家打電報給唐生智，也只能求情而已；求情而無效，也只能相率罷市而已。人權在哪裡？法治在哪裡？

我寫到這裡，又看見五月二日的《大公報》，唐山全市罷市的結果，楊潤普被釋放了。「但因受刑過重，已不能行走，遂以門板抬出，未回兩益成，直赴中華醫院醫治。」《大公報》記者親自去訪問，他的記載中說：

……見楊潤普前後身衣短褂，血跡模糊。衣服均黏於身上，經醫生施以手術，始脫下。記者當問被捕後情形，楊答，苦不堪言，曾用舊時懲法盜匪之壓槓子，余實不堪其苦。正在疼痛難忍時，壓於腿上之木槓忽然折斷。旋又易以竹板，周身抽打，移時亦斷。時劉連長在旁，主以鐵棍代木棍。鄭法官恐生意外，未果。此後每訊必打，至今周身是傷。據醫生言，楊傷過重，非調養三個月不能復原。

這是人權保障的命令公布後十一日的實事。國民政府諸公對於此事不知作何感想？我在上文隨便舉的幾件實事，都可以指出人權的保障和法治的確定決不是一紙模糊命令所能辦到的。

法治只是要政府官吏的一切行為都不得踰越法律規定的權限。法治只認得法律，不認得人。在法治之下，國民政府的主席與唐山一百五十二旅的軍官都同樣的不得踰越法律規定的權限，國民政府主席可以隨意拘禁公民，一百五十二旅的軍官自然也可以隨意拘禁拷打商人了。

但是現在中國的政治行為根本上從沒有法律規定的權限，人民的權利自由也從沒有法律規定的保障。在這種狀態之下，說什麼保障人權！說什麼確立法治基礎！

※　※　※

在今日如果真要保障人權，如果真要確立十法治基礎，第一件應該制定一個中華民國的憲法。至少，至少，也應該制定所謂訓政府時期的約法。

孫中山先生當日製定《革命方略》時，他把革命建國事業的措施程序分作三個時期：

第一期為軍法之治（三年）。

第二期為約法之治（六年）……「凡軍政府對於人民之權利義務，及人民對於軍政府之權利義務，悉規定於約法。軍政府與地方議會及人民各循守之。有法者，負其責任……」。

第三期為憲法之治。

《革命方略》成於丙午年（一九〇六），其後續有修訂。至民國八年中山先生作《孫文學說》時，他在第六章裡再三申說「過渡時期」的重要，很明白地說「在此時期，行約法之治，以訓導人民，實行地方自治」。至民國十二年一月，中山先生作《中國革命史》時，第二時期仍名為「過渡時期」，他對於這個時期特別注意。他說：

第二為過渡時期。在此時期內，施行約法（非現行者），建設地方自治，促進民權發達。以一縣為自治單位，每縣於散兵驅除戰事停止之日，立頒約法，以規定人民之權利義務，與革命政府之統治權。以三年為限，三年期滿，則由人民選舉其縣官。……革命政府之對於此自治團體祇能照約法所規定而行其訓政之權。

又過了一年之後，當民國十三年四月中山先生起草《建國大綱》時，建設的程序也分作三個時期，第二期為「訓政時期」。但他在《建國大綱》裡不曾提起訓政時期的「約法」，又不曾提起訓政府時期的年限，不幸一年之後他就死了，後來的人只讀他的《建國大綱》，而不研究這「三期」說的歷史，遂以為訓政時期可以無限地延長，又可以不用約法之治，這是大錯的。

中山先生的《建國大綱》雖沒有明說「約法」，但我們研究他民國十三年以前的言論，可以知道他決不會相信統治這樣一個大國可以不用一個根本大法的。況且《建國大綱》裡遺漏的東西多著哩。如二十一條說「憲法未頒布以前，各院長皆歸總統任免」，是訓政時期有「總統」，而全篇中不說總統如何產生。又如民國十三年一月國民黨第一次代表大會宣言已有「以黨為掌握政權之中樞」的話，而是年四月十二日中山先生草定《建國大綱》全文二十五條中沒有一句話提到一黨專政的。這都可見《建國大綱》不過是中山先生一時想到的一個方案，並不是應有盡有的，也不是應無盡無的。《大綱》所有，早已因時勢而改動了（如十九條五院之設立在憲政開始時期，而去年已設立五院了）；《大綱》所無，又何妨因時勢的需要而設立呢？

我們今日需要一個約法，需要中山先生說的「規定人民之權利義務與革命政府之統治權」的一個約法。我們要一個約法來規定政府的權限；過此權限，便是「非法行為」。我們要一個約法來規定人民的「身體、自由，及財產」的保障；有侵犯這法定人權的，無論是一百五十二旅的連長或國民政府的主席，人民都可以控告，都得受法律的制裁。

我們的口號是：

快快制定約法以確定法治基礎！
快快制定約法以保障人權！

十八・五・六

——《新月》，卷二號二，一九二九年四月十日（實際出版日衍期）

延伸閱讀

◆**胡適**，〈名教〉，《新月》，卷一號五（上海：一九二八年七月十日），收入潘光哲（主編），《胡適全集．時論》（臺北：中央研究院近代史研究所胡適紀念館，二〇一八），冊三。

◆**胡適**，〈我們什麼時候才可有憲法？對於《建國大綱》的疑問〉，《新月》，卷二號四（上海：一九二九年六月十日〔實際出版日衍期〕），收入潘光哲（主編），《胡適全集．時論》，冊三。

◆**胡適**，〈新文化運動與國民黨〉，《新月》，卷三號六、七合刊（上海：一九二九年九月十日〔實際出版日衍期〕），收入潘光哲（主編），《胡適全集．時論》，冊三。

◆**胡適**，〈我們要我們的自由〉，收入潘光哲（主編），《胡適全集．時論》，冊三。

◆**張忠棟**，〈胡適從「努力」到「新月」的政治言論〉，《中央研究院近代史研究所集刊》，期十四（臺北：一九八五年六月），收入氏著，《胡適五論》（臺北：稻鄉出版社，二〇〇九〔再版〕）。

◆**楊天石**，〈胡適和國民黨的一段糾紛〉，收入李又寧（主編），《胡適與國民黨》（紐約：天外出版社，一九九八）。

◆**蔣永敬**，〈胡適與國民黨〉，收入周策縱（等著），《胡適與近代中國》（臺北：時報文化出版公司，一九九一）。

第十篇
從民主與獨裁的討論裡求得一個共同政治信仰

【解題】

一九三一年「九一八事變」爆發，日本帝國主義的鐵蹄，步步進逼中國大地。胡適與一班知識分子朋友憂心無已，「大火已經燒起來了，國難已經臨頭了。我們平時夢想的『學術救國』、『科學建國』、『文藝復興』等等工作，眼看都要被毀滅了」，幾經相聚研商，決定共同捐款積累基金創辦《獨立評論》，「說說一般人不肯說或不敢說的老實話」。一九三二年五月創刊的《獨立評論》，以「不倚傍任何黨派，不迷信任何成見，用負責任的言論來發表我們各人思考的結果」為立場，一直延續到一九三七年「七七事變」爆發後始停刊，是一九三〇年代最具代表性的自由主義論壇。不過，參與《獨立評論》的若干知識分子，為著因應「國難」，竟而提出與落實民主的基本信念大相違逆的主張，引發了「民主與獨裁論戰」。參與論戰的胡適，當然站在堅持民主的立場上，積極辯難，論說則往往以自己青年時期在美國的「民主經驗」為藍本。大體而言，他的這篇文章，總述了各方論者的意見，並且期待彼此之間可以「存異求同」，對於現實環境裡一切包括「民主色彩的制度」乃是「實現民主憲政的歷史步驟」，建立基本的共識。西方民主思想導入近代中國以來，歧路多艱，不少知識分子往往視之為國族救亡圖存的工具，「民主與獨裁論戰」正是具體而微的例證。

01 圖為 1929 年的丁文江。

02 「民主與獨裁論戰」的參與之一，北京大學教授陶希聖（左 1）。圖為 1958 年 12 月 17 日，陶希聖等人到南港向胡適祝壽的合影。

03 胡適在 1935 年 1 月南行，訪問香港、廣西等地。圖為他在廣西大學與同仁合影。

出遊了五個星期，回家又得了流行感冒，在床上睡了五、六天。在病榻上得著《大公報》催促星期論文的通告，只好把這一個多月的報紙雜誌尋出來翻看一遍，看看有什麼材料和「靈感」。一大堆舊報裡，最使感覺興趣的是一班朋友在三、四十天裡所發表的討論「民主與獨裁」的許多文章。其中我讀到的有吳景超先生的〈中國的政制問題〉（十二月三十日《大公報》星期論文，《獨立評論》一三四號轉載）、張熙若先生的〈獨裁與國難〉（一月十三日《大公報》星期論文）、陶孟和先生的〈民治與獨裁〉（《國聞週報》新年號）；以及陳之邁先生和陶希聖先生的兩篇〈民主與獨裁〉（《獨立評論》一三六號）和丁文江先生的〈再論民治與獨裁〉（一月二十日《大公報》星期論文，《獨立評論》一三七號轉載）。我現在把我讀了這些文字以後的幾點感想寫出來，雖然是舊事重提，但在我個人看來，這個討論了一年多的老題目，這回經過了這幾位學者的分析，尤其是吳景超、陳之邁兩位先生清楚明銳地分析，已可算是得著了一點新的意義了。

吳景超先生把這個問題分成三方面：(一)中國現在行的是什麼政制？這是一個事實問題。(二)我們願意要有一種什麼政制？這是一個價值問題。(三)怎樣可以做到我們願望的政制？這是一個技術問題。他的結論是：在事實上，「中國現在的政治是一黨獨裁的政治，而在這一黨獨裁的政治中，少數的領袖占有很大的勢力」。在價值問題上，

「中國的智識階級多數是偏向民主政治的，就是國民黨在理論上，也是贊成民主政治的」。在技術問題上，他以為實行民主政治的條件還未完備，但「大部分是可以教育的方式完成的」。

陳之邁先生六千多字的長文，主要論點是：「被治者有和平的方法來產生及推倒（更換）統治者，這是民主政治的神髓，抓住了這層便有了民主政治」。所以他指出汪蔣感電說的「國內問題取決於政治，不取決於武力」正是民主政治的根本。所以他的結論是：

我個人則以為中國目前的現狀，理論上，實際上都應該把「國內問題取決於政治而不取決於武力」，因此絕對沒有瞎著眼去學人家獨裁的道理。……同時我們對於民主政治，不可陳義太高，太重理想，而著眼於把它的根本一把抓住；對於現存的帶民主色彩的制度，如目前的國民黨全代會，能代表一部分應有選權的人民，並能產生稍為類似內閣制的政府，應認為是一種進步。對……憲草裡規定的國民大會，則應努力使它成功。

我對於陳之邁先生的主張，可以說是完全同意。他頗嫌我把民主政治看得太容易、太幼稚。其實我的本意正是和他一樣，要人「對於民主政治不可陳義太高，太重理想」，所以我說民主憲政只是一種幼稚的政治，最適宜於訓練一個缺乏政治經驗的民族。許多太崇高民主政治的人，只因為把民主憲政看作太高不可攀的「理智政治」了，所以不承認我們能試行民治，所以主張必須有一個過渡的時期，或是訓政、或是開明專制、或是獨裁，這真是王荊公的詩說的「擾擾墮輪迴，只緣疑這個」了！

陳之邁先生勸我們對於現有的一切稍帶民主色彩的制度應該認為是一種進步，並應該努力使它成功。這個意見最可以補充吳景超先生所謂「技術問題」一項。民主政治的好處正在於教人人都進幼稚園，從幼稚園裡淘練到進中學、大學。陳之邁先生雖然不贊成我的民治幼稚觀，他的勸告卻正是勸人進幼稚園的辦法。這個看法是富有歷史眼光的，是很正確的歷史看法。陶希聖先生也說：「現行的黨治，在黨外的人已經看著是獨裁，在黨內還有人以為算不得獨裁。」陳之邁先生從歷史演變的立場去看，老實承認國民黨的現行制度還是一種「帶民主色彩的制度」；固然（如陶希聖先生說的）「即令按照《建國大綱》召開國民大會，那個誓行三民主義的縣民代表會議也與多黨議會不同」，雖然如此，陳之邁先生也願意承認這是一種進步、一種收穫，我們應該努力使它成功，為什麼呢？因為這都是走民主政治的路線，這都是「國內問題取決於政治而不取決於武力」的途徑。

陶希聖先生說：「胡適之先生主張的民主政治，很顯然的是議會政治。」關於這一點，我在這裡要聲明：我所主張的議會是很有伸縮的餘地的：從民元的臨時參議院，到將來普選產生的國會，凡是代表全國的各個區域，象徵一個統一國家，做全國的各個部分與中央政府的合法維繫，而有權可以用和平的方法來轉移政權的，都不違反我想像中的議會。我們有歷史眼光的人，當然不妄想「把在英美實行而有成效的民主政治硬搬到中國來」，但是我們當然也不輕視一切逐漸走向民主政治的嘗試與練習。

陶希聖先生又說：「如果以議會政治論和國民黨相爭，國民黨內沒有人能夠同意。」我們現在也可以很明白的告訴陶先生和國民黨的朋友：我們現在並不願意「以議會政治論和國民黨相爭」，因為依我們的看法，國民黨的「法源」，《建國大綱》的第十四條和二十四條都是一種議會政治論。所以新憲草規定的國民大會、立法院、監察院、省參議會、縣議會等，都是議會政治的幾種方式。國民黨如果不推翻孫中山先生的遺教，遲早總得走上民主憲政的路。而在這樣走上民主憲政的過程中，國民黨是可以得著黨外關心國事的人的好意贊助的。

反過來說，我們恐怕，今日有許多求治過急的人夢想領袖獨裁，是不但不能得著黨外的同情，還可能引起黨內的破裂與內訌的。憲政有中山先生的遺教作根據，是無法隱諱的；獨裁的政制如果實現，將來必有人抬出中山遺教來做「護法」「救黨」的運動。求統一而反致分裂，求救國難而反增加國家的危機，古人說的「欲速則不達」的名言是不得不讓我們三思熟慮的。

所以我們為國家民族的前途計，無論黨內或黨外的人，都應該平心靜氣考慮一條最低限度的共同信仰，大略如陳之邁先生指出的路線，即是汪蔣兩先生感電提出的「國內問題取決於政治而不取決於武力」的坦坦大路。黨內的人應該尊重孫中山先生的遺教，尊重黨內重要領袖的公開宣言，大家努力促進憲政的成功；黨外的人也應該明白中山先生手創的政黨是以民主憲政為最高理想的，大家都應該承認眼前一切「帶民主色彩的制度」（如新憲法草案之類），都是實現民主憲政的歷史步驟，都是一種進步的努力，都值得我們誠意地贊助使它早日實現。

我們深信，只有這樣的一個最低限度的共同信仰可以號召全國人民的感情與理智，使這個飄搖的國家散漫的民族聯合起來做一致向上的努力！

（轉載二月十七日《大公報》星期論文）

——《獨立評論》，號一四一，一九三五年三月十日。

延伸閱讀

◆「『二、民主與獨裁』論戰」，收入張忠棟、李永熾、林正弘（主編），劉季倫、薛化元、潘光哲（編輯），《現代中國自由主義資料選編⑦主・憲政・法治》（臺北：唐山出版社，二〇〇二），上冊。

◆**潘光哲**，〈青年胡適的「民主經驗」〉，收入錢永祥（主編），《普遍與特殊的辯證：政治思想的探掘》（臺北：中央研究院人文社會科學研究中心，二〇一二）。

◆**張太原**，《《獨立評論》與二十世紀三〇年代的政治思潮》（北京：社會科學文獻出版社，二〇〇六）。

◆**陳儀深**，《「獨立評論」的民主思想》（臺北：聯經出版公司，一九八九）。

◆**章清**，〈《獨立評論》與中國自由主義的「命名」〉，收入李金銓（編著），《文人論政：民國知識分子與報刊》（臺北：政大出版社，二〇〇八）。

第十一篇
陳獨秀最後對於民主政治的見解序

【解題】

陳獨秀是中國共產黨的第一任總書記，卻被開除了黨籍；只是，陳獨秀不再擁有的這個身分，竟讓他成了國民黨黨國體制的「階下囚」。一九三七年，陳獨秀出獄，忍受貧病流離的生活折磨，從世界史的角度和中國的現實聯繫起來，重行反省自己領導的「共產革命」及其在蘇聯實踐經驗的意義。胡適在一九四九年二月二十三日才讀到陳獨秀的思考，深以為喜，認為這位老朋友「已走上自由民主的路了」。那時正是中國共產黨發動的「革命戰爭」好似即將勝利的前夕，胡適應已經辭卸總統職務的國民黨總裁蔣介石之請，前往美國，尋求彼方提供助力的可能。在前往太平洋彼岸的輪船上，胡適也思索如何從理論層面來批判共產主義，陳獨秀晚年的意見，正是他的靈感來源。在胡適看來，做為一個「終身反對派」的陳獨秀，即使曾經服膺「無產階級民主」，攻擊「資產階級民主」，卻已經從他苦痛的經驗中「大覺大悟」，認定「民主政治」沒有「無產階級」與「資產階級」之分，都「同樣要求一切公民都有集會、結社、言論、出版、罷工之自由」；胡適更指出，陳獨秀以短短的一句話：「特別重要的是反對黨派之自由」，更是「抓住了近代民主政治制度的生死關頭」。陳獨秀以生命為代價換得的反思，被胡適轉化為和共產主義進行意識形態鬥爭的「思想武器」。不過，仔細推敲，在極權體制之下，人民想要享有「反對黨派之自由」，必然得付出可觀的代價。胡適的認知，自有反省檢討的空間。然而，胡適的這番闡釋，具體顯現了他如何以「無可救藥的樂觀主義者」的情懷，為自己與陳獨秀的這段友誼，畫下了意蘊深遠的句點。

01 自由中國社出版的《陳獨秀的最後見解》封面書影。

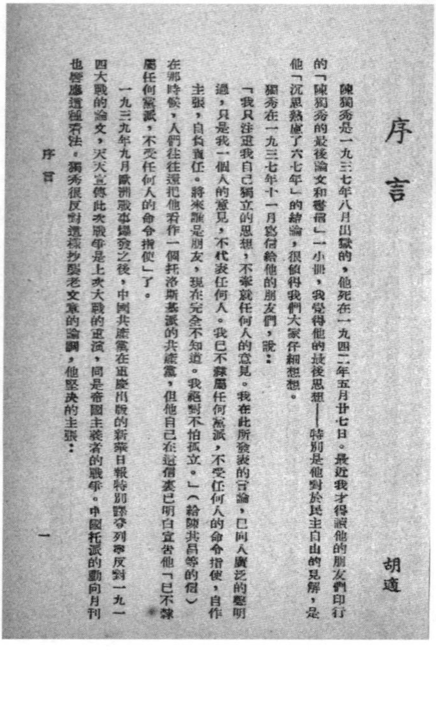

序言

胡適

陳獨秀是一九三七年八月出獄的，他死在一九四二年五月廿七日。最近我才得讀他的朋友們印行的「陳獨秀的最後論文和書信」一小冊，我覺得他的最後思想——特別是他對於民主自由的見解，是他「沉思熟慮了六七年」的結論，很值得我們大家仔細想想。

獨秀在一九三七年十一月寫信給他的朋友們，說：

「我只注重我自己獨立的思想，不牽就任何人的意見。我在此所發表的言論，已向人廣泛的聲明過，只是我一個人的意見，不代表任何人。我已不隸屬任何黨派，不受任何人的命令指使，自作主張，自負責任。將來誰是朋友，現在完全不知道。我絕對不怕孤立。」（給陳其昌等的信）在那時候，人們往往還把他看作一個托洛斯基派的共產黨，但他自己在這信裏已明白宣告他「已不隸屬任何黨派，不受任何人的命令指使」了。

一九三九年九月歐洲戰事爆發之後，中國共產黨在重慶出版的新華日報特別譯登列寧反對一九一四大戰的論文，天天宣傳此次戰爭是上次大戰的重演，同是帝國主義者的戰爭。中國托派的動向月刊也響應這種看法。獨秀很反對這樣抄襲老文章的論調，他堅決的主張：

序言　一

02 自由中國社出版的《陳獨秀的最後見解・胡適序言》書影。

陳獨秀是一九三七年八月出獄的，他死在一九四二年五月二十七日。最近我才得讀他的朋友們印行的《陳獨秀的最後論文和書信》一小冊，我覺得他的最後思想——特別是他對於民主自由的見解，是他「沉思熟慮了六、七年」的結論，很值得我們大家仔細想想。

獨秀在一九三七年十一月寫信給他的朋友們，說：

「我只注重我自己獨立的思想，不牽就任何人的意見。我在此所發表的言論，已向人廣泛的聲明過，只是我一個人的意見，不代表任何人。我已不隸屬任何黨派，不受任何人的命令指使，自作主張，自負責任。將來誰是朋友，現在完全不知道。我絕對不怕孤立。」（給陳其昌等的信）

在那時候，人們往往還把他看作一個托洛斯基派的共產黨，但他自己在這信裡已明白宣告他「已不隸屬任何黨派，不受任何人的命令指使」了。

一九三九年九月歐洲戰事爆發之後，中國共產黨在重慶出版的《新華日報》特別譯登列寧反對一九一四大戰的論文，天天宣傳此次戰爭是上次大戰的重演，同是帝國主義者的戰爭。中國托派的《動向》月刊也響應這種看法。獨秀很反對這樣抄襲老文章的論調，他堅決的主張：

「贊助希特勒，或反對希特勒，事實上、理論上，都不能含糊兩可。反對希特勒，便不應同時打倒希特勒的敵人。否則所謂反對希特勒和阻止法西斯勝利，都是一句空話。」（一九四〇年三月二日給西流等的信）

他更明白地說：

「現在德俄兩國的國社主義（納粹主義）及格別烏（G.P.U. 按：即祕密政治警察）政治，是現代的宗教法庭。此時人類若要前進，必須首先打倒這個比中世紀的宗教法庭還要黑暗的國社主義與格別烏政治。」（同年四月二十四日給西流等的信）

這時候美國還沒有捲入大戰爭，但羅斯福對於英法兩國的同情與援助已很明顯了。獨秀在這時候毫不遲疑的宣布他盼望世界大戰的勝利屬於英法美。他說：

「此次若是德俄勝利了，人類將更加黑暗至少半個世紀。若勝利屬於英法美，保持了資產階級民主，然後才有道路走向大眾的民主。」（同年給西流等的信，約在五、六月之間）

他在這裡提出了一個理論：「保持了資產階級民主，才有道路走向大眾的民主」——這個理論在一切共產黨的眼裡真是大逆不道的謬論。因為自從一九一七年俄國十月革命以來，共產黨為了擁護「無產階級獨裁」的事實，造成了一套理論，說英、美、西歐的民主政治是「資產階級的民主」，是資本主義的副產品，不是大眾無產階級需要的民主。他們要打倒「資產階級的民主」，要重新建立「無產階級的民主」。這是一切共產黨在那二十多年中記得爛熟的口頭禪。托洛斯基失敗之後雖然高喊著黨要民主、工會要民主、各級蘇維埃要民主，但他實在沒有澈底想過整個政治民主自由的問題，所以「托派」的共產黨也都承襲了二十年來共產黨攻擊「資產階級民主」的濫調。在這一個重要問題上，列寧與托洛斯基與史達林，希特勒與墨索里尼，是完全一致的，因為法西斯黨徒與納粹黨徒都抄襲了國際共產主義攻擊「資產階級民主」的老文章。

因此，獨秀要從資產階級民主「走向大眾的民主」這一句話，當時引起了他的朋友們「一致」的懷疑與抗議。這時候（一九四〇年七月）獨秀在病中，只能簡單的答覆他們。他說：

「你們錯誤的根由，第一是不懂得資產階級民主政治之真實價值（自列寧、托洛斯基以下均如此），把民主政治當成是資產階級的統治方式，是偽善、欺騙，而不懂得民主政治的真實內容是：

法院以外機關無捕人權；

無參政權不納稅；

非議會通過，政府無徵稅權；

政府之反對黨有組織、言論、出版之自由；

工人有罷工權；

農民有耕種土地權；

思想、宗教自由等等，

這都是大眾所需要，也是十三世紀以來大眾以鮮血鬥爭七百餘年，才得到的今天所謂『資產階級的民主政治』。這正是俄、義、德所要推翻的。

所謂『無產階級的民主政治』，和資產階級的民主只是實施的範圍廣狹不同，並不是在內容上另有一套無產階級的民主。十月（革命）以來，拿『無產階級民主』這一個空洞的抽象名詞做武器，來打毀資產階級的實際民主，才至有今天的史達林統治的蘇聯。義、德還是跟著學話。現在你們又拿這一個空洞的名詞做武器，來為希特勒攻打資產階級民主的英美。」（一九四〇年七月三十一日給連根的信。分段分行是我分的，為的是要醒目。）

這個簡單的答覆，是獨秀自己獨立思想的結論，實在是他大覺大悟的見解。只有他能大膽的指摘「自列寧、托洛斯基以下」均不曾懂得「資產階級民主政治之真實價值」。只有他敢指出二十年（現在三十年了）來共產黨用來打擊民主政治的武器——「無產階級的民主」原來只是一個空洞的抽象名詞！

獨秀的最大覺悟是他承認「民主政治的真實內容」有一套最基本的條款——一套最基本的自由權利——都是大眾所需要的，並不是資產階級所獨霸而大眾所不需要的。這個「民主政治的真實內容」，獨秀在這信裡列舉了七項。在同年九月給西流的長信裡，他兩次討論到這個問題，在第一處他列舉「民主之基本內容，無級和資級是一樣」的：

法院外無捕人殺人權，

政府的反對黨公開存在，

思想、出版、罷工、選舉之自由權利等。

在同一信的後文，他做了一張對照表，如下：

（甲）英美及戰敗前法國的民主制

（一）議會選舉由各黨（政府反對黨也在內）……發布競選的政綱及演說以迎合選民的要求，因選民畢竟最後還有投票權。開會時有相當的討論爭辯。

（二）無法院命令不得捕人殺人。

（三）政府的反對黨甚至共產黨公開存在。

（四）思想、言論、出版，相當自由。

（五）罷工本身非犯罪行為。

（乙）俄德義的法西斯制（原註：蘇俄的政制是德義的老師，故可為一類。）

（一）蘇維埃或國會選舉均由政府黨指定。開會時只有舉手，沒有爭辯。

（二）祕密政治警察可以任意捕人殺人。

（三）一國一黨，不容許別黨存在。

（四）思想、言論、出版，絕對不自由。

(五)絕對不許罷工，罷工即是犯罪。

在這張表之後，獨秀說：

「每個康民尼斯特（適按：獨秀似不願用『共產黨』的名詞，故此處用譯音）看了這張表，還有臉咒罵資產階級的民主嗎？宗教式的迷信時代，應當早點過去，大家醒醒罷！今後的革命若仍舊認為『民主已經過時，無級政權只有獨裁，沒有民主』，那只有聽格別烏蹂躪全人類！……」

這封給西流的長信是獨秀在病中「陸續寫了二十餘日才寫好」的，全文有五千字，其中有三千多字是討論「民主政治」的。我覺得這封信是中國現代政治思想史上稀有的重要文獻，所以我要多介紹幾段。

獨秀說：

「關於第二個問題（即民主政治制度問題），我根據蘇俄二十年來的經驗，沉思熟慮了六、七年，始決定了今天的意見。」

這是他自己的引論，下文他的意見共分六段，我現在摘引我認為最精采的幾段。他在這幾段裡，反覆陳說民主政治的重要，往往用俄國革命以來的政制歷史做例子。他說：

「如果不實現大眾民主，則所謂『大眾政權』或『無產階級獨裁』必然流為史達林式的極少數人的格別烏制。這是事勢所必然，並非史達林個人的心術特別壞些。」

這是很忠厚的評論。向來「托派」共產黨總要把蘇俄的一切罪惡都歸咎於史達林一個人。獨秀這時候「已不隸屬任何黨派」了，所以他能透過黨派的成見，指出蘇俄的獨裁政制是一切黑暗與罪惡的原因。獨秀說：

「史達林的一切罪惡，乃是無產階級獨裁制之邏輯的發達。試問史達林一切的罪惡，哪一樣不是憑藉著蘇聯自〔一九一七年〕十月以來祕密的政治警察大權，黨外無黨，黨內無派，不容許思想、出版、罷工、選舉之自由，這一大串反民主的獨裁制而發生的呢？」

獨秀自己加註釋道：

「這些違反民主的制度，都非創自史達林。」

他又說：

「若不恢復這些民主制，繼史達林而起的，誰也不免還是一個『專制魔王』。所以把蘇聯的一切壞事都歸罪於史達林，而不推源於蘇聯獨裁制之不良，彷彿只要去掉史達林，蘇聯樣樣都是好的——這種迷信個人、輕視制度的偏見，公平的政治家是不應該有的。蘇聯二十年的經驗，尤其是後十年的苦經驗，應該使我們反省；我們若不從制度上尋出缺點，得到教訓，只是閉起眼睛反對史達林，將永遠沒有覺悟。一個史達林倒了，會有無數史達林在俄國及別國產生出來。在十月〔革命〕後的蘇俄，明明是獨裁制產生了史達林，而不是有了史達林才產生獨裁制。」

獨秀所主張應該恢復的民主制度，即是他屢次列舉的「民主政治之基本內容」。

他在一九四〇年十一月寫成〈我的根本意見〉一篇論文，又給這個基本內容作一個更簡括的敘述：

「民主主義是自從人類發生政治組織，以至政治消滅之間，各時代（希臘、羅馬，近代以至將來）多數階級的人民反抗少數特權之旗幟。『無產階級民主』，不是一個空洞名詞，其具體內容也和資產階級民主同樣要求一切公民都有集會、結社、言論、出版、罷工之自由。特別重要的是反對黨派之自由。沒有這些，議會與蘇維埃同樣一文不值。」（〈根本意見〉第八條）

獨秀在這一年之內，前後四次列舉「民主政治的真實內容」，這是最後一次，他看得更透澈了，所以能用一句話綜括起來：民主政治只是一切公民（有產的與無產的，政府黨與反對黨）都有集會、結社、言論、出版、罷工之自由。他更申說一句：

特別重要的是反對黨派之自由。

在這十三個字的短短一句話裡，獨秀抓住了近代民主政治制度的生死關頭。近代民主政治與獨裁政制的基本區別就在這裡。承認「反對黨派」表達之自由，才有近代民主政治。獨裁制度就是不容許反對黨派的自由。

因為獨秀「沉思熟慮了六、七年」，認識了近代民主政治的基本內容，所以他能拋棄二十多年來共產黨詆毀民主政治的濫調，大膽的指出：

「民主主義並非和資本主義及資產階級是不可分離的。」（〈根本意見〉第九條）

他又指出：

「近代民主制的內容，比希臘羅馬要豐富得多，實施的範圍也廣大得多。因為近代是資產階級當權時代，我們便稱之為資產階級的民主制，其實此制不盡為資產階級所歡迎，而是幾千萬民眾流血鬥爭了五、六百年才實現的。」（一九四〇年九月給西流的信）

他很感慨的指出，俄國十月革命以後「輕率的把民主制和資產階級統治一同推翻，以獨裁代替了民主」，是歷史上最可惋惜的一件大不幸。他說：

「科學、近代民主制、社會主義，乃是近代人類社會三大發明，至可寶貴。不幸十月『革命』以來，輕率的把民主制和資產階級統治一同推翻，以獨裁代替了民主，民主的基本內容被推翻了，所謂『無產階級民主』『大眾民主』只是一些無實際內容的空洞名詞，一種門面語而已。無產階級取得政權後，有國有大工業、軍隊、警察、法院、蘇維埃選舉法，這些利器在手，足夠鎮壓資產階級的反革命，用不著拿獨裁來代替民主。獨裁制如一把利刃，今天用之殺別人，明天便會用之殺自己。列寧當時也曾警覺到『民主是對於官僚制的抗毒素』，而亦未曾認真採用民主制，如取消祕密警察，容許反對黨派公開存在，思想出版罷工選舉自由等。托洛斯基直至獨裁這把利刃傷害到他自己，才想到黨與工會和各級蘇維埃要民主、要選舉自由，然而太晚了！其餘一班無知的布爾雪維克黨人，更加把獨裁制抬到天上，把民主罵得比狗屎不如。這種荒謬的觀點，隨著十月革命的權威，征服了全世界。第一個採用這個觀點的便是墨索里尼，第二個便是希特勒，首倡獨裁制的本土蘇聯，更是變本加厲，無惡不為。從此崇拜獨裁的徒子徒孫普遍了全世

界。……」（同上）

所以獨秀「根據蘇俄二十年來的經驗，沉思熟慮了六、七年」的主要結論是：

「應該毫無成見的領悟蘇俄二十年來的教訓，科學的而非宗教的重新估計布爾雪維克的理論及其領袖之價值，不能一切歸罪於史達林，例如無產階級政權之下民主制的問題。……『無產階級民主』的具體內容也和資產階級民主同樣要求一切公民都有集會、結社、言論、出版、罷工之自由。特別重要的是反對黨派之自由。……無產政黨若因反對資產階級及資本主義，遂並民主主義而亦反對之，即令各國所謂『無產階級革命』出現了，而沒有民主制做官僚制之消毒素，也只是世界上出現了一些史達林式的官僚政權。……所謂『無產階級獨裁』，根本沒有這樣東西。即黨的獨裁，結果也只能是領袖獨裁。任何獨裁制都和殘暴、蒙蔽、欺騙、貪汙、腐化的官僚政治是不能分離的。」（〈我的根本意見〉第七、八、九條）

以上是我摘抄的我的死友陳獨秀最後對於民主政制的見解。他在一九四一年一月十九日給S和H的一封信，我引幾句作這篇介紹文字的結束：

「弟自來立論，喜根據歷史及現時之事變發展，而不喜空談主義，更不喜引用前人之言為立論之前提。……近作〈根本意見〉，亦未涉及何種主義。第七條主張從新估計布爾雪維克的理論及其領袖（列寧、托洛斯基都包括在內）之價值，乃根據蘇俄二十餘年之教訓，非擬以馬克思主義為尺度也。倘蘇俄立國的道理不差，（成敗不必計）即不合乎馬克思主義，又誰得而非之？『圈子』即是教派，『正統』等於中國宋儒所謂『道統』，此等素與弟口味不合，故而見得孔教道理有不對處，便反對孔教；見得第三國際有不對處，便反對它；對第四國際、第五國際、第……國際，亦然。適之兄說弟是一個『終身反對派』，實是如此。然非弟故意如此，乃事實迫我不得不如此也。……」

因為他是一個「終身反對派」，所以他不能不反對獨裁政治，所以他從苦痛的經驗中悟得近代民主政治的基本內容，「特別重要的是反對黨派之自由」。

一九四九・四・十四夜，在太平洋船上

——陳獨秀，《陳獨秀的最後見解（論文和書信）》，《自由中國社叢書》（廣州：自由中國社出版部，一九四九）。

延伸閱讀

◆**胡適**，〈共產黨統治下決沒有自由（跋所謂〈陳垣給胡適的一封公開信〉）〉，《自由中國》，卷二期三（臺北：一九五〇年二月一日），收入潘光哲（主編），《胡適全集．時論》（臺北：中央研究院近代史研究所胡適紀念館，二〇一八），冊六。

◆**周質平**，〈胡適的反共思想〉，收入周質平、**Willard J. Peterson**（編），《國史浮海開新錄：余英時教授榮退論文集》（臺北：聯經出版公司，二〇〇二）。

◆**張忠棟**，〈胡適心目中的民主和反對黨〉，收入氏著，《胡適五論》（臺北：允晨文化公司，一九八七）。

◆**潘光哲**，〈胡適對「知識分子思想改造」的回應（一九四九－一九五二）〉，收入潘光哲（主編），《胡適與現代中國的理想追尋紀念胡適先生一百二十歲誕辰國際學術討論會論文集》（臺北：秀威資訊科技公司，二〇一三）。

◆**任建樹**，《陳獨秀大傳（第三版）》（上海：上海人民出版社，二〇一二）。

◆**唐寶林**，《陳獨秀全傳》（香港：中文大學出版社，二〇一一）＝唐寶林，《陳獨秀全傳》（北京：社會科學文獻出版社，二〇一三）。

◆**郭成棠**，《陳獨秀與中國共產主義運動》（臺北：聯經出版公司，一九九一）。

第十二篇
我們必須選擇我們的方向[1]

【解題】

第二次世界大戰的結束，並不是人類得以享受永久和平的開端。特別是共產主義力量在全世界範圍內的持續擴張，引發了無窮的對立衝突。一九四七年，無論國際情勢抑或是中國國內政局，都愈趨嚴峻——「冷戰」的世界格局即將問世，中國的內戰烽火更形熾烈，以致於國民黨政府宣布全國總動員，要戡平中國共產黨的「叛亂」。處於這樣的暗淡歲月，胡適仍舊堅持主張，自由民主是人類歷史文化發展的大潮流、大方向。他的論說，頓時引起多重的迴響，促使他進一步申論自己為什麼「偏袒」自由民主這股潮流的理由。胡適也將批判的矛頭指向「那個反自由、反民主、不容忍的專制集團」，論證「反自由不容忍的專制運動」，其實只是一時之間的「一個小小的逆流，一個小小的反動」。胡適對歷史潮流的樂觀期待，正可鼓舞人們堅持自由民主信念的精神力量。不過，正如胡適的提醒，爭取和實現自由民主，並非易事，既會遭受壓迫與摧殘，更時時刻刻面臨「被暴力摧毀的危險」。自由民主的道路，從來就不是平坦順暢的。

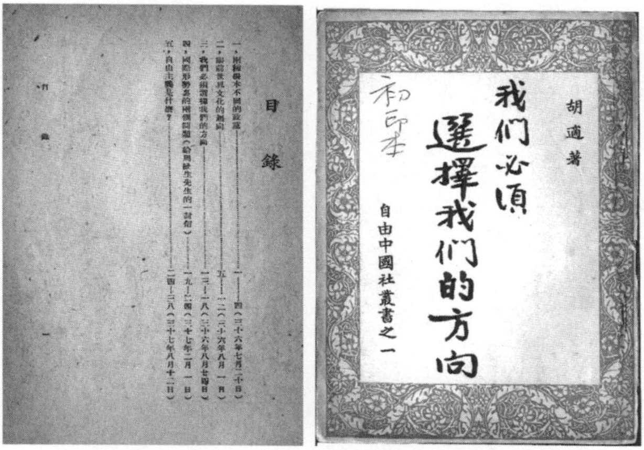

01 自由中國社出版的《我們必須選擇我們的方向》封面及目錄頁影幅，上有胡適的筆跡。

02 圖為 1949 年 7 月 19 日，胡適發起平津市民治促進會成立大會時的合影。前排坐在中間戴墨鏡者是張伯苓，右 4 是胡適。

註 1　本文撰作繫年為 1947 年 8 月 24 日。——編註今年八月一日，我在北平廣播一次，題目是「眼前世界文化的趨向」。我說：幾百年來世界交通便利的結果，文化漸漸趨向混同一致。在那個自然趨勢裡，我們可以看出三個共同的大目標：第一是用科學的成果來增進人生的幸福，第二是用社會化的經濟制度來提高人類的生活程度，第三是用民主自由的政治制度來造成自由獨立的人格。

這本是很平常的看法，可是也引起了一些批評與抗議。多數的抗議都是對於我說的第三點。我在廣播裡曾說：

「我是學歷史的人，從歷史上來看世界文化的趨向，那民主自由的趨向是三、四百年來的一個最大的目標，一個最明白的方向。最近三十年來反自由、反民主集體專制的潮流，在我個人看來，不過是一個小小波折，一個小小的逆流。我們可以不必因為中間起了這一個三十年的逆流，就懷疑或抹煞那三、四百年的民主自由的大潮流、大方向。」

這幾句話引起了幾位聽者的抗議。有一位聽者來信說：

「歷史的潮流並不是固定在走哪個方向，若說歷史只有一個潮流，而且這個潮流一定獲勝，那就未免太過於簡單，太過於樂觀了。」

又有人說：

「世界分成兩個壁壘，倒未嘗不是可以樂觀的。假如世界成了清一色的文化，無論怎麼說也是不好的。若說這一個是大潮流，那一個小波折，那是看得過於單純，也有點偏袒了。」

我很歡喜這些批評，因為他們給我一個解釋說明的機會。我並不否認我「偏袒」那個自由民主的潮流，這是我的基本立場，我從來不諱飾，更不否認，這個基本立場，也許值得申說一遍。

第一，我深信思想信仰的自由與言論出版的自由是社會改革與文化進步的基本條件。自從四百多年前馬丁．路德發動宗教革新以來，爭取各種自由的運動漸漸成功，打開了一個學術革新、思想多元發展、社會革新、政治改造的新鮮世界，如果沒有思想、信仰、言論及出版的自由，天文、物理、化學、生物進化的新理論當然都不會見天日，洛克、伏爾泰、盧騷、傑佛遜，以至馬克思、恩格爾的政治社會新思想也當然都不會流行傳播，這是世界近代史的明顯事實，用不著我多說。

第二，我深信這幾百年中逐漸發展的民主政治制度是最有包含性，可以推行到社會的一切階層，最可以代表全民利益的；民主政治的意義，千言萬語，只是政府統治須得人民的同意。這個同意權，起初只限於貴族紳士與教會領袖，後來推廣到納稅的商人，後來經過了長時期的推廣，一切成年的男女公民都有選舉權了。這樣包括全體人民的政治制度，不須採用慘酷的鬥爭屠殺，可以用和平的方式，做到代表最大多數人民利益的政治。因為這種民主政制可以代表全民利益，所以從歷史上看來，社會主義的運動只是民主運動的一部分，只是民主運動的一個當然而且必然的趨勢。在這六、七十年之中，社會化的經濟立法逐漸加多，勞工也往往可以用和平方法執掌重要國家的政權，積極推行社會的經濟政策。這也都是明顯的史實，使我們明瞭民主政治確是可以擴充到包括全民利益，包括社會化的經濟政策的。

第三，我深信這幾百年（特別是這一百年）演變出來的民主政治，雖然還不能說是完美無缺陷，確曾養成一種愛自由、容忍異己的文明社會。法國哲人伏爾泰說的最好：「你說的話，我一個字也不贊成。但是我要拚命力爭你有說這話的權利。」這是多麼有人味的容忍態度！自己要爭自由，同時還得承認別人也應該享受同等的自由，這便是容忍。自己不信神，要爭取自己不信神的自由，但同時也得承認別人真心信神，當然有他信神的自由。如果一個無神論者一旦當權就要禁止一切人信神，那就同中古宗教殘殺「異端」一樣的不容忍了。宗教信仰如此，其他政治主張、經濟理論、社會思想，也都應該如此，民主政治作用全靠這容忍反對黨，尊重反對黨的雅量。我們看報紙上記載英國保守黨領袖邱吉爾上個月病癒後回到議會時全體一致熱烈的歡迎慰問他，我們讀那天工黨議員同他說笑話的情形，我們不能不感覺這個有人味的文明社會是可愛可羨的。

以上說的三點，是我「偏袒」這個民主自由大潮流的主要理由。

我承認這個潮流是三、四百年來一個最大的歷史潮流，一個最明白的文化趨勢。學歷史的人，當然都知這個爭自由、爭民主的潮流曾經遭遇到無數次的壓迫、無數次的摧殘。當它在幼弱的時期，這個自由民主的運動往往禁不起武力與戰禍的毀壞。最近幾年中的例子，如丹麥、如挪威、如荷蘭、如比利時、如法蘭西，都是文化最高的民治國家，都禁不起希特勒閃電式的武力侵略。這種近在眼前的歷史事實都應該使我們覺悟到這個民主自由的運動，正因為這是一個有人味的愛好和平的文明運動，故時時刻刻有被暴力摧毀的危險。所以在這三四百年之中，第一個民主自由運動的中心是在英國，第二個是在北美洲，第三個是在南太平洋的澳洲與紐西蘭，藉著海洋保障，不容易受外來武力的摧毀，等到這三、四個大中心的民主自由運動的力量培養雄厚了，它們的力量才成為這個運動的保衛力量。在最近三十多年之中，人類經過兩次世界大戰，結果都是這個民主聯合力量勝利，於是世界的人才承認愛自由、愛有人味的文明的人民也會變成最有力量的戰士。所以我們在這個時候很可以放膽推測，這個民主自由的大運動是站得住的，將來「一定勝利」的了。

至於那個反自由、反民主、不容忍的專制集團，它自己至今還不敢自信它站得住。關於這一點，證據似乎不少。第一，這個專制集團至今還不敢相信它自家的人民，還得用很冷酷的暴力壓制大多數的人民。第二，這個集團至今還不敢和世界上別的國家自由交通，還不敢容許外國人到它國裡去自由視察遊歷，也還不敢容許它自己的人民自由出國或和外國人往來。第三，這個集團擁有全世界最廣大的整片疆域和最豐富的原料礦藏，然而它至今還在它的四周圍擴充它的「屏藩」，樹立它的「衛星」，同時它至今還不放棄世界革命的傳統政策，還迷信只有在世界紛亂裡才可以得著自己安全的保障。這些都是不自信的表現，都是害怕與氣餒的表示。

所以我們很可以宣告這個反自由不容忍的專制運動只是這三十年歷史上的一個小小的逆流，一個小小的反動。因為它是一個反動、一個逆流，所以它在最近十年之中，越走越倒回去了，馬克思不夠用了，列寧也不夠取法了，於是彼得大帝被抬出作民族英雄了，甚至於「可怕的伊凡」也被御用的史家與電影作家歌頌作民族英雄了！這不是開倒車嗎？這不是反動的逆流嗎？

這個專制集團，在他三十年前革命理想最高潮的時期，也曾宣告放棄帝俄時代用暴力取得的一切外國權益；現在呢？它在中國東北的行為，它在大連、旅順的行為，處處是回到帝俄時代的侵略政策，這是崇拜彼得、崇拜伊凡的反動心理的當然結果。所以我們說這是一個小小的逆流，應該是不錯的。開歷史的倒車，所以說是逆流。不自信，害怕而氣餒，所以說是小的反動。

我們中國人在今日必須認清世界文化的大趨勢，我們必須選定我們自己應該走的方向。只有自由可以解放我們民族的精神，只有民主政治可以團結全民的力量來解決全民族的困難，只有自由民主可以給我們培養成一個有人味的文明社會。

——《獨立時論》，第一集（北京：北京大學出版部，一九四八）。

延伸閱讀

◆ **胡適**，〈眼前世界文化的趨向〉（一九七四年八月一日在北平中央電臺廣播詞），《華北日報》（北平：一九四七年八月三日），收入潘光哲（主編），《胡適全集・時論》（臺北：中央研究院近代史研究所胡適紀念館，二〇一八），冊六。

◆ **胡適**，〈民主與極權的衝突〉，《自由中國》，卷一期一（臺北：一九四九年十一月二十日）＝Hu Shih, "The Conflict of Ideologies (Delivered July 8, 1941)," *Annuals of the American Academy of Political and Social Science*, Vol. 218 (November 1941)，周質平（主編），《胡適英文文存》（臺北：遠流出版公司，一九九五），冊二。

◆ **余英時**，〈胡適與中國的民主運動〉，收入氏著，《重尋胡適歷程胡適生平與思想再認識》（臺北：聯經出版公司，二〇〇四）。

◆ **周質平**，〈胡適對民主的闡釋〉，收入氏著，《胡適叢論》（臺北：三民書局，一九九二）。

◆ **張忠棟**，〈在動亂中堅持民主的胡適〉，《中央研究院近代史研究所集刊》，期十五下冊（臺北：一九八六年十二月），收入氏著，《胡適五論》（臺北：稻鄉出版社，二〇〇九〔再版〕）。

第十三篇
胡適致陳獨秀

【解題】

胡適與陳獨秀於一九一六年以文字結緣，胡適那篇引發「文學革命」的名篇〈文學改良芻議〉，就發表在陳獨秀主編的《新青年》雜誌上。一九一七年，胡適留學歸國，任教北京大學，陳獨秀則是北大的文科學長，雙方聯手，糾集同志，共同致力於「新文化運動」的事業。面對當時中國的混亂狀況，陳獨秀更願獻力於參與現實的政治活動，隨著時勢變遷，步步轉移，他走上領導中國共產黨推動「共產革命」的道路上去，而與主張漸進改革的胡適「分道揚鑣」。兩人政見雖然不同，友誼基本保持不變，原因所在，正如胡適在這封信裡的陳述，他們同持共享「一點容忍異己的態度」，彼此還能相互容忍尊重。可是，當兩人討論北京《晨報》館在一九二五年十一月二十九日被群眾燒毀這件事的時候，陳獨秀不以為非的態度，讓胡適實在「耿耿於懷，不吐不快」，只好寫信表達自己的「異見」。胡適的意見，平淡之至，只是「期望大家能容忍異己的意見與信仰」，要讓「異己者」擁有表達自身的意見和信仰的自由。否則，一旦這種「不容忍的風氣」瀰漫於世，必然會帶來可怕的結果，造成「一個更殘忍更慘酷的社會」。

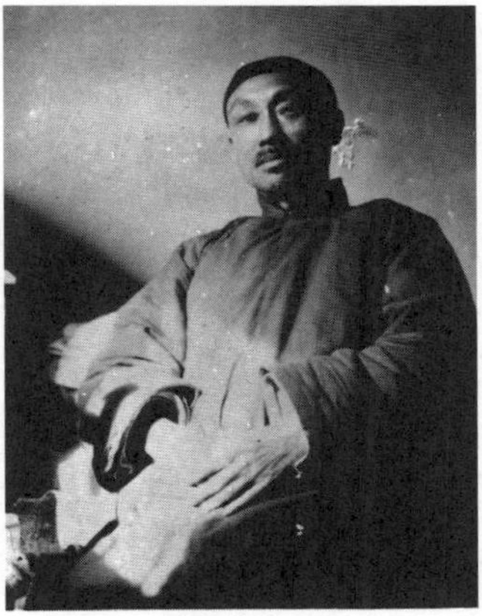

01 圖為 1937 年春，陳獨秀攝於南京第一監獄中的照片。

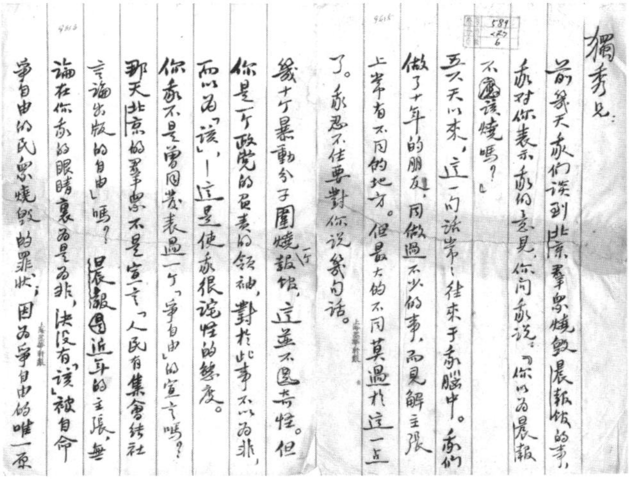

獨秀兄：
前幾天我們談到北京群眾燒毀晨報館的事，
我對你表示我的意見，你問我說：「你以為晨報
不該燒嗎？」
五六年來，這一句話常常往來于我腦中。我們
做了十年的朋友，同做過不少的事，而見解主張
上常有不同的地方。但最大的不同莫過於這一點
了。我忍不住要對你說幾句話。
幾十個暴動分子圍燒一個報館，這並不足奇怪。但
你是一個政黨的負責的領袖，對於此事不以為非，
而以為「該」，——這是使我很詫怪的態度。
你我不是曾同發表過一個「爭自由」的宣言嗎？
那天北京的群眾不是宣言「人民有集會結社
言論出版的自由」嗎？晨報近年的主張，無
論在你我的眼睛裏為是為非，決沒有「該」被自命
爭自由的民眾燒毀的罪狀；因為爭自由的唯一原

02 本函部分手稿。

獨秀兄：

前幾天我們談到北京群眾燒毀《晨報》館的事，我對你表示我的意見，你問我說：「你以為《晨報》不該燒嗎？」

五、六天以來，這一句話常常往來於我腦中。我們做了十年的朋友，同做過不少的事，而見解主張上常有不同的地方，但最大的不同莫過於這一點了。我忍不住要對你說幾句話。

幾十個暴動分子圍燒一個報館，這並不奇怪。但你是一個政黨的負責領袖，對於此事不以為非，而以為「該」，這是使我很詫異的態度。

你我不是曾同發表過一個「爭自由」的宣言嗎[1]？那天北京的群眾不是宣言「人民有集會結社言論出版的自由」嗎？《晨報》近年的主張，無論在你我眼睛裡為是為非，決沒有「該」被自命爭自由的民眾燒毀的罪狀；因為爭自由的唯一原理是：「異乎我者未必即非，而同乎我者未必即是；今日眾人之所是未必即是，而眾人之所非未必真非」。爭自由的唯一理由，換句話說，就是期望大家能容忍異己的意見與信仰。凡不肯承認異己者的自由的人，就不配爭自由，就不配談自由。

我也知道你們主張一階級專制的人已不信仰自由這個字了。我也知道我今天向你討論自由，也許為你所笑。但我要你知道，這一點在我要算是一個根本的信仰。我們兩個老朋友，政治主張上儘管不同，事業上儘管不同，所以仍不失其為老朋友者，正因為你我腦子背後多少總還同有一點容忍異己的態度。至少我可以說，我的根本信仰是承認別人有嘗試的自由。如果連這一點最低限度的相同點都掃除了，我們不但不能做朋友，簡直要做仇敵了。你說是嗎？

我記得民國八年你被拘在警察廳的時候，署名營救你的人之中有桐城派古文家馬通伯與姚叔節。我記得那晚在桃李園請客的時候，我心中感覺一種高興，我覺得這個黑暗社會裡還有一線光明：在那個反對白話文學最激烈的空氣裡，居然有幾個古文老輩肯出名保你，這個社會還勉強夠得上一個「人的社會」，還有一點人味兒。

但這幾年以來，卻很不同了。不容忍的空氣充滿了國中，並不是舊勢力的不容忍，他們早已沒有摧殘異己的能力了；最不容忍的乃是一班自命為最新人物的人。我個人這幾年就身受了不少的攻擊和誣衊。我這回出京兩個多月，一路上飽讀你的同黨少年醜詆我的言論，真開了不小的眼界。我是不會怕懼這種詆罵的，但我實在有點悲

註1　參見：胡適（等），〈爭自由的宣言〉（一九二〇年八月），收入：潘光哲（主編），《胡適全集．時論》（臺北：中央研究院近代史研究所胡適紀念館，二〇一八），冊二，頁二七—二九（不過，陳獨秀未列名）。——編註

觀。我怕的是這種不容忍的風氣造成之後，這個社會要變成一個更殘忍、更慘酷的社會，我們愛自由、爭自由的人怕沒有立足容身之地了。

（一九二五年十二月）

——《胡適遺稿及秘藏書信》（合肥：黃山書社，一九九四），冊二十。

延伸閱讀

◆**高力克**，〈陳獨秀與胡適的自由民主理念〉，收入李金銓（編著），《文人論政民國知識份子與報刊》（臺北：政治大學出版社，二〇〇八）。

◆**郭成棠**，〈陳獨秀與胡適〉，《傳記文學》，卷八十期一（臺北：二〇〇二年一月）。

◆**歐陽哲生**，〈胡適與陳獨秀思想之比較研究〉，收入氏著，《新文化的傳統——五四人物與思想研究》（廣州：廣東人民出版社，二〇〇四）。

第十四篇
容忍與自由

【解題】

一九五八年，胡適返臺，就任中央研究院院長，結束了在美國的流亡歲月。回到臺灣的胡適，對於推動學術教育事業的發展，仍舊孜孜不息；但是，他不會也不能擺脫現實的關懷。特別是在政治領域裡，由於國民黨「黨國威權體制」的畸形發展，破壞了民主憲政的基本原則，更非胡適樂見。以他為精神領袖，雷震為行動首腦的《自由中國》雜誌，正是批判黨國威權體制的言論堡壘。《自由中國》的針砭所及，鼓舞了苦悶的精神，激動了蟄伏的人心，是自由主義在臺灣依附傳薪不已的象徵。胡適固然肯定《自由中國》的努力，卻不是無條件地支持。像雷震等人熱心籌組「反對黨」，胡適就明白拒絕「共襄盛舉」；《自由中國》質疑「反攻大陸」的口號，胡適則說，這句口號是「無數人希望的象徵」，所以「我們不必去碰它」。可以說，《自由中國》對「黨國威權體制」的犀利批判，即令「理直氣壯」，胡適總希望立言的尺度分寸，能夠拿捏得宜。胡適發表〈容忍與自由〉，主張要「養成能夠容忍諒解別人的見解的度量」，不要「以吾輩所主張者為絕對之是」，具體展現了他的用心良苦。胡適此論一出，引發不同的迴響。胡適任教北大時的學生毛子水申論說，胡適的用意「乃是要勸告爭取自由的人須懂得『理未易察』的道理，須有『克己』的功夫，須有『守法』的精神」。《自由中國》「健筆」之一的臺大哲學系教授殷海光則起而質疑，「同樣是容忍，無權無勢的人易，有權有勢的人難」，就歷史而言，「容忍的總是老百姓，被容忍的總是統治者」，所以他說胡適應該「以使千千萬萬人不因任何『思想問題』而遭監禁甚至殺害為己任」。胡適在《自由中國》十週年紀念會的場合，發表講詞，回應了殷海光的質疑，認為「拿筆桿發表思想的人」其實也是「有權有勢」的人，「我們的力量，是憑人類的良知而存在的」，所以才會受到「不合理的壓迫」與「圍剿」。胡適主張「沒有容忍，就沒有自由」，期許個人能夠涵養「容忍」這樣的美好德性，固然深富意蘊；然而，面對那些絕無寬容意味，甚至於可能使人失去「自由」的「不合理的壓迫」與「圍剿」，我們又要如何「容忍」呢？胡適的信念，得失之間，有待後人深思。

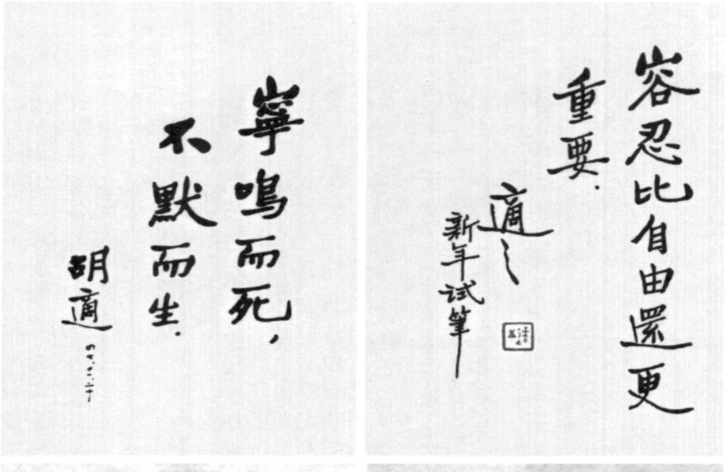

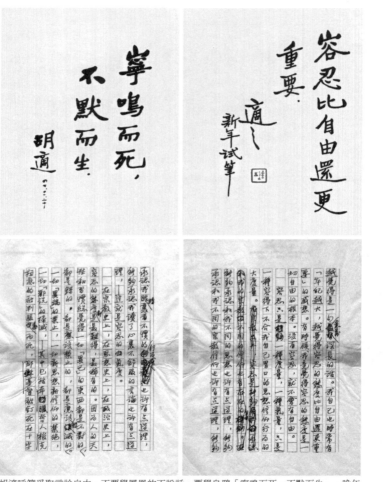

胡適呼籲爭取言論自由，不要學鳳凰的不說話，要學烏鴉「寧鳴而死，不默而生」。晚年提出容忍比自由還更重要，認為容忍是一切自由的根本，沒有容忍，就沒有自由。圖為胡適手書及論「容忍比自由還更重要」的手稿。

十七、八年前，我最後一次會見我的母校康乃爾大學的史學大師布爾先生（George Lincoln Burr）時，我們談到英國史學大師阿克頓（Lord Acton）一生準備要著作一部「自由之史」，沒有寫成他就死了。布爾先生那天談話很多，有一句話我至今沒有忘記。他說：「我年紀越大，越感覺到容忍（tolerance）比自由更重要。」

布爾先生死了十多年了，他這句話我越想越覺得是一句不可磨滅的格言。我自己也有「年紀越大，越覺得容忍比自由還更重要」的感想。有時我竟覺得容忍是一切自由的根本，沒有容忍，就沒有自由。

我十七歲的時候（一九〇八）曾在《競業旬報》上發表幾條「無鬼叢話」，其中有一條是痛罵小說《西遊記》和《封神榜》的，我說：

> 王制有之：「假於鬼神時日卜筮以疑眾，殺。」吾獨怪夫數千年來之掌治權者，之以濟世明道自期者，乃憒然不之注意，惑世誣民之學說得以大行，遂舉我神州民族投諸極黑暗之世界！……

這是一個小孩子很不容忍的「衛道」態度。我在那時候已是一個無鬼論者、無神論者，所以發出那種摧除迷信的狂論，要實行〈王制〉（《禮記》的一篇）的「假於鬼神時日卜筮以疑眾，殺」的一條經典！

我在那時候當然沒有夢想到說這話的小孩子在十五年後（一九二三）會很熱心的給《西遊記》作兩萬字的考證！我在那時候當然更沒有想到那個小孩子在二、三十年後還時時留心搜求可以考證《封神榜》作者的材料！我在那時候也完全沒有想想王制那句話的歷史意義。那一段〈王制〉的全文是這樣的：

> 析言破律，亂名改作，執左道以亂政，殺。作淫聲異服奇技奇器以疑眾，殺。行偽而堅，言偽而辯，學非而博，順非而澤以疑眾，殺。假於鬼神時日卜筮以疑眾，殺。此四誅者，不以聽。

我在五十年前，完全沒有懂得這一段說的「四誅」正是中國專制政體之下禁止新思想、新學術、新信仰、新藝術的經典根據。我在那時候抱著「破除迷信」的熱心，所以擁護那「四誅」之中的第四誅：「假於鬼神時日卜筮以疑眾，殺。」我當時完全沒有想到第四誅的「假於鬼神……以疑眾」和第一誅的「執左道以亂政」這兩條罪名都可以用來摧殘宗教信仰的自由。我當時也完全沒有注意到鄭玄註裡用了公輸般作「奇技異器」的例子；更沒有注意到孔穎達正義裡舉了「孔子為魯司寇七日而誅少正卯」的例子來解釋「行偽而堅，言偽而辯，學非而博，順非而澤以疑眾，殺」。故第二誅可以用來禁絕藝術創作的自由，也可以用來「殺」許多發明「奇技異器」的科學家。故第三誅可以用來摧殘思想的自由、言論的自由、著作出版的自由。

我在五十年前引用〈王制〉第四誅，要「殺」《西遊記》、《封神榜》的作者；那時候我當然沒有想到：十年之後我在北京大學教書時就有一些同樣「衛道」的正人君子也想引用〈王制〉的第三誅來「殺」我和我的朋友們。當年我要「殺」人，後來人要「殺」我，動機是一樣的：都只因為動了一點正義的火氣，就都失掉容忍的度量了。

我自己敘述五十年前主張「假於鬼神時日卜筮以疑眾，殺」的故事，為的是要說明我年紀越大，越覺得「容忍」比「自由」還更重要。

我到今天還是一個無神論者，我不信有一個有意志的神，我也不信靈魂不朽的說法。但我的無神論和共產黨的無神論有一點最根本的不同：我能夠容忍一切信仰有神的宗教，也能夠容忍一切誠心信仰宗教的人。共產黨自己主張無神論，就要消滅一切有神的信仰，要禁絕一切信仰有神的宗教——這就是我五十年前幼稚而又狂妄的不容忍的態度了。

我自己總覺得，這個國家、這個社會、這個世界，絕大多數人是信神的，居然能有這雅量，能容忍我的無神論，能容忍我這個不信神也不信靈魂不滅的人，能容忍我在國內、國外自由發表我的無神論思想，從沒有人因此用石頭擲我，把我關在監獄裡，或把我捆在柴堆上用火燒死。我在這個世界裡居然享受了四十多年的容忍與自由。我覺得這個國家、這個社會、這個世界對我的容忍度量是可愛的，是可以感激的。

所以我自己總覺得我應該用容忍的態度來報答社會對我的容忍。所以我自己不信神，但我能誠心的諒解一切信神的人，也能誠心的容忍並且敬重一切信仰有神的宗教。

我要用容忍的態度來報答社會對我的容忍，因為我年紀越大，我越覺得容忍的重要意義。若社會沒有這點容忍的氣度，我決不能享受四十多年大膽懷疑的自由，公開主張無神論的自由了。

在宗教自由史上、在思想自由史上、在政治自由史上，我們都可以看見容忍的態度是最難得、最稀有的態度。人類的習慣總是喜同而惡異的，總不喜歡和自己不同的信仰、思想、行為，這就是不容忍的根源。不容忍只是不能容忍和我自己不同的新思想和新信仰。一個宗教團體總相信自己的宗教信仰是對的，是不會錯的，所以它總相信那些和自己不同的宗教信仰必定是錯的，必定是異端、邪教。一個政治團體總相信自己的政治主張是對的、是不會錯的，所以它總相信那些和自己不同的政治見解必定是錯的、必定是敵人。

一切對異端的迫害，一切對「異己」的摧殘，一切宗教自由的禁止，一切思想言論的被壓迫，都由於這一點深信自己是不會錯的心理。因為深信自己是不會錯的，所以不能容忍任何和自己不同的思想信仰。

試看歐洲的宗教革新運動的歷史。馬丁・路德（Martin Luther）和約翰・喀爾文（John Calvin）等人起來革新宗教，本來是因為他們不滿意於羅馬舊教的種種不容忍、種種不自由。但是新教在中歐、北歐勝利之後，新教的領袖們又都漸漸走上了不容忍的路上去，也不容許別人起來批評他們的新教條了。喀爾文在日內瓦掌握了宗教大權，居然會把一個敢獨立思想、敢批評喀爾文教條的學者塞維圖斯（Servetus）定了「異端邪說」的罪名，把他用鐵鍊鎖在木樁上，堆起柴來，慢慢的活燒死。這是一五五三年十月二十三日的事。

這個殉道者塞維圖斯的慘史，最值得人們的追念和反省。宗教革新運動原來的目標是要爭取「基督教的人的自由」和「良心的自由」。何以喀爾文和他的信徒們居然會把一位獨立思想的新教徒用慢慢的火燒死呢？何以喀爾文的門徒（後來繼任喀爾文為日內瓦的宗教獨裁者）柏時（de Bèze）竟會宣言「良心的自由是魔鬼的教條」呢？

基本的原因還是那一點深信我自己是「不會錯的」的心理。像喀爾文那樣虔誠的宗教改革家，他自己深信他的良心確是代表上帝的命令，他的口和他的筆確是代表上帝的意志，那麼他的意見還會錯嗎？他還有錯誤的可能嗎？在塞維圖斯被燒死之後，喀爾文曾受到不少人的批評。一五五四年，喀爾文發表一篇文字為他自己辯護，他毫不遲疑的說，「嚴厲懲治邪說者的權威是無可疑的，因為這就是上帝自己說話。……這工作是為上帝的光榮戰鬥。」

上帝自己說話，還會錯嗎？為上帝的光榮作戰，還會錯嗎？這一點「我不會錯」的心理，就是一切不容忍的根苗。深信我自己的信念沒有錯誤的可能（infallible），我的意見就是「正義」，反對我的人當然都是「邪說」了。我的意見代表上帝的意旨，反對我的意見當然都是「魔鬼的教條」了。

這是宗教自由史給我們的教訓：容忍是一切自由的根本；沒有容忍「異己」的雅量，就不會承認「異己」的宗教信仰可以享受自由。但因為不容忍的態度是基於「我的信念不會錯」的心理習慣，所以容忍「異己」是最難得，最不容易養成的雅量。

在政治思想上，在社會問題的討論上，我們同樣的感覺到不容忍是常見的，而容忍總是很稀有的。我試舉一個死了的老朋友的故事作例子。四十多年前，我們在《新青年》雜誌上開始提倡白話文學的運動，我曾從美國寄信給陳獨秀，我說：

此事之是非，非一朝一夕所能定，亦非一二人所能定。甚願國中人士能平心靜氣與吾輩同力研究此問題。討論既熟，是非自明。吾輩已張革命之旗，雖不容退縮，然亦決不敢以吾輩所主張為必是而不容他人之匡正也。

獨秀在《新青年》上答我道：

鄙意容納異議，自由討論，固為學術發達之原則，獨於改良中國文學當以白話為正宗之說，其是非甚明，必不容反對者有討論之餘地；必以吾輩所主張者為絕對之是，而不容他人之匡正也。……

我當時看了就覺得這是很武斷的態度。現在在四十多年之後，我還忘不了獨秀這一句話，我還覺得這種「必以吾輩所主張者為絕對之是」的態度是很不容忍的態度，是最容易引起別人的惡感，是最容易引起反對的。

我曾說過，我應該用容忍的態度來報答社會對我的容忍。我現在常常想，我們還得戒律自己：我們若想別人容忍諒解我們的見解，我們必須先養成能夠容忍諒解別人見解的度量。至少至少我們應該戒約自己決不可「以吾輩所主張者為絕對之是」。我們受過實驗主義訓練的人，本來就不承認有「絕對之是」，更不可以「以吾輩所主張者為絕對之是」。

四八．三．十二晨

——《自由中國》，卷二十期六，一九五九年三月。

延伸閱讀

◆ **毛子水**，〈〈容忍與自由〉書後〉，《自由中國》，卷二十期七（臺北：一九五九年四月一日），收入張忠棟、李永熾、林正弘（主編），劉季倫、薛化元、潘光哲（編輯），《現代中國自由主義資料選編——①什麼是自由主義》（臺北：唐山出版社，一九九九）。

◆ **殷海光**，〈胡適論〈容忍與自由〉讀後〉，《自由中國》，卷二十期七（臺北：一九五九年四月一日），收入林正弘、潘光哲、簡明海（主編），《殷海光全集（新版）》（臺北：臺灣大學出版中心，二〇一一），卷十。

◆ **胡適**，〈容忍與自由《自由中國》十週年紀念會上講詞〉，《自由中國》，卷二十一期十一（臺北：一九五九年十二月），收入潘光哲（主編），《胡適全集·時論》（臺北：中央研究院近代史研究所胡適紀念館，二〇一八），冊八。

◆ **潘光哲（編）**，《傅正《自由中國》時期日記選編》（臺北：中央研究院近代史研究所，二〇一一）。

◆ **任育德**，《雷震與臺灣民主憲政的發展》（臺北：國立政治大學歷史系，一九九九）。

◆ **何卓恩**，《《自由中國》與臺灣自由主義思潮：威權體制下的民主考驗》（臺北：水牛圖書公司，二〇〇八）。

◆ **林毓生**，〈兩種關於如何構成政治秩序的觀念兼論容忍與自由〉，收入氏著，《政治秩序與多元社會》（臺北：聯經出版公司，一九八九）。

◆ **林毓生**，〈對於胡適、毛子水、與殷海光論「容忍與自由」的省察——兼論思想史中「理念型的分析」〉，收入氏著，《政治秩序與多元社會》。

◆ **張忠棟**，〈胡適與殷海光——兩代自由主義者思想風格的異同〉，收入氏著，《自由主義人物》（臺北：允晨文化公司，一九九八）。

◆ **章清**，〈中國自由主義：從理想到現實胡適與殷海光簡論〉，收入劉青峰（編），《胡適與現代中國文化轉型》（香港：中文大學出版社，一九九四）。

◆ **潘光哲**，〈形塑「黨國體制」與「民主經驗」的記憶文化——以《自由中國》為例〉，收入臺灣教授學會（編著），《中華民國流亡臺灣六十年暨戰後臺灣國際處境》（臺北：前衛出版社，二〇一〇）。

◆ **黎漢基**，〈殷海光與胡適〉，收入：王元化（主編），《學術集林》，卷九（上海：上海遠東出版社，一九九六）。

◆**錢永祥**，〈自由主義與政治秩序：對《自由中國》經驗的反省〉，收入氏著，《縱欲與虛無之上——現代情境裡的政治倫理》（臺北：聯經出版事業公司，二〇〇一）。

◆**薛化元**，《《自由中國》與民主憲政——一九五〇年代臺灣思想史的一個考察》（臺北：稻鄉出版社，一九九六）。

◆**蘇瑞鏘**，《戰後臺灣組黨運動的濫觴：「中國民主黨」組黨運動》（臺北：稻鄉出版社，二〇〇五）。

卷三・

個人與社會

第十五篇
易卜生主義

【解題】

挪威文學家易卜生（Henrik Ibsen，一八二八—一九〇六）被譽為「現代戲劇之父」，影響遍及全球。在美國留學的胡適，觀賞易卜生戲劇的演出，研究他的作品，大起共鳴，甚至於想要動筆翻譯易卜生的作品。一九一七年回到中國的胡適，更將「社會改革家易卜生」的思想，作為「新思潮」的一脈，藉著《新青年》的「易卜生專號」（一九一八年六月十五日出版），導入中國思想界。這份「易卜生專號」，內容豐富，既刊布了胡適的專文〈易卜生主義〉，也發表了由胡適和羅家倫聯手翻譯的易卜生名劇《娜拉》全文及其他相關作品。前此，魯迅曾經藉由日本渠道，介紹述說易卜生，但並沒有激起多大的迴響；「易卜生專號」形式上是介紹易卜生，實質上卻是向積惡已久的中國社會現實「開火」，頓時引發了熱烈的響應。胡適認為，易卜生的作品「叫人看了覺得我們的家庭、社會原來是如此黑暗腐敗，叫人看了覺得家庭、社會真正不得不維新革命」，與中國現實相對照，竟足可轉化為進行現實批判的「思想資源」。藉著易卜生，胡適也批判「用強力摧折個人的個性」、「壓制個人自由獨立的精神」的「社會」，進而鼓吹「一種真正純粹的為我主義」，認為

「有益於社會最好的法子莫如把你自己這塊材料鑄造成器」，千萬不要隨波逐流，「跟著『陸沉』，跟著墮落，不肯『救出自己』」。在胡適筆下，「拋夫別子」的娜拉，正是「救出自己」的絕佳例證，更成為此後「女子解放」的典範形象，激起無限的想像與討論。

〈易卜生主義〉一文，最初的英文稿是 1914 年在康乃爾大學哲學會宣讀的，中文稿是 1918 年寫的。圖為易卜生造像及易卜生之手稿。

「易卜生主義」！這個題目不是容易作的。我又不是專門研究易卜生的人，如何配作這篇文字？但是我們現在出一本《易卜生號》，大吹大擂的把易卜生介紹到中國來，似乎又不能不有一篇「易卜生主義」的文字。沒奈何，我只好把我心目中的「易卜生主義」寫出來，做一個《易卜生號》的引子。

（一）

易卜生最後所作的《我們死人再生時》（*When We Dead Awaken*），戲裡面有一段話，很可以表現出易卜生所作文學的根本方法。這本戲的主人翁，是一個美術家，費了全副精神，雕成一副像，名為「復活日」。這位美術家自己說他這副雕像的歷史道：

> 我那時年紀還輕，不懂得世事。我以為這「復活日」應該是一個極精緻、極美的少女像，不帶著一毫人世的經驗，平空地醒來，自然光明莊嚴，沒有什麼過惡可除。……但是我後來那幾年，懂得些世事了，纔知道這「復活日」不是這樣簡單的，原來是很複雜的。……我眼裡所見的人情世故，都到我理想中來，我不能不把這些現狀包括進去。我只好把這像的座子放大了，放寬

了。

我在那座子上雕了一片曲折爆裂的地面。從那地的裂縫裡，鑽出來無數模糊不分明，人身獸面的男男女女。這都是我在世間親自見過的男男女女（二幕）。

這是「易卜生主義」的根本方法。那不帶一毫人世罪惡的少女像，是指理想派的文學。那無數模糊不分明、人身獸面的男男女女，是指寫實派的文學。易卜生的文學、易卜生的人生觀，只是一個寫實主義，一八八二年，他有一封信給一個朋友，信中說道：

我做書的目的，要使讀者人人心中都覺得他所讀的全是實事。（《尺牘》第一五九號）

人生的大病根在於不肯睜開眼睛來看世間的真實現狀。明明是男盜女娼的社會，我們偏說是聖賢禮義之邦；明明是贓官汙官的政治，我們偏要歌功頌德；明明是不可救藥的大病，我們偏說一點病都沒有！卻不知道，若要病好，須先認有病；若要政治好，須先認現今的政治實在不好；若要改良社會，須先知道現今的社會實在是男盜女娼的社會！易卜生的長處，只在他肯說老實話，只在他能把社會種種腐敗齷齪的實在情形寫出來叫大家仔細看。他並不是愛說社會的壞處，他只是不得不說。

一八八〇年，他對一個朋友說：

> 我無論作什麼詩，編什麼戲，我的目的只要我自己精神上的舒服清淨。因為我們對於社會的罪惡，都脫不了干係的。（《尺牘》第一四八號）

因為我們對於社會的罪惡都脫不了干係，故不得不說老實話。

（二）

我們且看易卜生寫近世的社會，說的是一些什麼樣的老實話。第一，先說家庭。易卜生所寫的家庭，是極不堪的。家庭裡面，有四種大惡德：一是自私自利；二是倚賴性、奴隸性；三是假道德，裝腔做戲；四是懦怯沒有膽子。做丈夫的便是自私自利的代表。他要快樂、要安逸，還要體面，所以他要娶一個妻子。正如《娜拉》戲中的郝爾茂，他覺得同他妻子有愛情是很好玩的。他叫他的妻子做「小寶貝」、「小鳥兒」、「小松鼠兒」、「我最親愛的」等等肉麻名字。他給他妻子一點錢去買糖吃、買粉搽、買好衣服穿。他要他妻子穿得好看，打扮得標緻。做妻子的完全是一個奴隸。她丈夫喜歡什麼，她也該喜歡什麼；她自己是不許有什麼選擇的，她的責任在於使丈夫歡喜。

她自己不用有思想：她丈夫會替她思想。她自己不過是她丈夫的玩意兒，很像叫化子的猴子專替他變把戲引人開心（所以《娜拉》又名《玩物之家》）。丈夫要妻子守節，妻子卻不能要丈夫守節。正如《群鬼》（*Ghosts*）戲裡的阿爾文夫人受不過丈夫的氣，跑到一個朋友家去；那位朋友是個牧師，狠狠教訓了她一頓，說她不守婦道。但是阿爾文夫人的丈夫專在外面偷婦人，甚至淫亂他妻子的婢女；人家都毫不介意，那位牧師朋友也覺得這是男人常有的事，不足為奇！妻子對丈夫，什麼都可以犧牲；丈夫對妻子，是不犯著犧牲什麼的。《娜拉》戲內的娜拉因為要救她丈夫的生命，所以冒她父親的名字，簽了借據去借錢。後來事體鬧穿了，她丈夫不但不肯替娜拉分擔冒名的干係，還要痛罵她帶累他自己的名譽。後來和平了結了，沒有危險了，她丈夫又裝出大度的樣子，說不追究她的錯處了。他得意揚揚的說道：「一個男人赦了他妻子的過錯是很暢快的事！」（《娜拉》三幕）

這種極不堪的情形，何以居然忍耐得住呢？第一，因為人都要顧面子，不得不裝腔做戲，做假道德遮著面孔。第二，因為大多數的人都是沒有膽子的懦夫。因為要顧面子，故不肯鬧翻；因為沒有膽子，故不敢鬧翻。那《娜拉》戲裡的娜拉忽然看破家庭是一座做猴子戲的戲臺，她自己是臺上的猴子。她有膽子，又不肯再裝假面子，所以告別了掌班的，跳下了戲臺，去過她自己的生活。

那《群鬼》戲裡的阿爾文夫人沒有娜拉的膽子，又要顧面子，所以被她的牧師朋友一勸，就勸回頭了，還是回家去盡她的「天職」，守她的「婦道」。她丈夫仍舊做那種淫蕩的行為，阿爾文夫人只好犧牲自己的人格，盡力把他羈縻在家。後來生下一個兒子，他母親恐怕他在家學了他父親的壞榜樣，所以到了七歲便把他送到巴黎去。她一面要哄她丈夫在家，一面要在外邊替她丈夫修名譽，一面要騙她兒子說他父親是怎樣一個正人君子。這種情形，過了十九個足年，她丈夫纔死。死後，他妻子還要替他裝面子，花了許多錢，造了一所孤兒院，作她亡夫的遺愛。孤兒院造成了，她把兒子喚回來參與孤兒院落成的慶典。誰知她兒子從胎裡就得了他父親花柳病的遺毒，變成一種腦腐症，到家沒幾天，那孤兒院也被火燒了，她兒子的遺傳病發作，腦子壞了，就成了瘋人了。這是沒有膽子，又要顧面子的結局。這就是腐敗家庭的下場！

（三）

其次，且看易卜生論社會的三種大勢力。那三種大勢力：一是法律、二是宗教、三是道德。

第一，法律。法律的效能在於除暴去惡，禁民為非。但是法律有好處也有壞處。好處在於法律是無有偏私的；犯了什麼法，就該得什麼罪。壞處也在於此。法律是死板板的條文，不通人情世故；不知道一樣的罪名卻有幾等幾樣的居心，有幾等幾樣的境遇情形；同犯一罪的人卻有幾等幾樣的知識程度。法律只說某人犯了某法的某某篇某某章某某節，該得某某罪，全不管犯罪的人知識不同、境遇不同、居心不同。《娜拉》戲裡有兩件冒名簽字的事，一件是一個律師做的，一件是一個不懂法律的婦人做的。那律師犯這罪全由於自私自利；那婦人犯這罪全因為她要救她丈夫的性命。但是法律全不問這些區別。請看這兩個「罪人」討論這個問題：

（律師）郝夫人，你好像不知道你犯了什麼罪。我老實對你說，我犯的那樁使我一生聲名掃地的事，和你所做的事恰恰相同，一毫也不多，一毫也不少。

（娜拉）你！難道你居然也敢冒險去救你妻子的命嗎？

（律師）法律不管人的居心如何。

（娜拉）如此說來，這種法律是笨極了。

（律師）不問它笨不笨，你總要受它的裁判。

（娜拉）我不相信。難道法律不許做女兒的想個法子免得她臨死的父親煩惱嗎？難道法律不許做妻子的救她丈夫的命嗎？我不大懂得法律，但是我想總該有這種法律承認這些事的。你是一個律師，你難道不知道有這樣的法律嗎？柯先生，你真是一個不中用的律師（《娜拉》一幕）。

最可憐的是世上真少這種入情入理的法律！

第二，宗教。易卜生眼裡的宗教，久已失了那種可以感化人的能力，久已變成毫無生氣的儀節信條，只配口頭念得爛熟，卻不配使人奮發鼓舞了。《娜拉》戲裡說：

（郝爾茂）你難道沒有宗教嗎？

（娜拉）我不很懂得宗教究竟是什麼東西。我只知道我進教時那位牧師告訴我的一些話。他對我說宗教是這個、是那個，是這樣、是那樣（三幕）。

如今人的宗教，都是如此，你問他信什麼教，他就把他的牧師或是他的先生告訴他的話背給你聽。他會背耶穌的《祈禱》文，他會念阿彌陀佛，他會背一部《聖諭廣訓》；這就是宗教了！

宗教的本意，是為人而作的。正如耶穌說的，「禮拜是為人造的，不是人為禮拜造的」。不料後世的宗教處處與人類的天性相反，處處反乎人情。如《群鬼》戲中的牧師，逼著阿爾文夫人回家去受那淫蕩丈夫的待遇，去受那十九年極不堪的慘痛。那牧師說，宗教不許人求快樂；求快樂便是受了惡魔的魔力了。他說，宗教不許做妻子的批評她丈夫的行為；他說宗教教人無論如何總要守婦道，總須盡責任。那牧師口口聲聲所說是「是」的，阿爾文夫人心中總覺得都是「不是」的。後來阿爾文夫人仔細去研究那牧師的宗教，忽然大悟，原來那些教條都是假的，都是「機器造的」（《群鬼》二幕）！

但是這種機器造的宗教何以居然能這樣興旺呢？原來現在的宗教雖沒有精神上的價值，卻極有物質上的用場。宗教是可以利用的，是可以使人發財得意的。那《群鬼》戲裡的木匠，本是一個極下流的酒鬼，賣妻賣女都肯幹的。但是他見了那位道學的牧師，立刻就裝出宗教家的樣子，說宗教家的話，做宗教家的唱歌祈禱，把這位蠢牧師哄得滴溜溜的轉（二幕）。那《羅斯馬莊》（*Rosmersholm*）戲裡面的主人翁羅斯馬本是一個牧師，後來他的思想改變了，遂不信教了。他那時想加入本地的自由黨，不料黨中的領袖卻不許羅斯馬宣告他脫離教會的事。為什麼呢？因為他們黨裡很少信教的人，故想借羅斯馬的名譽來號召那些信教的人家。可見宗教的興旺，並不是因為宗教真有興旺的價值，不過是因為宗教有可以利用的好處罷了。如今的基督教青年會竟開明的用種種物質上的便利來做招攬會員的釣餌，所以有些人住青年會的洋房，洗青年會的雨浴；到了晚上，仍舊去「白相堂子」、仍舊去「逛胡同」、仍舊去打麻雀撲克，這也是宗教興旺的一種原因了！

第三，道德。法律宗教既沒有裁制社會的本領，我們且看「道德」可有這種本事。據易卜生看來，社會上所謂「道德」不過是許多陳腐的舊習慣，合於社會習慣的，便是道德；不合於社會習慣的，便是不道德。我且舉中國風俗為例，我們中國的老輩人看見少年男女實行自由結婚，便說是「不道德」，為什麼呢？因為這事不合於「父母之命媒妁之言」的社會習慣。但是這班老輩人自己討許多小老婆，卻以為是很平常的事，沒有什麼不道德，為什麼呢？因為習慣如此。又如中國人死了父母，發出訃書，人人都說「泣血稽顙」、「苦塊昏迷」。其實他們何嘗泣血？又何嘗「寢苫枕塊」？這種自欺欺人的事，人人都以為是「道德」，人人都不以為羞恥。為什麼呢？因為社會的習慣如此，所以不道德的也覺得道德了。

這種不道德的道德在社會上，造出一種詐偽不自然的偽君子。面子上都是仁義道德，骨子裡都是男盜女娼。易卜生最恨這種人。他有一本戲，叫做《社會的棟梁》（*Pillars of Society*），戲中的主人名叫褒匿，是一個極壞的偽君子，他犯了一樁姦情，卻讓他兄弟受這惡名，還要誣賴他兄弟偷了錢跑脫了。不但如此，他還僱了一只爛脫的船送他兄弟出海，指望把他兄弟和一船的人都沉死在海底，可以滅口。這樣一個大奸人，面子上卻做得十分道德，社會上都尊敬他，稱他為「全市第一個公民」、「公民的模範」、「社會的棟梁」！他謀害他兄弟的那一天，本城的公民，聚了幾千人，排起隊來，打著旗，奏著軍樂，上他的門來表示社會的敬意，高聲喊道「褒匿萬歲！社會的棟梁褒匿萬歲」！

這就是道德！

（四）

再來，我們且看易卜生寫個人與社會的關係。

易卜生的戲劇中有一條極顯而易見的學說，是說社會與個人互相損害：社會最愛專制，往往強力摧折個人的個性（Individuality），壓制個人自由獨立的精神。等到個人的個性都消滅了，等到自由獨立的精神都完了，社會自身也就沒有生氣了，也不會進步了。社會裡有許多陳腐的習慣，老朽的思想，極不堪的迷信。個人生在社會中，不能不受這些勢力的影響。有時有一兩個獨立的少年，不甘心受這種陳腐規矩的束縛，於是東衝西突，想與社會作對。上文所說的褒匿，少年時代也曾想和社會反抗，但是社會的權力很大，網羅很密，個人的能力有限，如何是社會的敵手。社會對個人道：「你們順我者生，逆我者死；順我者有賞，逆我者有罰」。那些和社會作對的少年，一個一個的都受家庭的責備，遭朋友的怨恨，受社會的侮辱驅逐。再看那些奉承社會意旨的人，一個個的都升官發財、安富尊榮了。當此境地，不是頂天立地的好漢，絕不能堅持到底。所以像褒匿那般人，做了幾時的維新志士，不久也漸漸受社會同化，仍舊回到舊社會去做「社會的棟梁」了。社會如同一個大火爐，什麼金銀銅鐵錫，進了鑪子，都要熔化。易卜生有一本戲叫做《雁》（*The Wild Duck*），寫一個人捉到一隻雁，把牠養在樓上半閣裡，每天給牠一桶水，讓牠在水裡打滾遊戲。那雁本是一個海闊天空逍遙自得的飛鳥，如今在半閣裡關久了，也會生活，也會長得胖胖的，後來竟完全忘記了牠從前那種海闊天空來去自由的樂處了！個人在社會裡，就同這雁在人家半閣上一般，起初未必滿意，久而久之，也遂慣了，也漸漸的把黑暗世界當作安樂窩了。

社會對於那班服從社會命令、維持陳舊迷信、傳播腐敗思想的人，一個一個的都有重賞。有的發財了，有的升官了，有的享大名譽了。這些人有了錢、有了勢、有了名譽，遂像老虎長了翅膀，更可橫行無忌了，更可藉著「公益」的名義去騙人錢財、害人生命，做種種無法無天的行為。易卜生的《社會的棟梁》和《博克曼》（*John Gabriel Borkman*）兩本戲的主人翁都是這種人物。他們錢賺得夠了，然後掏出幾個小錢來，開一個學堂，造一所孤兒院，立一個公共遊戲場，「捐二十磅金去買麵包給貧人吃」（用《社會的棟梁》二幕中語）。於是社會格外恭維他們，打著旗子，奏著軍樂，上他們家來，大喊「社會的棟梁萬歲」！

那些不懂事又不安本分的理想家，處處和社會的風俗習慣反對，是該受重罰的。執行這種重罰的機關，便是「輿論」，便是大多數的「公論」。世間有一種最通行的迷信，叫做「服從多數的迷信」，人都以為多數人的公論總是不錯的。易卜生不承認這種迷信。他說：「多數黨總在錯的一邊，少數黨總在不錯的一邊」（《國民的公敵》五幕）。一切維新革命，都是少數人發起的，都是大多數人所極力反對的。大多數人總是守舊麻木不仁的；祇有極少數人有時祇有一個人不滿意於社會的現狀，要想維新、要想革命，這種理想家是社會所最忌的。大多數人都罵他是「搗亂分子」，都恨他「擾亂治安」，都說他「大逆不道」；所以他們用大多數的專制威權去壓制那「搗亂」的理想志士，不許他開口，不許他行動自由；把他關在監牢裡，把他趕出境去，把他殺了，把他釘在十字架上活活的釘死，把他捆在柴草上活活的燒死。過了幾十年幾百年，那少數人的主張漸漸的變成多數人的主張了，於是社會的多數人又把他們從前殺死釘死燒死的那些「搗亂分子」一個一個的重新推崇起來替他們修墓，替他們作傳，替他們立廟，替他們鑄銅像。卻不知道從前那種「新」思想，到了這時候，又早已成了「陳腐的」迷信！當他們替從前那些特立獨行的人修墓鑄銅像的時候，社會裡早已發生了幾個新派少數人，又要受他們殺死釘死燒死的刑罰了！所以說「多數黨總是錯的，少數黨總是不錯的」。

易卜生有一本戲叫做《國民的公敵》，裡面寫的就是這個道理。這本戲的主人翁斯鐸曼醫生從前發現本地的水可以造成幾處衛生浴池，本地的人聽了他的話，覺得有利可圖，便集了資本，造了幾處衛生浴池。後來四方的人聞了浴池之名，紛紛來這裡避暑養病。來的人多了，本地的商業市面便漸漸發達興旺。斯鐸曼醫生便做了浴池的官醫。後來洗浴的人之中忽然發生一種流行病症；經這位醫生仔細考察，知道這病症是從浴池的水裡來的。他便裝了一瓶水寄與大學的化學師請他化驗。化驗出來，纔知道浴池的水管安的太低了，上流的汙穢，停積在浴池裡，發生一種傳染病的微生物，極有害於公眾衛生。斯鐸曼醫生得了這種科學證據，便做了一篇切切實實的報告書，請浴池的董事會把浴池的水管重行改造，以免妨礙衛生。不料改造浴池須要花費許多錢，又要把浴池閉歇一兩年；浴池一閉歇，本地的商務便要受許多損失，所以本地的人全體用死力反對斯鐸曼醫生的提議。他們寧可任那些來避暑養病的人受毒病死，也不情願受這種金錢的損失；所以他們用大多數的專制威權，壓制這位說老實話的醫生，不許他開口。他做了報告，本地的報館都不肯登載；他要自己印刷，印刷局也不肯替他印；他要開會演說，全城的人都不把空屋借他做會場。後來好不容易找到了一所會場，開了一個公民會議，會場上的人不但不聽他的老實話，還把他趕下臺去，由全體一致表決，宣告斯鐸曼醫生從此是國民的公敵。他逃出會場，把褲子都撕破了，還被眾人趕到他家，用石頭擲他，把窗戶都打碎了。到了明天，本地政府革了他的官醫；本地商民發了傳單，不許人請他看病；他的房東請他趕快搬出屋去；他的女兒在學堂教書，也被校長辭退了。這就是「特立獨行」的好結果！這就是大多數懲罰少數「搗亂分子」的辣手段！

（五）

我們接下來說易卜生的政治主義。易卜生的戲劇不大討論政治問題，所以我們須要用他的《尺牘》（*Letters*, ed. by his son, Sigurd Ibsen, English Trans., 1905）做參考的材料。

易卜生起初完全是一個主張無政府主義的人。當普法之戰（一八七〇至一八七一年）時，他的無政府主義最為激烈。一八七一年，他寫信與一個朋友道：

> ……個人絕無做國民的需要。不但如此，國家簡直是個人的大害。請看普魯士的國力，不是犧牲了個人的個性去買來的嗎？國民都成了酒館裡跑堂的了，自然個個都是好兵了。再看猶太民族，豈不是最高貴的人類嗎？無論受了何種野蠻的待遇，那猶太民族還能保存本來的面目，這都因為他們沒有國家的緣故。國家總得毀去。這種毀除國家的革命，我也情願加入。毀去國家觀念，單靠個人的情願和精神上的團結做人類社會的基本，若能做到這步田地，這可算得有價值的自由起點。那些國體的變遷，換來換去，都不過是弄把戲，都不過是全無道理的胡鬧。（《尺牘》第七十九）

易卜生的純粹無政府主義，後來漸漸的改變了。他親自看見巴黎「市民政府」（Commune）的完全失敗（一八七一），便把他主張無政府主義的熱心減了許多（《尺牘》第八十一）。到了一八八四年，他寫信給他的朋友說，他在本國若有機會，定要把國中無權的人民聯合成一個大政黨，主張極力推廣選舉權，提高婦女的地位，改良國家教育，要使脫除一切中古陋習（《尺牘》第一七八）。這就不是無政府的口氣了。但是他終究不曾加入政黨。他以為加入政黨是很下流的事（《尺牘》第一五八）。他最恨那班政客，他以為「那班政客所力爭的，全是表面上的權利，全是胡鬧。最要緊的是人心的大革命」（《尺牘》第七十七）。

易卜生從來不主張狹義的國家主義，從來不是狹義的愛國者。一八八八年，他寫信給一個朋友說道：

知識思想略為發達的人，對於舊式的國家觀念，總不滿意。我們不能以為有了我們所屬的政治團體便足夠了。據我看來，國家觀念不久就要消滅了，將來定有人種觀念起來代它。即以我個人而論，我已經過這種變化。我起初覺得我是挪威國人，後來變成斯堪地那維亞人（挪威與瑞典總名斯堪地那維亞），我現在已成了條頓人了。（《尺牘》第二〇六）

這是一八八八年的話。我想易卜生晚年臨死的時候（一九〇六），一定已進到世界主義的地步了。

（六）

我開篇便說過易卜生的人生觀只是一個寫實主義。易卜生把家庭社會的實在情形都寫了出來，叫人看了動心，叫人看了覺得我們的家庭社會原來是如此黑暗腐敗，叫人看了覺得家庭社會真正不得不維新革命，這就是易卜生主義。表面上看去，像是破壞的，其實完全是建設的。譬如醫生診了病，開了一個脈案，把病狀詳細寫出，這難道是消極的破壞手續嗎？但是易卜生雖開了許多脈案，卻不肯輕易開藥方。他知道人類社會是極複雜的組織，有種種絕不相同的境地，有種種絕不相同的情形。社會的病，種類紛繁，絕不是什麼「包醫百病」的藥方所能治得好的。因此他只好開了脈案，說出病情，讓病人各人自己去尋醫病的藥方。

雖然如此，但是易卜生生平卻也有一種完全積極的主張。他主張個人須充分發達自己的才性，須充分發展自己的個性，他有一封信給他的朋友 George Brandes 說道：

> 我所最期望於你的，是一種真正純粹的為我主義，要使你有時覺得天下只有關於我的事最要緊，其餘的都算不得什麼。……你要想有益於社會最好的法子莫如把你自己這塊材料鑄造成器，……有的時候我真覺得全世界都像海上撞沉了船，最要緊的還是救出自己。（《尺牘》第八十四）

最可笑的是有些人明知世界「陸沉」，卻要跟著「陸沉」，跟著墮落，不肯「救出自己」！卻不知道社會是個人組成的，多救出一個人，便是多備下一個再造新社會的分子。所以孟軻說「窮則獨善其身」，這便是易卜生所說「救出自己」的意思。這種「為我主義」，其實是最有價值的利人主義；所以易卜生說：「你要想有益於社會，最妙的法子莫如把你自己這塊材料鑄造成器」。《娜拉》戲裡，寫娜拉拋了丈夫兒女飄然而去，也只為要「救出自己」。那戲中說：

（郝爾茂）……你就是這樣拋棄你最神聖的責任嗎？
（娜拉）你以為我最神聖的責任是什麼？
（郝）還等我說嗎？可不是你對於你的丈夫和你的兒女的責任嗎？
（娜）我還有別的責任同這些一樣的神聖。
（郝）沒有的。你且說，那些責任是什麼？
（娜）是我對於我自己的責任。
（郝）最要緊的，你是一個妻子，又是一個母親。
（娜）這種話我現在不相信了。我相信第一我是一個人，正同你一樣，無論如何，我務必努力做一個人（三幕）。

一八八二年易卜生有信給朋友道：

這樣生活，須使各人自己充分發展這是人類功業頂高的一層；這是我們大家都應該做的事。（《尺牘》第一六四）

社會最大的罪惡莫過於摧折個性人的個性，不使他自由發展。那本《雁》戲所寫的只是一件摧殘個人才性的慘劇。那戲寫一個人少年時本極有高尚的志氣，後來被一個惡人害得破家蕩產，不能度日；那惡人又把他自己通姦有孕的下等女子配給他做妻子，從此家累日重一日，他的志氣便日低一日。到了後來，他墮落深了，竟變成了一個懶人懦夫，天天受那下賤婦人和兩個無賴的恭維，他洋洋得意，覺得這種生活很可以終身了。所以那本戲借一個雁做比喻：那雁在半閣上關得久了，牠從前那種高飛遠舉的志氣全都消滅了，居然把人家的半閣做牠的極樂國了！

發展個人的個性，須要有兩個條件：第一，須使個人有自由意志；第二，須使個人擔干係，負責任。《娜拉》戲中寫郝爾茂的最大錯處只在他把娜拉當作「玩意兒」看待，既不許她有自由意志，又不許她擔負家庭的責任，所以娜拉竟沒有發展她自己個性的機會。所以娜拉一旦覺悟時，恨極她的丈夫，決意棄家遠去，也正為這個緣故。易卜生又有一本戲，叫做《海上夫人》（*The Lady from the Sea*），裡面寫一個女子哀梨妲少年時嫁給人家做後母，他丈夫和前妻的兩個女兒看他年紀輕，不讓她管家務，只叫她過安閒日子。哀梨妲在家覺得做這種不自由的妻子、不負責任的後母，是極沒趣的事。

因此她天天想跟人到海外去過那海闊天空的生活。她丈夫越不許她自由，她偏越想自由。後來她丈夫知道留她不住，只得許她自由出去。她丈夫說道：

（丈夫）……我現在立刻和你毀約。現在你可以有完全自由揀定你自己的路子。……現在你可以自己決定，你有完全的自由，你自己擔干係。

（哀梨妲）完全自由！還要自己擔干係！還擔干係咧！有這麼一來，樣樣事都不同了。

哀梨妲有了自己，又自己負責任了，忽然大變，也不想那海上的生活了，決意不跟人走了（《海上夫人》第五幕）。這是為什麼呢？因為世間只有奴隸的生活是不能自由選擇的，是不用擔干係的。個人若沒有自由權，又不負責任，便和做奴隸一樣，所以無論怎樣好玩，無論怎樣高興，到底沒有真正樂趣，到底不能發展個人的人格。

所以哀梨妲說，有了完全自由，還要自己擔干係，有這麼一來，樣樣事都不同了。家庭是如此，社會國家也是如此。自治的社會，共和的國家，只是要個人有自由選擇之權，還要個人對於自己所行所為都負責任。若不如此，絕不能造出自己獨立的人格。社會國家沒有自由獨立的人格，如同酒裡少了酒麴，麵包裡少了酵，人身上少了腦筋：那種社會國家絕沒有改良進步的希望。

所以易卜生的一生目的只是要社會極力容忍、極力鼓勵斯鐸曼醫生一流的人物（斯鐸曼事見上文四節）。想要社會上生出無數永不知足、永不滿意，敢說老實話攻擊社會腐敗情形的「國民公敵」；想要社會上有許多人都能像斯鐸曼醫生那樣宣言道：「世上最強有力的人就是那個最孤立的人！」

社會國家是時刻變遷的，所以不能指定一種方法是救世的良藥：十年前用補藥，十年後或者須用瀉藥了；十年前用涼藥，十年後或者須用熱藥了。況且各地的社會國家都不相同，適用於日本的藥，未必完全適用於中國；適用於德國的藥，未必適用於美國。只有康有為那種「聖人」，還想用他們的「戊戌政策」來救戊午的中國；只有辜鴻銘那班怪物，還想用二千年前的「尊王大義」來施行於二十世紀的中國。易卜生是聰明人，他知道世上沒有「包醫百病」的仙方，也沒有「施諸四海而皆準，推之百世而不悖」的真理。因此他對於社會的種種罪惡汙穢，只開脈案，只說病狀，卻不肯下藥。但他雖不肯下藥，卻到處告訴我們一個保衛社會健康的衛生良法，他彷佛說道：

人的身體全靠血裡面有無量數的白血球時時刻刻與人身的病菌開戰，把一切病菌撲滅乾淨，方才可使身體健全，精神充足。社會國家的健康，也全靠社會中有許多永不知足、永不滿意、時刻與罪惡分子齷齪分子宣戰的白血球，方才有改良進步的希望。我們若要保衛社會的健康，須要使社會裡時時刻刻有斯鐸曼醫生一般的白血球分子。但使社會常有這種白血球精神，社會絕沒有不改良進步的道理。

一八八三年，易卜生寫信給朋友道：

十年之後，社會的多數人大概也會到了斯鐸曼醫生開公民大會時的見地了。但是這十年之中，斯鐸曼自己也刻刻向前進；所以到了十年之後，他的見地仍舊比社會的多數人還高十年。即以我個人而論，我覺得時時刻刻總有進境。我從前每作一本戲時的主張，如今都已漸漸變成了多數人的主張。但是

等到他們趕到那裡時，我久已不在那裡了。我又到別處去了。我希望我總是向前去了。（《尺牘》第一七二）

民國七年五月十六日作於北京

——《新青年》，卷四號六，一九一八年六月十五日。

延伸閱讀

◆**胡適**，〈介紹我自己的思想〉，收入《胡適文選》，《胡適作品集》，冊二（臺北：遠流出版公司，一九八六）。

◆**周昌龍**，〈五四時期知識份子對個人主義的詮釋〉，收入氏著，《新思潮與傳統——五四思想史論集》（臺北：時報文化出版公司，一九九五）。

◆**林毓生**，〈漫談胡適及其他——兼論胡著「易卜生主義」的含混性〉，收入氏著，《政治秩序與多元社會》（臺北：聯經出版公司，一九八九）。

◆**許慧琦**，《「娜拉」在中國：新女性形象的塑造及其演變（一九〇〇s—一九三〇s）》（臺北：國立政治大學歷史學系，二〇〇三）。

◆**張春田**，《思想史視野中的「娜拉」：五四前後的女性解放話語》（臺北：新銳文創出版，二〇一三）＝張春田，《女性解放與現代想像：思想史視野中的「娜拉」》（上海：華東師範大學出版社，二〇一四）。

第十六篇
非個人主義的新生活

【解題】

周作人是二十世紀中國頗受爭議的知識分子之一，特別是他沒有加入「抗戰」隊伍，反而與日本人合作，「漢奸」這頂帽子，往往是他留存在歷史記憶裡的第一形象。然而，反觀本來的歷史場景，周作人本是「新文化運動」的要角之一，自有獨特的影響，他在一九一〇年代末期致力將日本「新村運動」的理論與實際導入中國，一時之間，激發多重的迴響，如「工讀互助團」紛紛成立，不僅得到蔡元培、胡適等知識精英的支持，當時還只是「邊緣知識分子」的毛澤東，也是熱心的響應者。隨著「新村運動」的逐步實現，已然提出「社會的不朽論」，認為「人成社會，社會造個人」，並視之為「我的宗教」的胡適，開始反省「新村運動」的意義與價值，認為那只是「獨善的個人主義」，誤將「個人看作一個可以提到社會外去改造的東西」。相對地，胡適提倡的是「非個人主義的新生活」，主張要「站在這個社會裡來做這種一點一滴的社會改造」，以「具體問題」的解決改造為入手方案，堅持「正當的奮鬥，不可退縮」的態度。胡適和參與北京「工讀互助團」的青年，如施存統等人，也有往還，只是，他們並未接受胡適提出的這等主張，更自有主見，讓胡適不無遺憾地說，他們「還不能解決『工讀』這兩個字」，卻對於「家庭、婚姻、男女、財產等絕大的問題，早已有了武斷的解決，早已成為定文的戒約了」（〈工讀主義試行的觀察〉）。由於多重因素，具有追尋「烏托邦」理想意義的「新村運動」及「工讀互助團」最後一一瓦解，不少的參與者，更走上了接受馬克思主義的「激進」道路，追求另一種形式的「烏托邦」。對比之下，胡適認為「我們的新村就在我們自己的舊村裡」，呼籲對自己身處的現實環境進行「在地」的社會改革，顯然不夠「激進」。只是，胡適的用心，經過歷史的浪濤沖刷，應該還是深有啟示意義。

01 與周作人等合影。第 2 排左 1 為周作人，其右為胡適，前排左 1 為蔣夢麟。

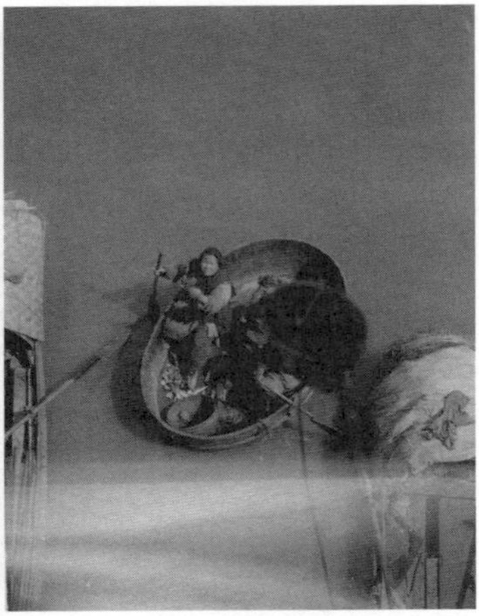

02 胡適主張的「非個人主義的」新生活，其根本觀點之一是「使舊社會變成新社會，使舊村變為新村，使舊生活變為新生活。」他舉了一個實際的例子：當時英美有一種運動，叫做「貧民區域居留地」的運動。他覺得那種生活即是他所說的「非個人主義的新生活」。圖為胡適在安徽蕪湖長江邊上拍下「乞丐」的照片。

這個題目是我在山東道上想著的，後來曾在天津學生聯合會的學術講演會講過一次，又在唐山的學術講演會講過一次。唐山的演稿由一位劉贊清君記出，登在一月十五日《時事新報》上。我這一篇的大意是對於新村的運動貢獻一點批評。這種批評是否合理，我也不敢說。但是我自信這一篇文字是研究考慮的結果，並不是根據於先有的成見的。

九・一・二二，胡適。

本篇有兩層意思。一是表示我不贊成現在一般有志青年所提倡，我所認為「個人主義的」新生活。一是提出我所主張的「非個人主義的」新生活，就是「社會的」新生活。

先說什麼叫做「個人主義」（Individualism）。一月二夜（就是我在天津講演的前一晚），杜威博士在天津青年會講演〈真的與假的個人主義〉，他說個人主義有兩種：

(1) 假的個人主義就是為我主義（Egoism）。它的性質是自私自利——只顧自己的利益，不管群眾的利益。

(2) 真的個人主義就是個性主義（Individuality）。它的特性有兩種：一是獨立思想，不肯把別人的耳朵當耳朵，不肯把別人的眼睛當眼睛，不肯把別人的腦力當自己的腦力；二是個人對於自己思想信仰的結果要負完全責任，不怕權威，不怕監禁殺身，只認得真理，不認得個人的利害。

杜威先生極力反對前一種假的個人主義，主張後一種真的個人主義。這是我們都贊成的。但是他反對的那種自私自利的個人主義的害處，是大家都明白的。因為人多明白這種主義的害處，故它的危險究竟不很大。例如東方現在實行這種極端為我主義的「財主督軍」，無論他們眼前怎樣橫行，究竟逃不了公論的怨恨，究竟不會受多數有志青年的崇拜。所以我們可以說這種主義的危險是很有限的。但是我覺得「個人主義」還有第三派，是很受平常人的崇敬的，是格外危險的。這一派是：

(3) 獨善的個人主義。它的共同性質是：不滿意於現社會，卻又無可如何，只想跳出這個社會去尋一種超出現社會的理想生活。

這個定義含有兩部分：(1)承認這個現社會是沒有法子挽救的了；(2)要想在現社會之外另尋一種獨善的理想生活。自有人類以來，這種個人主義的表現也不知有多少次了。簡括說來，共有四種：

(一) 宗教家的極樂國。如佛家的淨土，猶太人的伊甸園，別種宗教的天堂、天國，都屬於這一派。這種理想的源起都由於對現社會不滿意。因為厭惡現社會，故懸想那些無量壽、無量光的淨土；不識不知，完全天趣的伊甸園；只有快樂，毫無痛苦的天國。這種極樂國裡所沒有的，都是他們所厭恨的；所有的，都是他們所夢想而不能得到的。

(二)神仙生活。神仙的生活也是一種懸想的超出現社會的生活。人世有疾病痛苦，神仙無病長生；人世愚昧無知，神仙能知過去未來；人生不自由，神仙乘雲遨遊，來去自由。

(三)山林隱逸的生活。前兩種是完全出世的；他們的理想生活是懸想的、渺茫的、出世生活。山林隱逸的生活雖然不是完全出世的，也是不滿意於現社會的表示。他們不滿意於當時的社會政治，卻又無能為力，只得隱姓埋名，逃出這個惡濁社會去做他們自己理想中的生活。他們不能「得君行道」，故對於功名利祿，表示藐視的態度；他們痛恨富貴的人驕奢淫逸，故說富貴如同天上的浮雲，如同腳下的破草鞋。他們痛恨社會上有許多不耕而食、不勞而得的「吃白階級」，故自己耕田鋤地，自食其力。他們厭惡這汙濁的社會，故實行他們理想中梅妻鶴子、漁蓑釣艇的潔淨生活。

(四)近代的新村生活。近代的新村運動，如十九世紀法國、美國的理想農村，如現在日本日向的新村，照我的見解看起來，實在同山林隱逸的生活是根本相同的。那不同的地方，自然也有。山林隱逸是沒有組織的，新村是有組織的；這是一種不同。隱遯的生活是同世事完全隔絕的，故有「不知有漢，遑論魏晉」的理想；現在新村的人能有賞玩羅丹（Rodin）同塞尚（Czanne）的幸福，還能在村外著書出報；這又是一種不同。但是這兩種不同都是時代造成的，是偶然的，不是根本的區別。從根本性質上看來，新村的運動都是對於現社會不滿意的表示。即如日向的新村，他們對於現在「少數人在多數人的不幸上，築起自己的幸福」的社會制度，表示不滿意，自然是公認的事實。周作人先生說日向新村裡有人把中國看作「最自然、最自在的國」（《新潮》二，頁七五）。這是他們對於日本政制極不滿意的一種牢騷話，很可玩味的。武者小路實篤先生一班人雖然極不滿意於現社會，卻又不贊成用「暴力」的改革。他們都是「真心仰慕著平和」的人。他們於無可如何之中，想出這個新村的計畫來。周作人先生說：「新村的理想，要將歷來非暴力不能做到的事，用和平方法得來」（《新青年》七，二，一三四），這個和平方法就是離開現社會，去做一種模範的生活。「只要萬人真希望這種的世界，這世界便能實現」（《新青年》，同上）。這句話不但是獨善主義的精義，簡直全是淨土宗的口氣了！所以我把新村來比山林隱逸，不算冤枉它；就是把它來比求淨土天國的宗教運動，也不算玷辱它。不過它們的「淨土」是在日向，不在西天罷了。

我這篇文章要批評的「個人主義的新生活」，就是指這一種跳出現社會的新村生活。這種生活，我認為是「獨善的個人主義」的一種。「獨善」兩個字是從孟軻「窮則獨善其身」一句話上來的。有人說：新村的根本主張是要人人「盡了對於人類的義務，卻又完全發展自己個性」；如此看來，他們既承認「對於人類的義務」，如何還是獨善的個人主義呢？我說：這正是個人主義的證據。試看古今來主張個人主義的思想家，從希臘的「狗派」（Cynic）以至十八、九世紀的個人主義，哪一個不是一方面崇拜個人，一方面崇拜那廣漠的「人類」的？主張個人主義的人，只是否認那些切近的倫誼——或是家族，或是「社會」，或是國家——但是因為要推翻這些比較狹小逼人的倫誼，不得不捧出那廣漠不逼人的「人類」。所以凡是個人主義的思想家，沒有一個不承認這個雙重的關係的。

新村的人主張「完全發展自己的個性」，故是一種個人主義。他們想要跳出現社會去發展自己個性，故是一種獨善的個人主義。

這種新村的運動，因為恰合現在青年不滿意於現社會的心理，故近來中國也有許多人歡迎、讚嘆、崇拜。我也是敬仰武者先生一班人的，故也曾仔細考究這個問題。我考究的結果是不贊成這種運動。我以為中國的有志青年不應該仿行這種個人主義的新生活。

這種新村的運動有什麼可以反對的地方呢？

第一，因為這種生活是避世的，是避開現社會的。這就是讓步，這便不是奮鬥。我們自然不應該提倡「暴力」，但是非暴力的奮鬥是不可少的。我並不是說武者先生一班人沒有奮鬥的精神，他們在日本能提倡反對暴力的論調——如〈一個青年的夢〉——自然是有奮鬥精神的。但是他們的新村計畫想避開現社會裡「奮鬥的生活」去尋那現社會外「生活的奮鬥」，這便是一大讓步。武者先生〈一個青年的夢〉裡的主人翁最後有幾句話，很可玩味。他說：

……請寬恕我的無力——寬恕我的話的無力，但我心裡所有對於美麗的國的仰慕，卻要請諸君體察的……（《新青年》七．二．一〇二）。

我們對於日向的新村應該作如此觀察。

第二，在古代這種獨善主義還有存在的理由；在現代，我們就不該崇拜它了。古代的人不知道個人有多大的勢力，故孟軻說：「窮則獨善其身，達則兼善天下」。古人總想，改良社會是「達」了以後的事業——是得君行道以後的事業——故承認個人——窮的個人——只能做獨善的事業，不配做兼善的事業。古人錯了。現在我們承認個人有許多事業可做。人人都是一個無冠的帝王，人人都可以做一些改良社會的事。去年的五四運動和六三運動，何嘗是「得君行道」的人做出來的？知道個人可以做事，知道有組織的個人更可以做事，便可以知道這種個人主義的獨善生活是不值得摹仿的了。

第三，他們所信仰的「汎勞動主義」是很不經濟的。他們主張：「一個人生存上必要的衣食住，論理應該用自己的力去得來，不該要別人代負這責任」。這話從消極一方面看——從反對那「游民貴族」的方面看——自然是有理的。但是從他們的積極實行方面看，他們要「人人盡勞動的義務，製造這生活的資料」——就是衣食住的資料——這便是「矯枉過直」了。人人要盡製造衣食住資料的義務，就是人人要加入這生活的奮鬥。（周作人先生再三說新村裡平和幸福的空氣，也許不承認「生活的奮鬥」的話；但是我說的並不是人同人爭麵包米飯的奮鬥，乃是人在自然界謀生存的奮鬥，周先生說新村的農作物至今還不夠自用，便是一證。）現在文化進步的趨勢，是要使人類漸漸減輕生活的奮鬥至最低度，使人類能多分一些精力出來，做增加生活意味的事業。新村的生活使人人都要盡「製造衣食住資料」的義務，根本上否認分工進化的道理，增加生活的奮鬥，是很不經濟的。

第四，這種獨善的個人主義的根本觀念就是周先生說的「改造社會，還要從改造個人做起」。我對於這個觀念，根本上不能承認。這個觀念的根本錯誤在於把「改造個人」與「改造社會」分作兩截；在於把個人看作一個可以提到社會外去改造的東西。要知道個人是社會上種種勢力的結果。我們吃的飯、穿的衣服、說的話、呼吸的空氣、寫的字、有的思想……沒有一件不是社會的。我曾有幾句詩，說：「……此身非吾有：一半屬父母，一半屬朋友。」當時我以為把一半的我歸功社會，總算很慷慨了。後來我才知道這點算學做錯了！父母給我的真是極少的一部分。其餘各種極重要的部分，如思想、信仰、知識、技術、習慣等等，大都是社會給我的。我穿線襪的法子是一個徽州同鄉教我的；我穿皮鞋打的結能不散開，是一個美國女朋友教我的。這兩件極細碎的例，很可以說明這個「我」是社會上無數勢力所造成的。社會上的「良好分子」並不是生成的，也不是個人修鍊成的——都是因為造成他們的種種勢力裡面，良好的勢力比不良的勢力多些。反過來，不良的勢力比良好的勢力多，結果便是「惡劣分子」了。古代的社會哲學和政治哲學只為要妄想憑空改造個人，故主張正心、誠意、獨善其身的辦法。這種辦法其實是沒有辦法，因為沒有下手的地方。近代的人生哲學漸漸變了，漸漸打破了這種迷夢，漸漸覺悟：改造社會的下手方法在於改良那些造成社會的種種勢力——制度、習慣、思想、教育等等。那些勢力改良了，人也改良了。所以我覺得「改造社會要從改造個人做起」還是脫不了舊思想的影響。我們的根本觀念是：

個人是社會上無數勢力造成的。

改造社會，須從改造這些造成社會、造成個人的種種勢力做起。

改造社會即是改造個人。

新村的運動如果真是建築在「改造社會要從改造個人做起」一個觀念上，我覺得那是根本錯誤了。改造個人也是要一點一滴地改造那些造成個人的種種社會勢力。不站在這個社會裡來做這種一點一滴的社會改造，卻跳出這個社會去「完全發展自己個性」，這便是放棄現社會，認為不能改造；這便是獨善的個人主義。

以上說的是本篇的第一層意思。現在我且簡單說明我所主張的「非個人主義的」新生活是什麼。這種生活是一種「社會的新生活」；是站在這個現社會裡奮鬥的生活；是霸占住這個社會來改造這個社會的新生活。他的根本觀念有三條：

(1) 社會是種種勢力造成的，改造社會須要改造社會的種種勢力。這種改造一定是零碎的改造——一點一滴的改造，一尺一步的改造。無論你的志願如何宏大，理想如何澈底，計畫如何偉大，你總不能籠統的改造，你總不能不做這種「得寸進寸，得尺進尺」的工夫。所以我說：社會的改造是這種制度那種制度的改造，是這種思想那種思想的改造，是這個家庭那個家庭的改造，是這個學堂那個學堂的改造。

（附註）有人說：「社會的種種勢力是互相牽掣的，互相影響的。這種零碎的改造，是不中用的。因為你纔動手改這一種制度，其餘的種種勢力便圍攏來牽掣你了。如此看來，改造還是該做籠統的改造」。我說不然。正因為社會的勢力是互相影響牽掣的，故一部分的改造自然會影響到別種勢力上去。這種影響是最切實的、最有力的。近年來的文字改革，自然是局部的改革，但是它所影響的別種勢力，竟有意想不到的多。這不是一個很明顯的例嗎？

(2) 因為要做一點一滴的改造，故有志做改造事業的人必須要時時刻刻存研究的態度，做切實的調查，下精細的考慮，提出大膽的假設，尋出實驗的證明。這種新生活是研究的生活，是隨時隨地解決具體問題的生活。具體的問題多解決了一個，便是社會的改造進了那麼多一步。做這種生活的人要睜開眼睛，公開心胸；要手足靈敏，耳目聰明，心思活潑；要歡迎事實，要不怕事實；要愛問題，要不怕問題的逼人！

(3)這種生活是要奮鬥的。那避世的獨善主義是與人無忤、與世無爭的，故不必奮鬥。這種「淑世」的新生活，到處翻出不中聽的事實，到處提出不中聽的問題，自然是很討人厭的，是一定要招起反對的。反對就是興趣的表示，就是注意的表示。我們對於反對的舊勢力，應該作正當的奮鬥，不可退縮。我們的方針是：奮鬥的結果，要使社會的舊勢力不能不讓我們；切不可先就偃旗息鼓退出現社會去，把這個社會雙手讓給舊勢力。換句話說，應該使舊社會變成新社會，使舊村變為新村，使舊生活變為新生活。

我且舉一個實際的例。英美近二、三十年來，有一種運動，叫做「貧民區域居留地」的運動（Social Settlements）。這種運動的大意是：一班青年的男女——大都是大學的畢業生——在本城揀定一塊極齷齪、極不堪的貧民區域，買一塊地，造一所房屋，這一班人便終日在這裡面做事。這屋裡，凡是物質文明所賜的生活需要品——電燈、電話、熱氣、浴室、游水池、鋼琴、話匣等等——無一不有。他們把附近的小孩子——垢面的孩子、頑皮的孩子——都招攏來，教他們游水，教他們讀書，教他們打球，教他們演說辯論，組成音樂隊，組成演劇團，教他們演戲奏藝。還有女醫生和看護婦，天天出去訪問貧家，替他們醫病，幫他們接生和看護產婦。病重的，由「居留地」的人送入公家醫院；因為天下貧民都是最安本分的，他們眼見那高樓大屋的大醫院，心裡以為這定是為有錢人家造的，決不是替貧民診病的，所以必須有人打破他們這種見解，教他們知道醫院不是專為富貴人家的。還有許多貧家的婦女每日早晨出門做工，家裡小孩子無人看管，所以「居留地」的人教他們把小孩子每天寄在「居留地」裡，有人替他們洗浴，換洗衣服，餵他們飲食，領他們遊戲。到了晚上，他們的母親回來了，各人把小孩領回去。這種小孩子從小就在潔淨慈愛的環境裡長大，漸漸養成了良好習慣，回到家中，自然會把從前種種汙穢的環境改了。家中的大人也因時時同這種新生活接觸，漸漸的改良了。我在紐約時，曾常常去看亨利街上的一所居留地，是華德女士（Lilian Wald）辦的。有一晚我去看那條街上的貧家子弟演戲，演的是貝里（Barry）的名劇。我至今回想起來，他們演戲的程度比我們大學的新戲高得多咧！

這種生活是我所說的「非個人主義的新生活」！是我所說的「變舊社會為新社會，變舊村為新村」的生活！這也不是用「暴力」去得來的！我希望中國的青年要做這一類的新生活，不要去模仿那跳出現社會的獨善生活。我們的新村就在我們自己的舊村裡！我們所要的新村是要我們自己的舊村變成的新村！

可愛的男女少年！我們的舊村裡我們可做的事業多得很咧！村上的鴉片煙燈還有多少？村上的嗎啡針害死了多少人？村上纏腳的女子還有多少？村上的學堂成個什麼

樣子？村上的紳士今年賣選票得了多少錢？村上的神廟香火還是怎樣興旺？村上的醫生斷送了幾百條人命？村上的煤礦工人每日只拿到五個銅子，你知道嗎？村上多少女工被貧窮逼去賣淫，你知道嗎？村上的工廠沒有避火的鐵梯，昨天火起，燒死了一百多人，你知道嗎？村上的童養媳婦被婆婆打斷了一條腿，村上的紳士逼他的女兒餓死做烈女，你知道嗎？

有志求新生活的男女少年，我們有什麼權利，丟開這許多的事業去做那避世的新村生活！我們放著這個惡濁的舊村，有什麼面孔，有什麼良心，去尋那「和平幸福」的新村生活！

九．一．二六

——《新潮》，卷二號三，一九二〇年四月一日。

延伸閱讀

◆ **胡適**，〈不朽——我的宗教——〉，《新青年》，卷六號二（北京：一九一九年二月十五日），收入《胡適文選》，《胡適作品集》，冊二（臺北：遠流出版公司，一九八六）。

◆ **胡適**，〈工讀主義試行的觀察〉（一九二〇年四月），《新青年》，卷七號五（北京：一九二〇年四月一日），收入《貞操問題》，《胡適作品集》，冊六（臺北：遠流出版公司，一九八六）。

◆ **周昌龍**，〈中國近代新村運動及其與日本的關係〉，收入氏著，《新思潮與傳統——五四思想史論集》（臺北：時報文化出版公司，一九九五）。

◆ **趙泓**，《中國人的烏托邦之夢：新村主義在中國的傳播及發展》（臺北：獨立作家，二〇一四）。

◆ **錢理群**，〈周作人與胡適〉，收入氏著，《周作人論》（臺北：萬象圖書公司，一九九四）。

◆**羅志田**，〈近代中國社會權勢的轉移：知識分子的邊緣化與邊緣知識分子的興起〉，收入氏著，《權勢轉移——近代中國的思想、社會與學術》（武漢：湖北人民出版社，一九九九）。

第十七篇
個人自由與社會進步
——再談「五四」運動

【解題】

一九一九年的「五四運動」，是二十世紀中國史的大事，在日後的歷史敘述裡，「五四」彷彿象徵著一個不言自明的時代。那年五月四日，在北京街頭遊行示威的三千多名學生，點燃了積埋已久的火種，全國性的學生罷課、商人罷市、工人罷工等等社會運動，蓬勃而發；在那一天之前已是熾熱非常的思想文化運動（或如約定俗成的提法「新文化運動」），更藉著轟轟烈烈的社會運動，席捲中國大地，勢不可擋。「五四運動」的內容，多樣複雜，想要詮解它的價值和意義，自然有無限可能。只是，政治勢力抑或知識人建構的「五四」圖像，往往與現實密切相關，甚至為現實而服務。身為眾所公認的「五四」領導者之一的胡適，也難能例外。胡適對於「五四」的詮釋，多重多樣；他在這篇文章裡，明白地以「自由主義」的立場回顧「五四」，強調當時他們提倡的是「健全的個人主義」，要求「充分發展個人的才能」與「造成自由獨立的人格」，因此「思想的解放與個人的解放」正是「新文化運動」的核心意義。從這樣的立場出發，胡適既駁斥左派視「個人主義的人生觀是資本主義社會的人生觀」的論說，也批判承繼「五四」而起的「國民革命運動」帶來的兩大負面影響：「不容忍」以及那種「擁護本國固有的文化」的「民族主義」，認為前者和自由主義立場完全相反，後者則「包藏守舊開倒車的趨勢」。胡適的這番詮釋，顯然針對現實的言論思想趨向「左右開弓」，言外之意，也在感嘆「思想的解放與個人的解放」這樣的「五四」理想仍是「未竟之業」，應該繼續宏揚光大，因為只有「個人自由」才能帶動思想轉變，進而促成「社會進步」。顯然，胡適在這裡的述說，具有現實的「戰鬥」意義。而且，胡適的「五四」詮釋，也有轉變，以「中國文藝復興運動」為主題而開展詮釋；他在《胡適口述自傳》等文獻裡更表示，一九一九年的「五四運動」，乃是「一場不幸的政治干擾」。即便帶著一絲喟嘆，胡適的信念：「一個新社會、新國家，總是一些愛自由愛真理的人造成的，決不是一班奴才造成的」，實如空谷足音，發人深思。

01 本文說：蔡元培先生在 1912 年就提出「循思想自由言論自由之公例，不以一流派之哲學一宗門之教義梏其心」的原則了，他後來出掌北京大學，主張思想自由、學術獨立、百家平等。在北京大學裡，辜鴻銘、劉師培、陳獨秀、錢玄同和黃侃等同時教書講學。圖為任北京大學校長時的蔡元培。

02 張奚若（1889～1973），原名耘，字亦農，陝西朝邑人，與胡適同為美國哥倫比亞大學的留學生。圖為張氏在胡適家裡抱著胡祖望留影。

五月五日《大公報》的星期論文是張奚若先生的〈國民人格之修養〉。這篇文字也是紀念「五四」的，我讀了很受感動，所以轉載在這一期。我讀了張先生的文章，也有一些感想，寫在這裡作今年五四紀念的尾聲。

這年頭是「五四運動」最不時髦的年頭。前天五四，除了北京大學依慣例還承認這個北大紀念日之外，全國的人都不注意這個日子了。張奚若先生「雪中送炭」的文章使人頗吃一驚。他是政治哲學的教授，說話不離本行，他指出五四運動的意義是思想解放，思想解放使得個人解放，個人解放產出的政治哲學是所謂個人主義的政治哲學。他充分承認個人主義在理論上和事實上都有缺點和流弊，尤其在經濟方面。但他指出個人主義自有它的優點，最基本的是它承認個人是一切社會組織的來源。他又指出個人主義政治理論的神髓是承認個人的思想自由和言論自由。他說：

> 個人主義在理論上及事實上都有許多缺陷和流弊，但以個人的良心為判斷政治上是非之最終標準，卻毫無疑義是它的最大優點，是它的最高價值。……至少，它還有養成忠誠勇敢的人格的用處。此種人格在任何政制下（除過與此種人格根本衝突的政制）都是有無上價值的，都應該大量培養。……今日若能多多培養此種人材，國事不怕沒有人擔負。救國是一種偉大的事業，偉

大的事業唯有有偉大人格者才能勝任。

張先生的這段議論，我大致贊同。他把「五四運動」一個名詞包括「五四」（民國八年）前後的新思潮運動，所以他的文章裡有「民國六、七年的五四運動」一句話。這是五四運動的廣義，我們也不妨沿用這個廣義的說法。張先生所謂「個人主義」，其實就是「自由主義」（Liberalism）。我們在民國八、九年之間，就感覺到當時的「新思潮」、「新文化」、「新生活」有仔細說明意義的必要。無疑的，民國六、七年北京大學所提倡的新運動，無論形式上如何五花八門，意義上只是思想的解放與個人的解放。蔡元培先生在民國元年就提出「循思想自由、言論自由之公例，不以一流派之哲學、一宗門之教義梏其心」的原則了。他後來辦北京大學，主張思想自由、學術獨立、百家平等。在北京大學裡，辜鴻銘、劉師培、黃侃，和陳獨秀、錢玄同等同時教書講學，別人頗以為奇怪，蔡先生只說：「此思想自由之通則，而大學之所以為大也」。（《言行錄》頁二二九）這樣的百家平等，最可以引起青年人的思想解放。我們在當時提倡的思想，當然很顯出個人主義的色彩。但我們當時曾引杜威先生的話，指出個人主義有兩種：

一、假的個人主義就是為我主義（Egoism），它的性質是只顧自己的利益，不管群眾的利益。

二、真的個人主義就是個性主義（Individuality），它的特性有兩種：一是獨立思想，不肯把別人的耳朵當耳朵，不肯把別人的眼睛當眼睛，不肯把別人的腦力當自己的腦力。二是個人對於自己思想信仰的結果要負完全責任，不怕權威，不怕監禁殺身，只認得真理，不認得個人的利害。

這後一種就是我們當時提倡的「健全的個人主義」。我們當日介紹易卜生的著作，也正是因為易卜生的思想最可以代表那種健全的個人主義。這種思想有兩個中心見解：第一是充分發展個人的才能，就是易卜生說的：「你要想有益於社會，最好的法子莫如把你自己這塊材料鑄造成器。」第二是要造成自由獨立的人格，像易卜生《國民的公敵》戲劇裡的斯鐸曼醫生那樣「貧賤不能移，富貴不能淫，威武不能屈」。這就是張奚若先生說的「養成忠誠勇敢的人格」。

近幾年來，五四運動頗受一班論者的批評，也正是為了這種個人主義的人生觀。平心說來，這種批評是不公道的，是根據於一種誤解的。他們說個人主義的人生觀是資本主義社會的人生觀。這是濫用名詞的大笑話。難道在社會主義的國家裡就可以不用充分發展個人的才能了嗎？難道社會主義的國家裡就用不著有獨立自由思想的個人了嗎？難道當時辛苦奮鬥創立社會主義、共產主義的志士仁人都是資本主義社會的奴才嗎？我們試看蘇俄現在怎樣用種種方法來提倡個人的努力（參看《獨立》第一二九號西瀅〈蘇俄的青年〉，和蔣廷黻〈蘇俄的英雄〉），就可以明白這種人生觀不是資本主義社會所獨有的了。

還有一些人嘲笑這種個人主義，笑它是十九世紀維多利亞時代的過時思想。這種人根本就不懂得維多利亞時代是多麼光華燦爛的一個偉大時代。馬克思、恩格斯都生死在這個時代裡，都是這個時代的自由思想獨立精神的產兒。他們都是終身為自由奮鬥的人。我們去維多利亞時代還老遠哩。我們如何配嘲笑維多利亞時代呢！

所以我完全贊同張奚若先生說的「這種忠誠勇敢的人格在任何政制下都是有無上價值的，都應該大量去培養。」因為這種人格是社會進步的最大動力。歐洲十八、九世紀的個人主義造出了無數愛自由過於麵包，愛真理過於生命的特立獨行之士，方才有今日的文明世界。我們現在看見蘇俄壓迫個人自由思想，但我們應該想想，當日在西伯利亞冰天雪地裡受監禁拘囚的十萬革命志士，是不是新俄國的先鋒？我們到莫斯科去看了那個很感動人的「革命博物館」，尤其是其中展覽列寧一生革命歷史的部分，我們不能不深信：一個新社會、新國家，總是一些愛自由愛真理的人造成的，決不是一班奴才造成的。

* * *

張奚若先生很大膽的把五四運動和民國十五、六年的國民革命運動相提並論，並且很大膽的說這兩個運動走的方向是相同的。這種議論在今日必定要受不少的批評，因為有許多人決不肯承認這個看法。平心說來，張先生的看法也不能說是完全正確。民國十五、六年的國民革命運動至少有兩點是和民國六、七、八年的新運動不同的：一是蘇俄輸入的黨紀律，二是那幾年的極端民族主義。蘇俄輸入的黨紀律含有絕大的「不容忍」（Intoleration）的態度，不容許異己的思想，這種態度和我們在五四前後提倡的自由主義是很相反的。民國十六年的國共分離，在歷史上看來，可以說是國民黨對於這種不容異己的專制態度的反抗。可惜清黨以來，六、七年中，這種「不容忍」的態度養成的專制習慣還存在不少人的身上。剛推翻了布爾什維克的不容異己，又學會了法西斯的不容異己，這是很不幸的事。

「五四」運動雖然是一個很純粹的愛國運動，但當時的文藝思想運動卻不是狹義的民族主義運動。蔡元培先生的教育主張是顯然帶有「世界觀」的色彩的。（《言行錄》頁一九七）《新青年》的同人也都很嚴厲地批評指斥中國舊文化。其實孫中山先生也是抱著大同主義的，他是信仰「天下為公」的理想的。但中山先生晚年屢次說起鮑羅廷同志勸他特別注重民族主義的策略，而民國十四、五年的遠東局勢又逼我們中國人不得不走上民族主義的路。十四年到十六年國民革命的大勝利，不能不說是民族主義旗幟的大成功，可是民族主義有三個方面：最淺的是排外，其次是擁護本國固有的文化，最高又最艱難的是努力建立一個民族的國家。因為最後一步是最艱難的，所以一切民族主義運動往往最容易先走上前面的兩步。濟南慘案以後、九一八以後，極端的、叫囂的排外主義稍稍減低了，然而擁護舊文化的喊聲又四面八方的熱鬧起來了。這裡面容易包藏守舊開倒車的趨勢，所以也是很不幸的。

在這兩點上，我們可以說，民國十五、六年的國民革命運動是不完全和五四運動同一個方向的。但就大體上說，張奚若先生的看法也有不小的正確性。孫中山先生是受了很深的盎格魯撒克遜民族的自由主義影響的，他無疑是民治主義的信徒，又是大同主義的信徒。他一生奮鬥的歷史都可以證明他是一個愛自由、愛獨立的理想主義者。我們看他在民國九年一月〈與海外同志書〉（引見上期《獨立》）裡那樣讚揚五四運動，那樣承認「思想之轉變」為革命成功的條件；我們更看他在民國十三年改組國民黨時那樣容納異己思想的寬大精神——我們不能不承認，至少孫中山先生理想中的國民革命是和五四運動走同一方面的。因為中山先生相信「革命之成功必有賴於思想之轉變」，所以他能承認五四運動前後的「新文化運動實為最有價值的事」。思想的轉變是在思想自由、言論自由的條件之下個人不斷努力的產兒。個人沒有自由，思想又何從轉變，社會又何從進步，革命又何從成功呢？

二十四·五·六

——《獨立評論》，號一五〇，一九三五年五月十二日。

延伸閱讀

◆ **胡適**，〈五四運動紀念〉，《民國日報》，〈覺悟〉副刊（上海：一九二八年五月十日、十一日），收入潘光哲（主編），《胡適全集．時論》（臺北：中央研究院近代史研究所胡適紀念館，二〇一八），冊三。

◆ **胡適**，〈紀念「五四」〉，《獨立評論》，號一四九（北平：一九三五年五月五日），收入潘光哲（主編），《胡適全集．時論》，冊三。

◆ **胡適**，〈「五四」的第二十八週年〉，《大公報》（天津：一九四七年五月四日），收入潘光哲（主編），《胡適全集．時論》，冊六。

◆ **胡適**，〈中國文藝復興運動〉（一九五八年五月四日在中國文藝學會演講），《臺灣新生報》（臺北：一九五八年五月五日），收入潘光哲（主編），《胡適全集．時論》，冊八。

◆ **胡適**，〈「五四」運動是青年愛國的運動〉（一九六〇年五月四日於臺北廣播電臺談話），收入《胡適演講集》（二），《胡適作品集》，冊二十五（臺北：遠流出版事業股份有限公司，一九八六）。

◆**唐德剛（譯注）**，《胡適口述自傳》（臺北：傳記文學出版社，一九八一）。

◆**吳德祖**，〈胡適「中國文藝復興」思想研究——中英文著述的互動與展開〉，陳平原（主編），《現代中國》，輯十二（北京：北京大學出版社，二〇〇九）。

◆**李貴生**，〈論胡適中國文藝復興論述的來源及其作用〉，《漢學研究》，卷三十一期一（臺北：二〇一三年三月）。

◆**席雲舒**，〈胡適「中國的文藝復興」思想初探〉，《文藝研究》，二〇一四年期十一（北京：二〇一四年十一月）。

◆**張灝**，〈五四運動的批判與肯定〉，張灝著，《幽暗意識與民主傳統》（臺北：聯經出版公司，一九八九）。

◆**郭若平**，《塑造與被塑造：「五四」闡釋與革命意識形態建構》（北京：社會科學文獻出版社，二〇一四）。

◆**歐陽哲生**，〈胡適在不同時期對「五四」的評價〉，《二十一世紀》，期三十四（香港：一九九六年四月）。

◆**羅志田**，〈中國文藝復興之夢——從清季的古學復興到民國的新潮〉，《漢學研究》，卷二十期一（臺北：二〇〇二年六月）。

◆**羅志田**，〈走向「政治解決」的「中國文藝復興」——五四前後思想運動與政治運動的關係〉，收入氏著，《亂世潛流：民族主義與民國政治》（上海：上海古籍出版社，二〇〇一）。

◆ **Chow Tse-tsung**, *The May Fourth Movement: Intellectual Movement in Modern China*（Cambridge, MA: Harvard University Press, 1960）＝周策縱（著），周子平（等譯），《五四運動：現代中國的思想革命》（南京：江蘇人民出版社，一九九六）。

◆ **Vera Schwarez**, *The Chinese Enlightenment: Intellectuals andthe Legacy of the May Fourth Movement of 1919*（Berkeley, CA: University of California Press, 1986）＝舒衡哲（著），劉京建（譯），《中國啟蒙運動：知識分子與五四遺產》（臺北：桂冠圖書股份有限公司，二〇〇〇）。

第十八篇 寫在孔子誕辰紀念之後

【解題】

一九三五年元月一日，胡適啟程前往香港接受香港大學的榮譽博士學位，順道訪問廣東與廣西。這是胡適第一次「南遊」，卻意外因言賈禍。當時主掌廣東實權的陳濟棠，正在推動「讀經」與「祭孔」運動，胡適和他見了面，言及此事，兩人居然當場爭議起來，「不歡而散」。胡適本來預定要在廣州中山大學演講，也就被「因故」取消了。當時推動「讀經」和「祭孔」的力量，非僅廣東一隅，統治湖南的何鍵也樂此不疲，國民黨政府更在軍事委員會蔣介石委員長的發動下，在一九三四年初開始推動「新生活運動」，同年五月，決定在孔子誕辰紀念日舉行「祭孔大典」。可以說，打著「復興傳統文化」始可救國建國的旗號，實質上卻是復古崇古的風氣，藉由政治體制的提倡，沛然而興。胡適等自由主義知識分子，都極力抨擊這樣的思想潮流，他會和陳濟棠絕無共識，理有應然。胡適認為，想要「救國與復興民族」，需要的是「最高等的智識與最高等的技能」，和「新生活運動」要求國民實踐「鈕扣要扣好，碗筷要擺好」之類的生活準則，「絕不相干」。與胡適關係密切的傅斯年，則批判傳統儒家「經典」的內容及其意涵，「在專門家手中也是半懂半不懂的東西」，既然「經文難懂，又不切後代生活」，而且這些「經典」的「若干立義不適用於民國」，那麼，推動「讀經」，實際上是「以學校為行詐之練習所，以讀經為售欺之妙法門」。胡適也引申傅斯年的意見，論說「我們今日還不配讀經」，「在今日妄談讀經，或提倡中、小學讀經，都是無知之談」。胡適在本文裡，則從具體的歷史變遷，指陳那些「偉大的進步」，都不是「借重孔夫子」的結果；紀念孔子誕辰，舉行「祭孔大典」，從「大成殿裡抬出孔聖人」，以為這樣就可以培養「國民精神上之人格、民族的自信」，「豈不是天下古今最可怪笑的愚笨嘛」！時至今日，在華人世界裡，推動「讀經」的主張，依舊層出不窮；祭祀孔子的典儀，還是綿延不絕。顯然，胡適等人的意見，不是只有思想史的意義而已。

01 胡適在本文裡讚賞蔡元培、吳稚暉與翁文灝等人，說「他們的人格都可以比一切時代的聖賢，不但沒有愧色，往往超越前人」。圖為蔡元培（左）與吳稚暉。蔡元培（1868～1940），字鶴卿，號孑民，浙江紹興人，清末翰林，棄官辦教育，後參加反清革命。民國成立，出位第一任教育總長，後任北京大學校長、中央研究院第一任院長。吳稚暉（1865～1953），江蘇無錫人，國民黨元老，人稱「稚老」，他是留法勤工儉學的倡導者，卒於臺灣。

02 翁文灝（1889～1971），字詠霓，號君達，浙江省鄞縣石塘（今寧波市海曙區高橋鎮石塘村）人。翁氏出生於紳商家庭，清末留學比利時，專攻地質學，對中國地質學教育、礦產開採、地震研究等多方面有傑出貢獻。

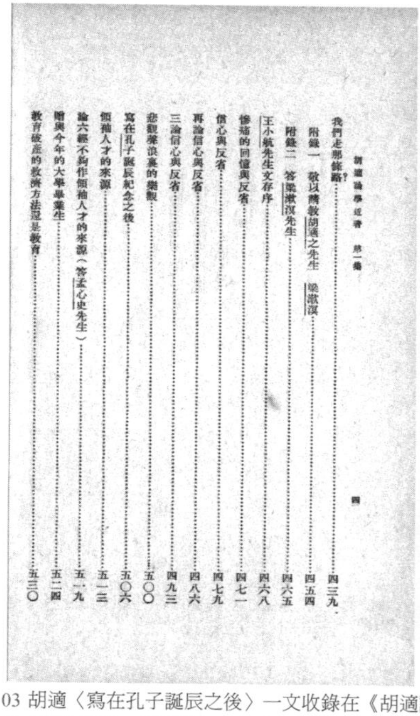

胡適論學近著　第一集　四

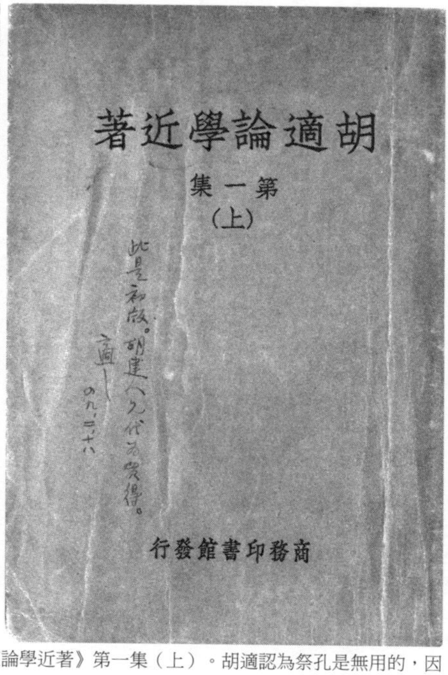

03 胡適〈寫在孔子誕辰之後〉一文收錄在《胡適論學近著》第一集（上）。胡適認為祭孔是無用的，因為「那些時代，孔子是年年祭的，《論語》、《孝經》、《大學》是村學兒童人人讀的，還有士大夫講理學的風氣哩！曾何補於當時慘酷的社會、貪汙的政治？」而在胡適、傅斯年等人看來，沒有孔子的時代，社會進步更快。

我們家鄉有句俗話說：「做戲無法，出個菩薩」。編戲的人遇到了無法轉變的情節，往往請出一個觀音菩薩來解圍救急。這兩年來，中國人受了外患的刺激，頗有點手忙腳亂的情形，也就不免走上了「做戲無法，出個菩薩」的一條路。這本是人之常情。西洋文學批評史也有 **deus ex machina** 的話，譯出來也可說，「解圍無計，出個上帝」。本年五月裡美國奇旱，報紙上也曾登出旱區婦女孩子跪著祈禱求雨的照片。這都是窮愁呼天的常情，其可憐可恕，和今年我們國內許多請張天師求雨或請班禪喇嘛消災的人，是一樣的。

這種心理，在一般愚夫愚婦的行為上表現出來，是可憐而可恕的；但在一個現代政府的政令上表現出來，是可憐而不可恕的。現代政府的責任在於充分運用現代科學的正確智識，消極的防患除弊，積極的興利惠民。這都是一點一滴的工作，一尺一步的旅程，這裡面絕對沒有一條捷徑可以偷渡。然而我們觀察近年我們當政的領袖，好像都不免有一種「做戲無法，出個菩薩」的心理，想尋求一條救國的捷徑，想用最簡易的方法做到一種復興的靈蹟。最近政府忽然手忙腳亂的恢復了紀念孔子誕辰的典禮，很匆遽的頒布了禮節的規定。八月二十七日，全國都奉命舉行了這個孔誕紀念的大典。在每年許多個先烈紀念日之中加上一個孔子誕辰的紀念日，本來不值得我們詫異，然而政府中人說這是「倡導國民培養精神上之人格」的方法；輿論界的一位領袖也說，「有此一舉，誠足以奮起國民之精神，恢復民族的自信」。難道世間真有這樣簡便的捷徑嗎？

我們當然贊成「培養精神上之人格」、「奮起國民之精神，恢復民族的自信」。但是古人也曾說過：「禮樂所由起，百年積德而後可興也」。國民的精神、民族的信心，也是這樣的：它的頹廢不是一朝一夕之故，它的復興也不是虛文口號所能做到的。「洙水橋前，大成殿上，多士濟濟，肅穆趨蹌」（用八月二十七日《大公報》社論中語）；四方城市裡，政客軍人也都率領著官吏士民，濟濟蹌蹌的行禮，堂堂皇皇的演說，禮成祭畢，紛紛而散。假期是添了一日，口號是添了二十句，演講詞是多出了幾篇，官吏學生是多跑了一趟，然在精神的人格與民族的自信上，究竟有絲毫的影響嗎？

那一天《大公報》的社論曾有這樣一段議論：

> 最近二十年，世變彌烈，人慾橫流，功利思想如水趨壑，不特仁義之說為俗誹笑，即人禽之判亦幾以不明，民族的自尊心與自信力既已蕩然無存，不待外侮之來，國家固早已瀕於精神幻滅之域。

如果這種診斷是對的，那麼，我們的民族病不過起於「最近二十年」，這樣淺的病根，應該是很容易醫治的了。可惜我們平日敬重的這位天津同業先生未免錯讀歷史了。《官場現形記》和《二十年目睹之怪現狀》描寫的社會政治情形，不是中國的實情嗎？是不是我們得把病情移前三十年呢？《品花寶鑑》以至《金瓶梅》描寫的不也是中國的社會政治嗎？這樣一來，又得挪上三、五百年了。那些時代，孔子是年年祭的，《論語》、《孝經》、《大學》是村學兒童人人讀的，還有士大夫講理學的風氣哩！究竟那每年「洙水橋前，大成殿上，多士濟濟，肅穆趨蹌」，曾何補於當時慘酷的社會、貪汙的政治？

我們回想到我們三十年前在村學堂讀書的時候，每年開學是要向孔夫子叩頭禮拜的；每天放學，拿了先生批點過的習字，是要向中堂（不一定有孔子像）拜揖然後回家的。至今回想起來，那個時代的人情風尚也未見得比現在高多少。在許多方面，我們還可以確定的說：「最近二十年」比那個拜孔夫子的時代高明的多多了。這二、三十年中，我們廢除了三千年的太監，一千年的小腳，六百年的八股，四、五百年的男娼，五千年的酷刑，這都沒有借重孔子的力量。八月二十七日那一天汪精衛先生在中央黨部演說，也指出「孔子沒有反對納妾，沒有反對蓄奴婢；如今呢，納妾蓄奴婢，虐待之固是罪惡，善待之亦是罪惡，根本納妾蓄奴婢便是罪惡」。汪先生的解說是：「仁是萬古不易的，而仁的內容與條件是與時俱進的。」這樣的解說畢竟不能抹煞歷史的事實。事實是「最近」幾年中，絲毫沒有借重孔夫子，而我們的道德觀念已進化到承認「根本納妾蓄奴婢便是罪惡」了。

平心說來，「最近二十年」是中國進步最速的時代；無論在智識上、道德上、國民精神上、國民人格上、社會風俗上、政治組織上、民族自信力上，這二十年的進步都可以說是超越以前的任何時代。這時期中自然也有不少怪現狀的暴露，劣根性的表現，然而種種缺陷都不能減損這二十年總進步的淨盈餘。這裡不是我們專論這個大問題的地方，但我們可以指出這個總進步的幾個大項目：

第一，帝制的推翻，而幾千年託庇在專制帝王之下的城狐社鼠——一切妃嬪，太監，貴胄，吏胥，捐納——都跟著倒了。

第二，教育的革新。淺見的人在今日還攻擊新教育的失敗，但他們若平心想想舊教育是些什麼東西，有些什麼東西，就可以明白這二、三十年的新教育，無論在量上或質上都比三十年前進步至少千百倍了。在消極方面，因舊教育的推倒，八股駢文律詩等等謬制都逐漸跟著倒了；在積極方面，新教育雖然還膚淺，然而常識的增加、技能的增加、文字的改革、體育的進步、國家觀念的比較普遍，這都是舊教育萬不能做到的成績。（汪精衛先生前天曾說：「中國號稱以孝治天下，而一開口便侮辱人的母親，甚至祖宗妹子等」。試問今日受過小學教育的學生還有這種開口罵人媽媽妹子的國粹習慣嗎？）

第三，家庭的變化。城市工商業與教育的發展使人口趨向都會，受影響最大的是舊式家庭的崩潰，家庭變小了，父母公婆與族長的專制威風減削了，兒女宣告獨立了。在這變化的家庭中，婦女地位的抬高與婚姻制度的改革是五千年來最重大的變化。

第四，社會風俗的改革。小腳、男娼、酷刑等等，我已屢次說過了。在積極方面，如女子的解放，如婚喪禮俗的新試驗，如青年對於體育運動的熱心，如新醫學及公共衛生的逐漸推行，這都是古代聖哲所不曾夢見的大進步。

第五，政治組織的新試驗。這是帝制推翻後積極方面的結果。二十多年的試驗雖然還沒有做到滿意的效果，但在許多方面（如新式的司法，如警察，如軍事，如胥吏政治之變為士人政治），都已明白顯出幾千年來所未曾有的成績；不過我們生在這個時代，往往為成見所蔽，不肯承認罷了。單就最近幾年來頒行的新民法一項而論，其中含有無數超越古昔的優點，已可說是一個不流血的絕大社會革命了。

這些都是毫無可疑的歷史事實，都是「最近二十年」中不曾借重孔夫子而居然做到的偉大進步。革命的成功就是這些，維新的成績也就是這些。可憐無數維新志士、革命仁人，他們出了大力，冒了大險，替國家民族在二、三十年中做到了這樣超越前聖，凌駕百王的大進步，到頭來，被幾句死書迷了眼睛，見了黑旋風不認得是李逵，反倒唉聲歎氣，發思古之幽情，痛惜今之不如古，夢想從那「荊棘叢生，簷角傾斜」的大成殿裡抬出孔聖人來「衛我宗邦，保我族類」！這豈不是天下古今最可怪笑的愚笨嗎？

文章寫到這裡，有人打岔道：「喂，你別跑野馬了。他們要的是『國民精神上之人格，民族的自信』。在這『最近二十年』裡，這些項目也有進步嗎？不借重孔夫子，行嗎？」

什麼是人格？人格只是已養成的行為習慣的總和。什麼是信心？信心只是敢於肯定一個不可知的將來的勇氣。在這個時代，新舊勢力、中西思潮，四方八面的交攻，都自然會影響到我們這一輩人的行為習慣，所以我們很難指出某種人格是某一種勢力單獨造成的。但我們可以毫不遲疑的說：這二、三十年中的領袖人才，正因為生活在一個新世界的新潮流裡，他們的人格往往比舊時代的人物更偉大——思想更透闢，知識更豐富，氣象更開闊，行為更豪放，人格更崇高。試把孫中山來比曾國藩，我們就可以明白這兩個世界各自代表人物的不同了。在古典文學的成就上，在世故的磨鍊上，在小心謹慎的行為上，中山先生當然比不上曾文正。然而在見解的大膽、氣象的雄偉、行為的勇敢上，那一位理學名臣就遠不如這一位革命領袖了。照我這十幾年來的觀察，凡受這個新世界的新文化所震撼的人物，他們的人格都可以上比一切時代的聖賢，不但沒有愧色，往往超越前人。老輩中，如高夢旦先生，如張元濟先生，如蔡元培先生，如吳稚暉先生，如張伯苓先生；朋輩中，如周詒春先生，如李四光先生，如翁文灝先生，如姜蔣佐先生；他們人格的崇高，在中國古人中真尋不出相當的倫比。這種人格只有這個新時代才能產生，同時又都是能夠給這個時代增加光耀的。

我們談到古人的人格，往往想到岳飛、文天祥和晚明那些死在廷杖下或天牢裡的東林忠臣。我們何不想想這二、三十年中為了各種革命慷慨殺身的無數志士！那些年年有特別紀念日追悼的人們，我們姑且不論。我們試想想那些為排滿革命而死的許多志士，那些為民國十五、六年的國民革命而死的無數青年，那些前兩年中在上海、在長城一帶為抗日衛國而死的無數青年，那些為民國十三以來的共產革命而死的無數青年——他們慷慨獻身去經營的目標比起東林諸君子的目標來，其偉大真不可比例了。

東林諸君子慷慨抗爭的是「紅丸」、「移宮」、「妖書」等等米米小的問題；而這無數的革命青年慷慨獻身去工作的是全民族的解放、整個國家的自由平等，或他們所夢想的全人類社會的自由平等。我們想到了這二十年中為一個主義而從容殺身的無數青年，我們想起了這無數個「殺身成仁」的中國青年，我們不能不低下頭來向他們致上最深的敬禮；我們不能不頌讚這「最近二十年」是中國史上一個精神人格最崇高、民族自信心最堅強的時代。他們把他們的生命都獻給了他們的國家和他們的主義，天下還有比這更大的信心嗎？

凡是咒詛這個時代為「人慾橫流，人禽無別」的人，都是不曾認識這個新時代的人：他們不認識這二十年中國的空前大進步，也不認識這二十年中整千整萬的中國少年流的血究竟為的是什麼。

可憐的沒有信心的老革命黨呵！你們要革命，現在革命做到了這二十年的空前大進步，你們反不認得它了。這二十年的一點進步不是孔夫子之賜，是大家努力革命的結果，是大家接受了一個新世界的新文明的結果。只有向前走是有希望的，開倒車是不會有成功的。

你們心眼裡最不滿意的現狀——你們所咒詛的「人慾橫流，人禽無別」——只是任何革命時代所不能避免的一點附產物而已。這種現狀的存在，只夠證明革命還沒有成功，進步還不夠。孔聖人是無法幫忙的；開倒車也決不能引你們回到那個本來不存在的「美德造成的黃金世界」！養個孩子還免不了肚痛，何況改造一個國家，何況改造一個文化？別灰心了，向前走罷！

二十三・九・三夜

——《獨立評論》，號一一七，一九三四年九月九日。

延伸閱讀

◆**胡適**，〈為新生活運動進一解〉，《獨立評論》，號九十五（北平：一九三四年四月八日），收入潘光哲（主編），《胡適全集．時論》（臺北：中央研究院近代史研究所胡適紀念館，二〇一八），冊四。

◆**胡適**，〈南遊雜憶（二）廣州〉，《獨立評論》，號一四二（一九三五年三月十七日），收入潘光哲（主編），《胡適全集．時論》，冊五。

◆**胡適**，〈我們今日還不配讀經〉，《獨立評論》，號一四六（北平：一九三五年四月十四日），收入《我們走那條路？》，《胡適作品集》，冊十八（臺北：遠流出版公司，一九八六）。

◆**胡適**，〈讀經平議〉，《獨立評論》，號二三一（北平：一九三七年四月二十五日），收入潘光哲（主編），《胡適全集．時論》，冊五。

◆**傅斯年**，〈論學校讀經〉，《獨立評論》，號一四六（北平：一九三五年四月十四日），收入張忠棟、李永熾、林正弘（主編），劉季倫、薛化元、潘光哲（編輯），《現代中國自由主義資料選編③教育獨立與學術自由》（臺北：唐山出版社，二

○○○）。

◆ **馮友蘭**，〈讀經尊孔與提倡理工〉，《尊孔與復古特輯》，《清華週刊》，卷四十二期三—四合刊（北平：一九三四年十一月十二日）。

◆《讀經問題專號》，《教育雜誌》，卷二十五期五（上海：一九三五年五月十日）。

◆ **尤小立**，〈「讀經」討論的思想史研究——以一九三五年《教育雜誌》關於「讀經」問題的討論為例〉，《安徽史學》，二〇〇三年期五（合肥：二〇〇三年十月）。

◆ **王汎森**，〈傅斯年——對胡適文史觀點的影響〉，收入氏著，《中國近代思想與學術的系譜》（臺北：聯經出版公司，二〇〇三）。

◆ **朱宗震、呂景琳**，〈傅斯年胡適的學生和諍友〉，收入李又寧（主編），《胡適與他的學生》（南京：南京大學出版社，二〇一六）。

◆ **潘光哲**，〈知識人對「新生活運動」的回應——以胡適為例〉，收入黃自進、潘光哲（主編），《蔣介石與現代中國形塑論文集》（臺北：中央研究院近代史研究所，二〇一三）。

第十九篇
為學生運動進一言

【解題】

自從中國在二十世紀初期開始大規模建立現代教育體制以來，「學生」這個社會群體對推動政治社會的變遷，扮演越來越重要的角色；伴隨時勢變化，學生運動更是風起雲湧，此起彼落，批判的矛頭，或是指向侵略者，或是既存體制。胡適基本上是同情支持學生運動的，一九二〇年「五四運動」屆滿週年的時候，他與蔣夢麟聯名發表〈我們對於學生的希望〉，聲言這場運動產生了不少的「好效果」；一九二五年「五卅事件」又引發學生運動，他又發表了〈愛國運動與求學〉，肯定了學生「愛國的感情」。一九四〇年代中末期，學運再興，卻受到官方的批判，如國民政府蔣介石主席於一九四七年六月發表談話，指控學生運動受到「反動共產黨直接間接之策動」，當時擔任北京大學校長的胡適就反駁說，這樣的看法「太不公道」，因為政治不上軌道，學生才會干預政治。這篇〈為學生運動進一言〉，是胡適對於日後被稱為「一二九運動」這場學運的感時之作。胡適感慨，由於「政治勢力的壓抑」，竟讓面對「國難」的青年學生「沉寂」下來了。因此，這回學生群聚請願遊行，他認為是「最可喜的事」，讚譽他們做出了「天下皆知的壯舉」。不過，胡適既指陳，學生運動不該超過「抗議作用」或「輿論作用」的界限；也認為學運應該具有「培養能自由獨立而又能奉公守法的個人人格」的意義。更重要的是，胡適完全反對學生以犧牲學業的罷課方式干預政治。胡適認為，「救國的事業須要有各色各樣的人才」，能夠「把自己造成一個有用的人才」方是「真正的救國的預備」（〈愛國運動與求學〉）；他在這裡仍是重彈舊調：「青年學生的基本責任到底還在平時努力發展自己的知識與能力」，「只有拚命培養個人的知識與能力是報國的真正準備工夫」。胡適的理念，當然與他自身以「易卜生主義」論式出發，始終強調「把你自己這塊材料鑄造成器」才對社會最有益處的觀念，密切相關。遺憾的是，在學生運動愈趨「政治化」的潮流席捲之下，胡適的期望，卻是「曲高和寡」，更是「無力回天」。

01 胡適任北大文學院院長時期與同事及學生們合影（約 1935 年）。前排右 1 為胡適，右 2 顧頡剛，第二排右 1 為魏建功，右 4 為羅常培。

02 蔣夢麟照。1930 年代與胡適一起推動北京大學的復興，功不可沒。

03 北大新潮社成員徐彥之。是「五四」時期的學生代表之一。

我在十五年前，曾提出一條歷史的公式[1]：

在變態的社會國家裡，政治太腐敗了，國民又沒有正式的糾正機關（如代表民意的國會之類），那時候，干預政治的運動一定是從青年的學生界發生的。

這條公式是「古今中外」都可以適用的。從東漢、北宋的太學生干涉政治，直到近年的「公車上書」，留學生組織革命黨，五四運動，民國十三以後的國民革命，共產黨運動等等，這都是「古今一例」的。從中國兩千年的學生干政，到歐洲各國最近三百年中的種種政治革命與社會革命，到眼前全世界的各種學生干政運動（例如連日報紙所記埃及學生的排英運動），也都是「中外一理」的。

這個道理是很明顯的。中年、老年的人，壯氣早消磨了，世故深了，又往往有身

註1　參見：胡適、蔣夢麟，〈我們對於學生的希望〉，《新教育》，卷二期五（上海：一九二〇年一月五日），收入張忠棟、李永熾、林正弘（主編），劉季倫、薛化元、潘光哲（編輯），《現代中國自由主義資料選編——②「五四」與學生運動》（臺北：唐山出版社，一九九九），頁一九七—二〇六。——編註

家之累，所以都容易採取明哲保身的態度，不肯輕易參加各種帶有危險性的政治活動。只有少年學生的感情是容易衝動的，膽子是大的；他們沒有家室之累，理智也不曾完全壓倒情緒，所以他們一受了義憤的鼓動，往往能冒大險，做出大犧牲，不肯瞻前顧後，也不能遲徊猶豫。古今中外，同是一樣的。

懂得了這一條很淺近的歷史公例，我們就應該明白，這幾年中國國難之下青年學生的沉寂只是一種變態，而不是常軌。這沉寂的原因，一部分固然是自身能力脆薄的覺悟，一部分還是政治勢力的壓抑。絕大多數學生確然覺悟了這回國難的空前嚴重性，覺悟了口號標語遊行示威的絕對無力，所以他們決心向圖書館、實驗室裡去尋求他們將來報效國家的力量。然而這不是近年學生界沉寂的主因，因為這一類學生本來是沉寂的，他們壓根兒就不是鬧政治運動的材料，凡是干政運動總是少數「好事」、「好動」的青年們鼓動起來的。而近年「特務機關」的密布，祕密告訐的盛行，往往使各地學校裡的好事分子銷聲匿跡。此項政治活動的策動人物的被壓抑，似是近年學生界沉寂的主要原因。

一個開明的政府應該努力做到使青年人心悅誠服的愛戴，而不應該濫用權力去摧殘一切能糾正或監督政府的勢力。在外患最嚴重壓迫的關頭，在一個漢奸遍地的時勢，國家最需要的是不畏強禦的輿論和不顧利害的民氣。我們這個國家今日所缺少的，不是順民，而是有力量的諍臣義士。因此，近年政府箝制獨立輿論和壓迫好動青年的政策，我們都認為是國家不幸的事。

我們試回頭想想，在三、四年前，我們還能自信，國家的軍備不能作戰時，我們還有經濟的武器可以使用。如今呢？可憐我們只許談經濟的提攜了！這一項經濟的武器失其效能，一半由於沒有政府的後盾，一半也由於輿論和愛國青年的被箝伏。

今年五、六月之間，華北受了壓迫，報紙不登一條新聞，不發一句評論，全國青年睡在鼓裡，無聲無息的幾乎丟了整個的華北！

獨立的輿論、愛國的青年，都無聲無息的時候，所謂「自治」運動卻公然抬頭露面了。這是必然的結果。偌大的地面早已成了「無人之境」，奸人們還不公然活動，更待何時！

所以十二月九日北平各校的學生大請願遊行，是多年沉寂的北方青年界一件最可喜的事。我們中年人尚且忍不住了，何況這些血氣方剛的男女青年！

那一天下午三點多鐘，我從王府井大街往北去，正碰著學生遊行的隊伍從東安門大街往南來。人數不算多，隊伍不算整齊，但我們望見他們，真不禁有「空谷足音」之感了。

那一天的學生反對「自治」大請願，雖然平、津各報都不許記載（《大公報》雖然登了，但因禁令還未解除，北平看不見），卻是天下皆知的壯舉。天下人從此可以說，至少有幾千中國青年學生是明白表示不承認那所謂「自治」的傀儡醜戲的。

＊　＊　＊

但是九日以後，各校學生忽然陸續有罷課的舉動，這是我們認為很不幸的。罷課是最無益的舉動。在十幾年前，學生為愛國事件罷課可以引起全國的同情。但是五四以後，罷課久已成了濫用的武器，不但不能引起同情，還可以招致社會的輕視與厭惡。這是很淺顯的事實，青年人豈可不知道？

罷課不但不能絲毫感動抗議的對象，並且決不能得著絕大多數好學的青年人的同情。所以這幾天鼓動罷課的少數人全靠撥弄一些無根的謠言來維持一種浮動的心理。城內各校傳說清華大學死了一個女生；城外各校傳說師範大學死了一個女生，其實都是毫無根據的謠言。這樣的輕信，這樣的盲動，是純潔的青年學生界的恥辱。捏造這種謠言來維持他們的勢力的人，是純潔青年運動的罪人。

我們愛護青年運動的人，不忍不向他們說幾句忠告的話。

第一、青年學生應該認清他們的目標。在這樣的變態政治之下，赤手空拳的學生運動只能有一個目標，就是用抗議的喊聲來監督或糾正政府的措施。他們的喊聲是輿論，是民意的一種表現。用在適當的時機，這種抗議是有力量的，可以使愛好的政府改過遷善，可以使不愛好的政府有所畏懼。認清了這一點，他們就可以明白一切超過這種抗議作用（輿論作用）的直接行動，都不是學生集團運動的目標。

第二、青年學生應該認清他們的力量。他們的力量在於組織，而組織必須建築在法治精神的基礎之上。法治精神只是明定規律而嚴守它。一切選舉必須依法，一切討論必須使人人能表現其意見，一切決議必須合法。必須如此，然後團體的各個分子可以心悅誠服，用自由意志來參加團體的生活。這樣的組織才有力量。一切少數人的把持操縱，一切淺薄的煽惑，至多只能欺人於一時，終不能維持長久，終不能積厚力量。

第三、青年學生應該認清他們的方法。他們都在受教育的時代，所以一切學生活動都應該含有教育自己、訓練自己的功用。這不是附帶的作用，這是學生運動的方法本身。凡自由的發表意見、虛心的研究問題、獨立的評判是非、嚴格的遵守規則、勤苦的鍛鍊身體、犧牲的維護公眾利益，這都是有教育價值與訓練功用的。此外，凡盲從、輕信、武斷、壓迫少數、欺騙群眾、假公濟私、破壞法律，都不是受教育時代的青年人應該提倡的，所以都不是學生運動的方法。團體生活的單位究竟在於健全的個人人格。學生運動必須注意到培養能自由獨立而又能奉公守法的個人人格。一群被人糊裡糊塗牽著鼻子走的少年人，在學校時決不會有真力量，出了校門也只配做順民，做奴隸，而已。

第四、青年學生要認清他們的時代。我們今日所遭的國難是空前的大難，現在的處境已夠困難了，來日的困難還要千百倍於今日。在這個大難裡，一切聳聽的口號標語固然都是空虛無補，就是在適當時機的一聲抗議，至多也不過臨時補漏救弊而已。青年學生的基本責任到底還在平時努力發展自己的知識與能力。社會的進步是一點一滴的進步，國家的力量也靠這個那個人的力量。只有拚命培養個人的知識與能力，才是報國的真正準備工夫。

——《大公報》星期論文，一九三五年十二月十五日；

又載：《獨立評論》，號一八二，一九三五年十二月二十二日。

延伸閱讀

◆**胡適**，〈黃梨洲論學生運動〉，《晨報》（北京：一九二一年五月四日），收入《我們的政治主張》，《胡適作品集》，冊九（臺北：遠流出版公司，一九八六）。

◆**胡適**，〈愛國運動與求學〉，《現代評論》，卷二期三九（北京：一九二五年九月五日），收入《三百年中的女作家》，《胡適作品集》，冊十四（臺北：遠流出版公司，一九八六）。

◆**胡適**，〈劉治熙關於《愛國運動與求學》的來信附言〉，《現代評論》，卷二期四十二（北京：一九二五年九月二十六日），收入潘光哲（主編），《胡適全集‧時論》（臺北：中央研究院近代史研究所胡適紀念館，二〇一八），冊三。

◆**胡適**，〈再論學生運動〉，《獨立評論》，號一八三（北平：一九三五年十二月二十九日），收入潘光哲（主編），《胡適全集‧時論》（臺北：中央研究院近代史研究所胡適紀念館，二〇一八），冊五。

◆**呂芳上**，《從學生運動到運動學生——民國八年至十八年》（臺北：中央研究院近代史研究所，一九九四）。

◆ **呂實強**，〈胡適對學生運動的態度〉，收入周策縱（等著），《胡適與近代中國》（臺北：時報文化出版公司，一九九一）。

◆ **黃堅立**，《難展的雙翼：中國國民黨面對學生運動的困境與決策：一九二七—一九四九年》（北京：商務印書館，二〇一〇）。

◆ **廖風德**，《學潮與戰後中國政治（一九四五—一九四九）》（臺北：東大圖書公司，一九九四）。

◆ **Wen-hsin Yeh**, *The Alienated Academy: Culture and Politics in Republican China, 1919-1937*（Cambridge, MA: Harvard University Press, 一九九〇）＝葉文心（著），馮夏根（等譯），《民國時期大學校園文化：一九一九—一九三七》，《海外中國研究文庫》（北京：中國人民大學出版社，二〇一二）。

第二十篇 貞操問題

【解題】

去位於臺北南港的胡適與江冬秀夫婦墓園悼懷的朋友，一定都會看到蔣介石「智德兼隆」的題字。當胡適去世，蔣介石致贈了「新文化中舊道德的楷模，舊倫理中新思想的師表」這樣的輓聯。胡適畢生不以「舊道德」、「舊倫理」為然；他的地位，怎麼會需要政治權威做出這樣的「蓋棺論定」呢。不過，胡適的感情婚姻生活，確實是瞭解他的生命人格，不可或缺的一頁。胡適夫婦的結合，本是「父母之命，媒妁之言」的產物。作為留學生的胡適，不像別的留學生那樣，「回國後第一件事便是離婚」，反倒是與自己心靈並不相契又裹過小腳的夫人一生相守，讓人嘖嘖稱奇。只是，胡適的感情生活，既與傳統「聖人」的道德倫理教條全不相干；胡適的幾段「外遇」故事，則正體現了他不是沒有浪漫情懷的冷血動物。然而，如果忘記了胡適對於現代中國性別問題的思考、貢獻與限制，卻只津津樂道於他如何「出軌」，恐怕只有滿足窺人隱私的娛樂意義。

胡適始終注意「女子解放」問題。早在一九〇六年參與《競業旬報》筆政的少年時期，胡適就撰稿批判婦女纏足的社會習慣；返國之後，對於這個問題的方方面面，更是多所闡釋。如他舉引美國的婦女為例證，倡言「超於賢妻良母的人生觀」，以實現「自立」為目的；發展個人的才性，可以不倚賴別人，自己能獨立生活，自己能替社會作事。胡適也主張向女子開放大學之門，還費力寫了幾千字的〈李超傳〉，要人們注意，舊家庭體制怎麼摧殘有心向學的女子。胡適又創作《終身大事》話劇，支持女子有權決定自己的婚姻對象。胡適乃至於從中國傳統裡挖掘思想資源，將李汝珍的《鏡花緣》解讀為討論「婦女問題」的小說。對於婦女遭受強暴的不幸命運，胡適則批判「餓死事極小，失節事極大」是一種「謬說」，認為「女子為強暴所汙，不必自殺」。這篇〈貞操問題〉是胡適想要破除傳統「貞操迷信」的力作，既批判當時種種「全無心肝的貞操論」，也表明自己「絕對的反對褒揚貞操的法律」。胡適強調，「貞操是一個『人』對別一個『人』的一種態度」，男女相愛，當然就應該彼此信守不渝。遺憾的是，胡適雖然表示「愛情的代價是痛苦，愛情的方法是要忍得住痛苦」；他總有禁受不住愛情煎熬折磨的時候，既未對夫人把守自己立下的「貞操」信念，也辜負了那些對他灌注過深愛真情的女性。胡適的愛情實踐，證明了他在這個領域裡應該不是足堪楷模的「聖人」；也彰顯了處於時代變遷浪潮之下，個體的掙扎、痛苦和選擇。

02 1925 年 7 月 18 日，胡適、江冬秀夫婦合影。

01 胡適與好友趙元任、楊步偉夫婦合影。

03 陸小曼照。徐志摩的第二任妻子，雙方的婚事，胡適扮演了重要的角色。徐、陸兩人都是離婚後再結連理，引起了社會大眾的關注。

04 徐志摩照。胡適言其一生追求「愛」、「自由」與「美」。徐志摩倡導新詩格律，對中國新詩的發展有重要的貢獻。他與胡適、聞一多、梁實秋、陳源等人於 1923 年創建「新月詩社」，為著名新月派現代詩人、散文家。

（一）

周作人先生所譯的日本與謝野晶子的〈貞操論〉（本報四卷五號），我讀了很有感觸。這個問題，在世界上受了幾千年無意識的迷信，到近幾十年中，方才有些西洋學者正式討論這問題的真意義。文學家如易卜生的《群鬼》和湯瑪士．哈代（Thomas Hardy）的《苔史》（*Tess of the d'Urbervilles*）都討論這個問題。如今家庭專制最利害的日本居然也有這樣大膽的議論！這是東方文明史一件極可賀的事。

當周先生翻譯這篇文字的時候，北京一家很有價值的報紙登出一篇恰相反的文章。這篇文章是海寧朱爾邁的〈會葬唐烈婦記〉（七月二十三四日北京《中華新報》），上半篇寫唐烈婦之死如下：

> 唐烈婦之死，所閱灰永，錢滷，投河，雉經者五，前後絕食者三；又益之以砒霜，則其親試乎殺人之方者凡九。自除夕上溯其夫亡之夕，凡九十有八日。夫以九死之慘毒，又歷九十八日之長，非所稱百挫千折有進而無退者乎？……

下文又借出一件「俞氏女守節」的事來替唐烈婦作陪襯：

女年十九，受海鹽張氏聘，未于歸，夫夭，女即絕食七日；家人勸之力，始進麋曰：「吾即生，必至張氏，甯服喪三年，然後歸報地下」。

最妙的是朱爾邁的論斷：

嗟乎，俞氏女蓋聞烈婦之風而興起者乎？……俞氏女果能死於絕食七日之內豈不甚幸？乃為家阻之。俞氏女亦以三年為己任，余正恐三年之間，凡一千八十日有奇，非如烈婦之九十八日也。且絕食之後，其家人防之者百端，……雖有死之志，而無死之間，可奈何？烈婦倘能陰相之以成其節，風化所關，猗歟盛矣！

這種議論簡直是全無心肝的貞操論。俞氏女還不曾出嫁，不過因為信了那種荒謬的貞操迷信，想做那「青史上留名的事」，所以絕食尋死，想做烈女。這位朱先生要維持風化，所以忍心害理的巴望那位烈婦的英靈來幫助俞氏女趕快死了，「豈不甚幸」！這種議論可算得貞操迷信的極端代表。《儒林外史》裡面的王玉輝看他女兒殉夫死了，不但不哀痛，反仰天大笑道：「死得好！死得好！」（五十二回）王玉輝的女兒殉已嫁之夫，尚在情理之中；王玉輝自己「生這女兒為倫紀生色」，他看他女兒死了反覺高興，已不在情理之中了。至於這位朱先生巴望別人家的女兒替他未婚夫做烈女，「說出那種猗歟盛哉」的全無心肝的話，可不是貞操迷信的極端代表嗎？

貞操問題之中，第一無道理的，便是這個替未婚夫守節和殉烈的風俗。在文明國裡，男女用自由意志，由高尚的戀愛，訂了婚約，有時男的或女的不幸死了，剩下的那一個因為生時情愛太深，故情願不再婚嫁，這是合情理的事。若在婚姻不自由之國，男女訂婚以後，女的還不知男的面長面短，有何情愛可言？不料竟有一種陋儒，用「青史上留名的事」來鼓勵無知女兒做烈女，「為倫紀生色」，「風化所關，猗歟盛矣！」我以為我們今日若要作具體的貞操論，第一步就該反對這種忍心害理的烈女論，要漸漸養成一種輿論，不但不把這種行為看作「猗歟盛矣」可旌表褒揚的事，還要公認這是不合人情、不合天理的罪惡；還要公認勸人做烈女，罪等於故意殺人。

這不過是貞操問題的一方面。這個問題的真相，已經與謝野晶子說得很明白了，她提出幾個疑問，內中有一條是：「貞操是否單是女子必要的道德，還是男女都必要的呢？」這個疑問，在中國更為重要。中國的男子要他們的妻子替他們守貞守節，他們自己卻公然嫖妓、公然納妾、公然「弔膀子」。再嫁的婦人在社會上幾乎沒有社交的資格；再婚的男子，多妻的男子，卻一毫不損失他們的身分。這不是最不平等的事嗎？怪不得古人要請「周婆制禮」來補救「周公制禮」的不平等了。

我不是說，因為男子嫖妓，女子便該偷漢；也不是說，因為老爺有姨太太，太太便該有姨老爺。我說的是男子嫖妓與婦人偷漢犯的是同等的罪惡；老爺納妾與太太偷人，犯的也是同等的罪惡。

為什麼呢？因為貞操不是個人的事，乃是人對人的事；不是一方面的事，乃是雙方面的事。女子尊重男子的愛情，心思專一，不肯再愛別人，這就是貞操。貞操是一個「人」對別一個「人」的一種態度。因為如此，男子對於女子，也該有同等的態度。若男子不能照樣還敬，他就是不配受這種貞操的待遇。這並不是外國進口的妖言，這乃是孔丘說的「己所不欲，勿施於人。」孔丘說：

> 君子之道四，丘未能一焉；所求乎子以事父，未能也；所求於臣以事君，未能也；所求於弟以事兄，未能也；所求乎朋友，先施之，未能也。

孔丘五倫之中，只說了四倫，未免有點欠缺。他理該加上一句道：

> 所求乎吾婦，先施之，未能也。

> 這纔是大公無私的聖人之道！

（二）

我這篇文字才剛做完，又在上海報上看見陳烈女殉夫的事。今先記此事大略如下：

陳烈女名宛珍，紹興縣人，三世居上海。年十七，字王遠甫之子菁士。菁士於本年三月二十三日病死，年十八歲。陳女聞死耗，即沐浴更衣，潛自仰藥。其家人覺察，倉皇施救，已無及。女迺泫然曰：「兒志早決。生雖未獲見夫，歿或相從地下……」言訖，遂死，死時距其未婚夫之死僅三時而已。

（此據上海紹興同鄉會所出徵文啟。）

過了兩天，又見上海縣知事呈江蘇省長請予褒揚的呈文，中說：

呈為陳烈女行實可風，造冊具書證明，請予按例褒揚事。……（事實略）……茲據呈稱……並開具事實，附送褒揚費銀六元前來……知事復查無異。除先給予「貞烈可風」匾額，以資旌表外，謹援《褒揚條例》……之規定，造具清冊，並附證明書，連同褒揚費一併備文呈送，仰祈鑒核，俯賜咨行內務部將陳烈女按例褒揚，實為德便事。

我讀了這篇呈文，方才知道我們中華民國居然還有什麼《褒揚條例》，於是我把那些條例尋來一看，只見第一條九種可褒揚行誼的第二款便是「婦女烈節貞操可以風世者」；第七款是「著述書籍，製造器用於學術技藝或發明或改良之功者」；第九款是「年逾百歲者！」一個人偶然活到了一百歲，居然也可以與學術技藝上的著作發明享受同等的褒揚！這已是不倫不類可笑得很了。再看那《條例施行細則》解釋第一條第二款的「婦女節烈貞操可以風世者」如下：

第二條：《褒揚條例》第一條第二款所稱之「節」婦，其守節年限自三十歲以前守節至五十歲以後者。但年未五十而身故，其守節已及六年者同。

第三條：同條款所稱之「烈」婦「烈」女，凡遇強暴不從致死或羞忿自盡，及夫亡殉節者，屬之。

第四條：同條款所稱之「貞」女，守貞年限與節婦同。其在夫家守貞身故，及未符年例而身故者，亦屬之。

以上各條乃是中國貞操問題的中心點。第二條褒揚「自三十歲以前守節至五十歲以後」的節婦，是中國法律明明認三十歲以下的寡婦不該再嫁；再嫁為不道德。第三條褒揚「夫亡殉節」的烈婦烈女，是中國法律明明鼓勵婦人自殺以殉夫；明明鼓勵未嫁女子自殺以殉未嫁之夫。第四條褒揚未嫁女子替未婚亡夫守貞二十年以上，是中國法律明明說未嫁而喪夫的女子不該再嫁人；再嫁便是不道德。

這是中國法律對於貞操問題的規定。

依我個人的意思看來，這三種規定都沒有成立的理由。

第一，寡婦再嫁問題。這全是一個個人問題。婦人若是對她已死的丈夫真有割不斷的情義，她自己不忍再嫁；或是已有了孩子，不肯再嫁；或是年紀已大，不能再嫁；或是家道殷實，不愁衣食，不必再嫁——婦人處於這種境地，自然守節不嫁。還有一些婦人，對她丈夫，或有怨心，或無恩意，年紀又輕，不肯拋棄人生正當的家庭快樂；或是沒有兒女，家又貧苦，不能度日——婦人處於這種境遇沒有守節的理由，為個人計，為社會計，為人道計，都該勸她改嫁。貞操乃是夫婦相待的一種態度。夫婦之間愛情深了，恩誼厚了，無論誰生誰死，無論生時死後，都不忍把這愛情移於別人，這便是貞操。夫妻之間若沒有愛情恩意，即沒有貞操可說。若不問夫婦之間有無可以永久不變的愛情，若不問做丈夫的配不配受他妻子的貞操，只曉得主張做妻子的總該替她丈夫守節，這是一偏的貞操論，這是不合人情公理的倫理。再者，貞操的道德，「照各人境遇體質的不同，有時能守，有時不能守；在甲能守，在乙不能守」

（用與謝野晶子的話）。若不問個人的境遇體質，只曉得說「忠臣不事二君，烈女不更二夫」；只曉得說「餓死事極小，失節事極大」（用程子語）；這是忍心害理，男子專制的貞操論。以上所說，大旨只要指出寡婦應否再嫁全是個人問題，有個人恩情上、體質上、家計上種種不同的理由，不可偏於一方面主張不近情理的守節。因為如此，故我極端反對國家用法律的規定來褒揚守節不嫁的寡婦。褒揚守節的寡婦，即是說寡婦再嫁為不道德即是主張一偏的貞操論。法律既不能斷定寡婦再嫁為不道德，即不該褒揚不嫁的寡婦。

第二，烈婦殉夫問題。寡婦守節最正當的理由是夫婦間的愛情。婦人殉夫最正當的理由也是夫婦間的愛情。愛情深了，生離尚且不能堪，何況死別；再加以宗教的迷信，以為死後可以夫婦團圓，因此有許多婦人，夫死之後，情願殺身從夫於地下，這個不屬於貞操問題。但我以為無論如何，這也是個人恩愛問題，應由個人自由意志去決定。無論如何，法律總不該正式褒揚婦人自殺殉夫的舉動。一來呢，殉夫既由於個人的恩愛，何須用法律來褒揚鼓勵？二來呢，殉夫若由於死後團圓的迷信，更不該有法律的褒揚了。三來呢，若用法律來褒揚殉夫的烈婦，有一些好名的婦人，便要藉此博一個「青史留名」；是法律的褒揚反發生一種沽名釣譽，作偽不誠的行為了！

第三，貞女烈女問題。未嫁而夫死的女子，守貞不嫁的，是「貞女」；殺身殉夫的，是「烈女」。我上文說過，夫婦之間若沒有恩愛，即沒有貞操可說。依此看來，那未嫁的女子，對於她丈夫有何恩愛？既無恩愛，更有何貞操可守？我說到這裡，有個朋友駁我道：

這話別人說了還可，胡適之可不該說這話。為什麼呢？你自己曾做過一首詩，詩裡有一段道：「我不認得她，她不認得我，我卻常念他，這是為什麼，豈不因我們，分定常相親？由分生情意，所以非路人。海外土生子，生不識故里，終有故鄉情，其理亦如此」。依你這詩的理論看來，豈不是已訂婚而未嫁娶的男女因為名分已定，也會有一種情意。既有了情意，自然發生貞操問題。你於今又說未婚嫁的男女沒有恩愛，故也沒有貞操可說，可不是自相矛盾嗎？

我聽了這番駁論，幾乎開口不得。想了一想，我纔回答道：我那首詩所說名分上發生的情意，自然是有的；若沒有那種名分上的情意，中國的舊式婚姻決不能存在。如舊日女子聽人說她未婚夫的事，即面紅害羞，即留神注意，可見她對她未婚夫實有這種名分上所發生的情誼。但這種情誼完全屬於理想的，這種理想的情誼往往因實際上的反證，遂完全消滅。如女子懸想一個可愛的丈夫，及到嫁時，只見一個極下流不堪的男子，她如何能堅持那從前理想中的情誼呢？我承認名分可以發生一種情誼，我並且希望一切名分都能發生相當的情誼。但這種理想的情誼，依我看來實在不夠發生終身不嫁的貞操，更不夠發生殺身殉夫的節烈，即使我更讓一步，承認中國有些女子，例如吳趼人《恨海》裡那個浪子的聘妻，深中了聖賢經傳的毒，由名分上真能生出極濃摯的情誼，無論她未婚夫如何淫蕩，人格如何墮落，依舊貞一不變。試問我們在這個文明時代是否應該贊成提倡這種盲從的貞操？這種盲從的貞操，只值得一句「其愚不可及也」的評論，卻不值得法律的褒揚。法律既許未嫁的女子夫死再嫁，便不該褒揚處女守貞。至於法律褒揚無辜女子自殺以殉不曾見面的丈夫，那更是男子專制時代的風俗，不該存在於現今的世界。

總而言之，我對於中國人的貞操問題，有三層意見。

第一，這個問題，從前的人都看作「天經地義」，一味盲從，全不研究「貞操」兩字究竟有何意義。我們生在今日，無論提倡何種道德，總該想想那種道德的真意義是什麼。《墨子》說得好：

> 子墨子問於儒者曰：「何故為樂」？曰：「樂以為樂也。」子墨子曰：「子

> 未我應也。今我問曰：『何故為室？』曰：『冬避寒焉，夏避暑焉，室以為男女之別也』，則子告我為室之故矣。今我問曰：『何故為樂？』曰：『樂以為樂也』，是猶曰『何故為室？』曰：『室以為室也。』」（公孟篇）

今試問人「貞操是什麼？」或「為什麼你褒揚貞操？」他一定回答道，「貞操就是貞操。我因為這是貞操，故褒揚它。」這種「室以為室也」的論理，便是今日道德思想宣告破產的證據。故我作這篇文字的第一個主意只是要大家知道「貞操」這個問題並不是「天經地義」，是可以澈底研究，可以反覆討論的。

第二，我以為貞操是男女相待的一種態度；乃是雙方交互的道德，不是偏於女子一方面的。由這個前提，便生出幾條引申的意見：

(一)男子對於女子，丈夫對於妻子，也應有貞操的態度。

(二)男子做不貞操的行為，如嫖妓娶妾之類，社會上應該用對待不貞婦女的態度來對待他。

(三)婦女對於無貞操的丈夫，沒有守貞操的責任。

(四)社會法律既不認嫖妓納妾為不道德，便不該褒揚女子的「節烈貞操」。

第三，我絕對的反對褒揚貞操的法律。我的理由是：

（一）貞操既是個人男女雙方對待的一種態度，誠意的貞操是完全自動的道德，不容有外部的干涉，不須有法律的提倡。

（二）若用法律的褒揚為提倡貞操的方法，勢必至造成許多沽名釣譽，不誠實，無意識的貞操舉動。

（三）在現代社會，許多貞操問題，如寡婦再嫁、處女守貞等之問題的是非得失，卻都還有討論餘地，法律不當以武斷的態度制定褒貶的規條。

（四）法律既不獎勵男子的貞操，又不懲男子的不貞操，便不該單獨提倡女子的貞操。

（五）以近世人道主義的眼光看來，褒揚烈婦烈女殺身殉夫，都是野蠻殘忍的法律，這種法律，在今日沒有存在的地位。

——《新青年》，卷五號一，一九一八年七月十五日。

延伸閱讀

- **胡適**，〈終身大事（游戲的喜劇）〉，《新青年》，卷六號三（北京：一九一八年七月十五日），收入《貞操問題》，《胡適作品集》，冊六（臺北：遠流出版公司，一九八六）。
- **胡適**，〈美國的婦人〉（一九一八年九月），《新青年》，卷五號二（一九一八年八月十五日），收入《貞操問題》，《胡適作品集》，冊六。
- **胡適**，〈女子解放從那裡做起〉，《星期評論》，號八（北京：一九一九年七月二十七日），收入潘光哲（主編），《胡適全集．時論》（臺北：中央研究院近代史研究所胡適紀念館，二〇一八），冊一。
- **胡適**，〈大學開女禁的問題〉，《少年中國》，卷一期四（北京：一九一九年十月十五日），收入潘光哲（主編），《胡適全集．時論》，冊一。
- **胡適**，〈李超傳〉，《新潮》，卷二號二（北京：一九一九年十二月一日），收入《貞操問題》，《胡適作品集》，冊六。
- **胡適**，〈論女子為強暴所汙——答蕭宜森——〉，收入《貞操問題》，《胡適作品集》，冊六。

◆**胡適（講），張友鸞、陳東原（記）**，〈女子問題——胡適之先生演講〉（一九二一年八月四日講於安慶青年會），《婦女雜誌》，卷八號五（上海：一九二二年五月一日），收入潘光哲（主編），《胡適全集・時論》，冊二。

◆**胡適**，〈中國最早的一部討論婦女問題的書——《鏡花緣》〉，《努力週報》，期六十、六一（北京：一九二三年七月八日、十五日），收入張忠棟、李永熾、林正弘（主編），劉季倫、薛化元、潘光哲（編輯），《現代中國自由主義資料選編——⑥社會改革的思潮》（臺北：唐山出版社，二〇〇一）。

◆**胡適**，〈小詩〉，《嘗試集》，《胡適作品集》（臺北：遠流出版公司，一九八六），冊二十七。

◆**孔慧怡**，《五四婚姻：女方的故事》（香港：天地圖書，二〇一五）。

◆**江勇振**，〈男性與自我的扮相：胡適的愛情、軀體與隱私觀〉，收入熊秉真（主編），《欲掩彌彰：中國歷史文化中的「私」與「情」——公義篇》（臺北：漢學研究中心，二〇〇三）。

◆**江勇振**，《星星、月亮、太陽：胡適的情感世界》（臺北：聯經出版公司，二〇〇七）＝江勇振，《星星、月亮、太陽——胡適的情感世界（增訂本）》（北京：新星出版社，二〇一二）。

◆**汪榮祖**，〈胡適、吳宓和愛情——兼論私情與公論〉，收入熊秉真（主編），《欲掩彌彰：中國歷史文化中的「私」與「情」——公義篇》。

◆**周質平**，《胡適與韋蓮司：深情五十年》（臺北：聯經出版公司，一九九八）。

◆**許慧琦**，〈一九二〇年代的戀愛與新性道德論述——從章錫琛參與的三次論戰談起〉，《近代中國婦女史研究》，期十六（臺北：二〇〇八年十二月）。

◆**陳姃湲**，《從東亞看近代中國婦女教育：知識分子對「賢妻良母」的改造》（臺北：稻鄉出版社，二〇〇五）。

◆**蔡登山**，〈山風吹不散心頭的人影—胡適的婚外戀〉，收入氏著，《何處尋你：胡適的戀人及友人》（臺北：ＩＮＫ印刻文學生活雜誌出版公司，二〇〇八）。

胡適年表

時間—年齡	重要活動
1891—1 歲	十二月十七日，生於上海，取名嗣穈，學名洪騂，後改名適，字適之。父胡傳、母馮順弟。
1893—3 歲	四月十二日，跟隨母親前往臺灣至父親任所，先住臺南，後遷臺東。
1895—5 歲	二月七日，「甲午戰爭」爆發，隨母離臺，返回祖籍地安徽績溪上莊，進家塾讀書。 八月二十二日，父胡傳病逝於廈門。
1904—14 歲	二月，隨三兄抵上海，入梅溪學堂。離鄉前，與旌德縣江冬秀訂婚。

1905 — 15 歲
改入上海澄衷學堂。

1906 — 16 歲
考入上海中國公學。
加入「競業學會」，為《競業旬報》撰稿。

1906 — 18 歲
主編《競業旬報》。
轉入中國新公學，兼任英文教員。

1910 — 20 歲
六月底，自上海赴北京，以「胡適」為名，參加庚子賠款留學美國官費生考試，獲得錄取。
九月，抵美，進入康乃爾大學，選讀農科。

1912 — 22 歲
改入康乃爾大學文學院，主修哲學。

1915 — 25 歲
九月，進入哥倫比亞大學哲學系，師從約翰．杜威（John Dewey）。

1917
27 歲

一月，〈文學改良芻議〉發表於《新青年》。
五月，參加博士學位之最後口試。
六月，離開美國，啟程返回中國；七月十日抵達上海。
八月，任北京大學教授。
十二月，回安徽績溪與江冬秀結婚。

1918
28 歲

一月，返北京。
十一月，返鄉奔母喪。

1919
29 歲

二月，《中國哲學史大綱》卷上出版。
三月，長子祖望生。
四月三十日，在上海迎接杜威來中國講學。
六月，接辦《每週評論》。

1920
30 歲

三月，詩集《嘗試集》出版。
八月，女素斐生（一九二五年病故）。

1921
31 歲

十二月，次子思杜生。
《胡適文存》出版。

1922 — 32 歲

二月，《章實齋先生年譜》出版。

五月，創辦《努力周報》。

是年，博士論文 *The Development of the Logical Method in Ancient China*（《先秦名學史》）在上海出版。

1923 — 33 歲

一月，發表〈國學季刊發刊宣言〉。

四月二十一日，離開北京，到杭州煙霞洞等地養病休養。

1924 — 34 歲

十一月，《胡適文存二集》出版。

1926 — 36 歲

七月，經西伯利亞、莫斯科前往英國，參加「中英庚款諮詢委員會」會議，再轉往美國。

1927 — 37 歲

四月，由西雅圖上船，經日本返回中國。

六月，與徐志摩等在上海創辦新月書店。移住上海。被選為「中華教育文化基金董事會」董事。

十月，《戴東原的哲學》出版。

1928
38歲
三月，《新月》雜誌創刊。
四月，擔任上海中國公學校長。
六月，《白話文學史》出版。

1929
39歲
在《新月》雜誌發表〈人權與約法〉等文。
十二月十三日，撰《人權論集》〈序〉。

1930
40歲
五月，辭中國公學校長。
九月，《胡適文存三集》出版。
十一月，全家搬至北平。
十二月，《胡適文選》、《神會和尚遺集》出版。

1931
41歲
是年，任教北京大學，並參與北京大學的改革。

1932
42歲
二月十五日，正式就任北京大學文學院院長。
五月，與丁文江、傅斯年、蔣廷黻等合辦的《獨立評論》出版。
十一月二十八日，在武漢首次與蔣介石見面。

1933 — 43歲
六月，赴美，在美國芝加哥大學講學，十月，返回中國。
九月，《四十自述》出版。

1935 — 45歲
一月，接受香港大學榮譽博士學位。
九月，當選中央研究院第一屆評議會評議員。
十二月，《胡適論學近著》（後改稱《胡適文存四集》）出版。

1937 — 47歲
七月，參加「廬山談話會」。
九月，赴美國，以非官方身分進行外交工作。

1938 — 48歲
九月，受國民政府任命為駐美全權大使。
十二月，首度心臟病發。

1942 — 52歲
九月，交卸駐美大使職務，移居紐約。

1944 — 54歲
十月，應聘至美國哈佛大學講學。

1945 — 55歲

四月，以國民政府代表團代表身分，在美國舊金山出席聯合國制憲會議。

十一月，以中國代表團首席代表身分赴英，出席聯合國教科文組織會議。

1945 — 56歲

三月，被推選為國民大會代表。

七月，返回中國；九月，就任北京大學校長。

1948 — 58歲

三月，當選中央研究院第一屆院士。

十二月，乘專機離開北平。

1949 — 59歲

四月，由上海坐船前往美國，寓居紐約。

十一月，《自由中國》雜誌創刊號在臺北出版，擔任發行人（至一九五三年）。

1950 — 60歲

七月，擔任美國普林斯頓大學葛思德東方圖書館（Gest Oriental Library）館長一職，是月起聘，聘期兩年。

1952 62歲
十一月，由美來臺；翌年一月離臺。

1954 64歲
二月，來臺參加第一屆國民大會第二次會議；四月，離臺赴美。

1957 67歲
十一月，被任命為中央研究院院長；到任前，由李濟代理。

1958 68歲
四月，返臺就任中央研究院院長。
五月，擬定「國家發展科學培植人才的五年計劃的綱領草案」。

1959 69歲
二月一日，國家長期發展科學委員會成立，擔任主席。

1960 70歲
七月，赴美參加中美學術合作會議，十月返臺。
九月，《自由中國》雜誌發行人雷震被捕。

1962 72歲
二月二十四日上午，主持中央研究院第五次院士會議。下午會後，因心臟病猝發，於六時三十五分逝世。

建議閱讀書目

【胡適的著作與研究，汗牛充棟，本篇以初學者為考慮角度，選精擇要，必有遺珠之憾；引介之辭，亦為個人之見，或與本來要旨未必符合。凡此不周之處，敬祈識者諒察】

一・胡適的著作與史料

◆**胡適**，《四十自述》（臺北：胡適紀念館，二〇一五）／胡適，《四十自述》，《胡適作品集》，冊一（臺北：遠流出版公司，一九八六）【初學者進入胡適生命世界的第一把鑰匙；胡適紀念館的版本，校印較為精緻】。

◆**胡適（著）**，唐德剛（譯注），《胡適口述自傳》（臺北：傳記文學出版社，一九八一）【初學者進入胡適生命世界的另一把鑰匙；原稿問世的思想氣候，正是中國正在極力推動「清算胡適思想」之際，故述說不免帶有胡適「自衛」的色彩】。

◆**胡適**，《胡適文選》，《胡適作品集》，冊二（臺北：遠流出版公司，一九八六）【初學者進入胡適思想世界的第一把鑰匙；原著問世於一九三〇年，收錄文獻局限於早期作品，選文亦較偏重於學術思想領域】。

◆**潘光哲（主編）**，《胡適全集．時論》，八冊（臺北：中央研究院近代史研究所胡適紀念館，二〇一八）。

◆**潘光哲（主編）**，《胡適全集．中文書信集》，五冊（臺北：中央研究院近代史研究所胡適紀念館，二〇一八）【漢語世界最完整齊全的「全集」，猶不免略有遺漏誤失，校對可再精進；由於胡適宣揚自由、民主與人權理念及建構反共論述的相關著作，簡體字版皆刪除不錄，因此，本帙整編的胡適時論著作，更為全面；胡適的其他著作，亦正整理編輯，俟全帙問世，當可取代簡體字版。初學者宜對胡適的生平思想有基礎認知之後，再加批閱】。

◆《胡適全集》，四四冊（合肥：安徽教育出版社，二〇〇三）【簡體字版；號稱「全集」，仍有遺漏誤失；惟收集胡適著作較為全面，尚可利用；冊四三與冊四四是《胡適著譯繫年》，檢查胡適著作發表出版狀況，尚稱便利】。

◆**胡適**，《胡適作品集》，三十七冊（臺北：遠流出版公司，一九八六）【胡適已刊結集著作之初步整理；不及《胡適全集》周全廣泛，仍有利用價值；初學者宜由這套書起步】。

◆**曹伯言（整理）**，《胡適日記全集》，十冊（臺北：聯經出版公司，二〇〇四）【整理較為精審，目前胡適日記的最佳版本；研究胡適的最基礎著作；初學者宜對胡適的生平思想有基礎認知之後，再加批閱】。

◆**周質平（主編）**，《胡適早年文存》（臺北：遠流出版公司，一九九五）【匯集胡適在一九〇六～一九一五年間發表的中文著作，研究胡適青年時期思想的基本資料，甚有價值；初學者宜對青年胡適的生平思想有基礎認知之後，再加批閱】。

◆**周質平（主編）**，《胡適英文文存》，三冊（臺北：遠流出版公司，一九九五）。

◆**周質平（主編）**，《胡適未刊英文遺稿》（臺北：聯經出版公司，二〇〇一）【這兩部書匯集胡適的基本英文著述，甚有價值；初學者宜於掌握熟悉胡適中文著作後，再問津於斯】。

◆**耿雲志（主編）**，《胡適遺稿及秘藏書信》，四二冊（合肥：黃山書社，一九九四）【匯編胡適的手稿與友朋往來書信；原件影印，需研究者自行判讀整理，不適於初學者】。

◆**耿雲志、歐陽哲生（編）**，《胡適書信集》，三冊（北京：北京大學出版社，一九九六）【匯編胡適的書信，經過整理，偶有誤漏，仍是研究胡適的基礎參考書之一；初學者宜對胡適的生平思想有基礎認知之後，再加批閱】。

◆**中國社會科學院近代史研究所中華民國史研究室（編）**，《胡適來往書信選》，三冊

（北京：中華書局，一九七九）【選編胡適與友朋的往來書信，經過整理，偶有誤疵，仍是研究胡適的最基礎參考書之一；初學者宜對胡適的生平思想有基礎認知之後，再加批閱】。

◆**杜春和（等編）**，《胡適論學往來書信選》，二冊（石家莊：河北人民出版社，一九九八）【選編整理胡適與友朋論學的往來書信，偶有誤疵，仍是研究胡適的基礎參考書之一；初學者宜對胡適的生平思想有基礎認知之後，再加批閱】。

◆**周質平（編譯）**，《不思量自難忘：胡適給韋蓮司的信》（臺北：聯經出版公司，一九九九）【韋蓮司是胡適留學時期的異性摯友，情誼終生不渝；這部書記錄了胡適的多重生命世界的一個側面；初學者宜對胡適的生平思想有基礎認知之後，再加批閱】。

◆**萬麗鵑（編註）**，潘光哲（校閱），《萬山不許一溪奔——胡適雷震來往書信選集》（臺北：中央研究院近代史研究所，二〇〇一）【雷震與胡適為臺灣民主自由奮鬥歷程的基本紀錄；初學者宜對胡適與雷震的生平思想有基礎認知之後，再加批閱】。

◆**胡適紀念館（編）**，《論學談詩二十年：胡適楊聯陞往來書札》（臺北：聯經出版公司，一九九八）【楊聯陞長期任教於美國哈佛大學，是胡適晚年的學術知交，這部書正是兩位傑出學者學思互動的珍貴紀錄；初學者宜對胡適的生平思想有基礎認知之後，再加批閱】。

◆ **北京大學圖書館、臺灣中央研究院近代史研究所胡適紀念館（編纂）**，《胡適藏書目錄》（桂林：廣西師範大學出版社，二〇一三）【由於政治因素，胡適藏書基本上分散在北京大學與臺北胡適紀念館；持此一帙，略可查考胡適藏書，如可進一步研究胡適在藏書上的眉批等等，自可更深入瞭解胡適的思想世界；初學者宜對胡適的生平思想有基礎認知之後，再加批閱】。

◆ **胡頌平（編著）**，《胡適之先生晚年談話錄》（臺北：聯經出版公司，一九八四）【記錄胡適晚年（一九五八～一九六二）年間的言談，言笑意態，躍然紙上，研究胡適的最基礎參考書；適於初學者】。

◆ **胡頌平（編著）**，《胡適之先生年譜長編初稿》，十冊（臺北：聯經出版公司，一九八四）【胡頌平是胡適晚年的祕書；出版較早，史料難免誤失闕漏，仍是研究胡適的最基礎參考書；適於初學者】。

◆ **胡頌平（編著）**，《胡適之先生年譜長編初稿補編》（臺北：聯經出版公司，二〇一五）【《胡適之先生年譜長編初稿》係遭受刪易之版本；本書還原是著本來面目；兩書合觀，得以識曉胡適生平與思想之面貌，適於初學者】。

◆ **宋廣波**，《胡適紅學年譜（修訂版）》（哈爾濱：黑龍江教育出版社，二〇〇九）

【胡適在《紅樓夢》研究領域裡自成一家言，被視為現代「紅學」典範的開創者，這部書是胡適涉足此一領域的史料紀錄；初學者宜對胡適的生平思想有基礎認知之後，再加批閱，惟可藉此書（與編者宋廣波其他相關之纂輯成果）學習編輯胡適相關史料的本領】。

二・研究胡適的著作

◆**余英時**，《重尋胡適歷程——胡適生平與思想再認識》（臺北：聯經出版公司，二〇〇四）【余英時教授是享譽世界的學者，這部書匯集他研究胡適的心得睿見於一編，是認識胡適的最佳著作；對初學者而言，若干述說析論稍有難度，卻值得再三揣摩品味】。

◆**唐德剛**，《胡適雜憶》（臺北：傳記文學出版社，一九七九）【唐德剛教授是胡適晚年流亡美國的忘年之交，他以平實而親切的筆法回憶介紹了胡適其人其事，亦莊亦諧，有如引導讀者進入了一個讓人流連忘返的大千世界；適於初學者】。

◆**張忠棟**，《胡適五論》（臺北：允晨文化公司，一九八七）＝張忠棟，《胡適五論》（臺北：稻鄉出版社，二〇〇九（再版））。

◆**張忠棟**，《自由主義人物》（臺北：允晨文化公司，一九九八）【已故臺灣大學歷史系張忠棟教授的名作，清楚呈現胡適與雷震、殷海光等自由主義者在政治領域裡的艱辛歷程；惜對胡適的學術、文化活動，全未著墨。張教授的這兩部書，問世較早，史料部分略有不足，惟述說綱舉目張，述論明快易讀，仍是初學者認識這一課題的最佳入門著作】。

◆**逯耀東**，《胡適與當代史學家》（臺北：東大圖書股份有限公司，一九九八）【已故臺灣大學歷史系逯耀東教授也是研究胡適的名家，對胡適的學術、生活、交遊、人際網絡等面向有細緻的描寫，別開生面，兼以文筆清新易讀，是初學者最佳入門著作。可惜的是，逯教授文不加註，不能指引初學者進一步親近原始資料。杭州浙江大學桑兵教授的《國學與漢學：近代中外學界交往錄》（杭州：浙江人民出版社，一九九九）、《晚清民國的國學研究》（上海：上海古籍出版社，二〇〇一）、《晚清民國的學人與學術》（北京：中華書局，二〇〇八）等書，收錄多篇與胡適相關之論文，與逯著相類，細膩又超乎其上，初學者可以從逯著得到基礎認知之後，再加批閱】。

◆**林毓生**，〈心平氣和論胡適〉，《思與言》人文社會科學雜誌，卷四十七期二（臺北：二〇〇九年六月）／林毓生，〈平心靜氣論胡適〉，收入歐陽哲生（編），《解析胡適》（北京：社會科學出版社，二〇〇〇）【林毓生教授師承殷海光先生，是華人世界研究自由主義的重要學者。他研究胡適相關的多篇論著，主要收入《思想與人物》（臺北：聯經出版公司，一九八三）與《政治秩序與多元社會》（臺北：聯經出版公司，一九八九）二書；他對胡適多有嚴厲的批判而自成一家言，惟初學者如欲體會，並非易事，然如對比原始史料，反覆揣摩其立論，實為訓練自己思維的有效方式】。

◆**李又寧（主編）**，《胡適與他的學生》（南京：南京大學出版社，二〇一六）。

◆**李又寧（主編）**，《胡適與他的朋友》，集一—六（紐約：天外出版社，一九九〇起）【李又寧教授主編的這兩部書，匯集專家之研究成果，揭示了胡適多重人際關係世界的面貌；李又寧教授另編有與胡適相關的多種著作，都有助於初學者的認識】。

◆**周質平**，《胡適與韋蓮司：深情五十年》（臺北：聯經出版公司，一九九八）【周質平教授的力作，對瞭解胡適的思想形成及其異性世界的面向，甚有助益；周質平教授的文集：《胡適與魯迅》（臺北：時報文化出版公司，一九八八）、《胡適叢論》（臺北：三民書局，一九九二）、《光焰不熄：胡適思想與現代中國》（北京：九州出版社，二〇一二），收錄他研究胡適生平與思想的相關論文，文字明快，流暢易讀，述論觀點或有可再商榷處，仍適於初學者】。

◆**江勇振**，《舍我其誰：胡適》，第一部，《璞玉成璧（一八九一—一九一七）》（臺北：聯經出版公司，二〇一一）＝江勇振，《舍我其誰：胡適》，第一部，《璞玉成璧（一八九一—一九一七）》（北京：新星出版社，二〇一一）。

◆**江勇振**，《舍我其誰：胡適》，第二部，《日正當中（一九一七—一九二七）》（臺北：聯經出版公司，二〇一三）＝江勇振，《舍我其誰：胡適》，第二部，《日正當中（一九一七—一九二七）》（杭州：浙江人民出版社，二〇一三）。

◆**江勇振**，《舍我其誰：胡適》，第三部，《為學論政（一九二七—一九三二）》（臺北：聯經出版公司，二〇一八）。

◆**江勇振**，《舍我其誰：胡適》，第四部，《國師策士（一九三二—一九六二）》（臺北：聯經出版公司，二〇一八）【江勇振教授的精心之作；他認為，研究胡適，千萬別墮入「胡適說過就算主義」，必須學習胡適的教誨——必須要有「一點點用功的習慣，一點點懷疑的態度」，還得先學一點「不被胡適牽著鼻子走」的本領。全帙言人未言之處，所在多有，有賴讀者細心參校；初學者未必能體會其奧妙所在，宜在已有基本認識之後，再行批閱】

◆**江勇振**，《星星、月亮、太陽：胡適的情感世界》（臺北：聯經出版公司，二〇〇七）＝江勇振，《星星、月亮、太陽：胡適的情感世界（增訂本）》（北京：新星出版社，二〇一二）【細膩描述胡適的情感世界，不將胡適「聖人化」；初學者恐怕難能體會本書要旨，宜在已有基本認識之後，再行批閱】。

◆**蔡登山**，《何處尋你：胡適的戀人及友人》（臺北：INK 印刻文學生活雜誌出版有限公司，二〇〇八）【細膩描述胡適的愛情與友誼世界，有助於初學者之認識；惟思想啟發性稍有不足，亦難免渲染之辭，是其缺憾】。

◆**周昌龍**，《超越西潮：胡適與中國傳統》（臺北：臺灣學生書局，二〇〇一）【本書集中討論胡適思想與中國傳統的關係，述說析論較為繁難，不適於初學者】。

◆**歐陽哲生**，〈打不倒的胡適之——胡適研究正成為一門顯學〉，《當代》，期一七八（臺北：二〇〇二年六月）【北京大學歐陽哲生教授是中國研究胡適的中堅學者之一，本文的述說，反映了中國學者研究胡適的基本要義與關懷；他另有專著《自由主義之累——胡適思想的現代闡釋》（南昌：江西教育出版社，二〇〇三），是以論帶史之作，初學者宜在已有基本認識之後，再行批閱】。

◆**羅志田**，《再造文明之夢：胡適傳》（北京：社會科學文獻出版社，二〇一五）【四川大學／北京大學羅志田教授是中國研究胡適的中堅學者之一，這部傳記，基本思路承繼余英時教授的睿見而又自有創獲，值得初學者批閱】。

◆**沈寂**，《胡適政論與近代中國》（臺北：臺灣商務印書館，一九九四）／沈寂，《胡適與蔣介石》（臺北：秀威資訊科技公司，二〇一四）【安徽大學的沈寂教授與北京中國社會科學院的耿雲志教授，都是中國研究胡適的前輩學者，惟其著述不免都受到著述環境與意識形態的制約；沈寂教授的著作，與張忠棟教授的著作相類，史料基礎則後來居上，較為豐富，述說自有特色，值得初學者批閱】。

◆**章清**，《「胡適派學人群」與現代中國自由主義（全新修訂版）》（上海：上海三聯書店，二〇一五）【上海復旦大學章清教授是中國研究胡適的中堅學者之一，本書述說與胡適關係密切的知識分子群體，綜合析論，頗見功力。本書涉及之人事與課題頗為複雜，初學者或不易掌握。南京大學沈衛威教授的《自由守望：胡適派文人引論》（南京：南京大學出版社，二〇〇九），為類似之作；不過，沈衛威教授研究胡適等相關課題的著作，多少夾雜意識形態色彩，不免有憾】。

◆**張耀杰**，《胡適與《新青年》》，《胡適評議》，卷一（臺北：秀威資訊科技公司，二〇一八）。

◆**張耀杰**，《胡適與新舊文化》，《胡適評議》，卷二（臺北：秀威資訊科技公司，二〇一八）。

◆**張耀杰**，《胡適與蔣介石之憲政博弈》，《胡適評議》，卷三（臺北：秀威資訊科技公司，二〇一八）。

◆**邵建**，《胡適前傳》（臺北：秀威資訊科技公司，二〇〇八）＝邵建，《胡適的前半生：日記、書信、年譜中的胡適（一八九一—一九二七）》，《溫故書坊》（桂林：廣西師範大學出版社，二〇一三）。

◆**邵建**，《二十世紀的兩個知識分子——胡適與魯迅》（臺北：秀威資訊科技公司，二〇〇八）＝邵建，《二十世紀的兩個知識分子：胡適與魯迅》（北京：光明日報出版社，二〇〇八）【南京曉莊學院的邵建教授與北京的中國藝術研究院張耀杰研究員，都是中國研究胡適的突起異軍，他們從中國現實處境的關懷出發，研究胡適，以古思今，學術純度難免略有不足，初學者或難體會微言大義；張耀杰的作品，尚以胡適個人史料為基礎而立論，初學者可藉以略識其大要；邵建則憑己意擇取胡適生平的某個切面而立論為文，述論難免不夠全面完整，初學者宜在已有基本認識之後，再行批閱】。

◆**周策縱（等著）**，《胡適與近代中國》（臺北：時報文化出版公司，一九九一）。

◆**劉青峰（編）**，《胡適與現代中國文化轉型》（香港：中文大學出版社，一九九四）【一九九一年，時逢胡適百年誕辰，臺北與香港分別召開紀念研討會，這兩部書都是會議論文集，匯集諸家精英力作，初學者可以就程度興趣之所及，一窺胡適思想與生命的多重面向】。

◆**潘光哲（主編）**，《胡適與現代中國的理想追尋：紀念胡適先生一百二十歲誕辰國際學術討論會論文集》（臺北：秀威資訊科技公司，二〇一三）。

◆ **耿雲志、宋廣波（主編）**，《紀念胡適先生誕辰一百二十週年國際學術研討會專輯》，《胡適研究論叢》二（北京：社會科學文獻出版社，二〇一二）【二〇一一年，時逢胡適一百廿歲誕辰，臺北等地召開紀念研討會，這兩部書皆為會議論文集，匯集諸家精英力作，初學者亦可以就程度興趣之所及，一窺胡適思想與生命的多重面向】。

◆ **潘光哲**，〈「重新估定一切價值」——「胡適研究」前景的一些反思〉，《文史哲學報》，期五六（臺北：臺灣大學，二〇〇二年五月）【研究胡適的著作，不可勝數，本文回顧檢討二〇〇二年以前的成果，或有助於初學者掌握相關問題之脈絡；已收錄為本書附錄】。

◆ **Min-Chih Chou**, *Hu Shih and Intellectual Choice in Modern China*（Ann Arbor, MI: The University of Michigan Press, 1984）＝周明之（著），雷頤（譯），《胡適與中國現代知識分子的選擇》（桂林：廣西師範大學出版社，二〇〇五）。

◆ **Jerome B. Grieder**, *Hu Shih and the Chinese Renaissance: Liberalism in the Chinese Revolution, 1917-1937*（Cambridge, MA: Harvard University Press, 1970）＝賈祖麟（著），張振玉（譯），《胡適之評傳》（海口：南海出版公司，一九九二）＝格里

德（著），魯奇（譯），《胡適與中國的文藝復興：中國革命中的自由主義（一九一七—一九五〇）》（南京：江蘇人民出版社，一九八九）＝ジェローム・グリーダー（著），佐藤公彦（訳），《胡適一八九一—一九六二：中国革命の中のリベラリズム》（東京：藤原書店，二〇一七）【這兩部書是英文世界研究胡適的代表著作；出版時間過早，史料基礎甚嫌不足，論說內容不免「隔靴搔癢」；初學者宜在已有基本認識之後，再行批閱】。

三・與胡適相關的網站

◆臺北：中央研究院近代史研究所，胡適紀念館網站【網址：http://www.mh.sinica.edu.tw/koteki/】

附錄

「重新估定一切價值」——「胡適研究」前景的一些反思[1]

潘光哲

一・導論

胡適對二十世紀上半葉的中國，有著深切的影響，恰如一九五〇年代中國大陸大張旗鼓地以九大主題來開展「胡適思想批判」那般，胡適作為千夫所指的靶子，正足以顯示其影響的巨大[2]。胡適自己從一九五五年動筆撰寫〈四十年來中國文藝復興運動留下的抗暴消毒力量——中國共產黨清算胡適思想的歷史意義〉[3]，雖然未能完稿，倒也展現了他一貫的「樂觀」估計：原來，當年他參與的「中國文藝復興運動」，或是由他命名為「新思潮運動」[4]，或是名之曰「新文化運動」的運動歷程的思想孑遺，「一個治學運思的方法」，在中國大陸仍是薪火相傳，不乏後繼之力，對中共的統治還能起「抗暴消毒」的作用——所以中共得發起這般大規模的「胡適思想批判運動」來消滅這筆「思想遺產」。然而，歷史的結果，卻是對胡適的「樂觀」的諷刺，歷經清算和批判，胡適在中國，是從人們的歷史記憶裡被掃地出門的人物，竟然處於需要自冰封已久的記憶倉庫裡逐漸解凍而被「重新發現」的局面[5]。對於胡適的認識與理解，反而成為開展深具「文藝復興」意義的思想工程了。

在胡適歸骨埋骸的臺灣，胡適這個名字即便不是絕對的禁忌，關於他的生命旅程的整體圖像，在黨國威權體制的壓迫下，則無奈地被有意塗抹，難見青天。像是搜羅「民主與獨裁論戰」的相關原始文獻匯為一編的時候，因為「原稿部分言論色彩過於鮮明」，只好以大量的刪節號再見天日[6]，原先批判國民黨訓政體制及其領袖的文字統統消失，令好奇心重但又沒有機會一睹「廬山真面目」的讀者，心癢難熬。直到一九八〇年代初期，臺灣對胡適著述的整理和編年，尚且頗有闕憾[7]，基礎工程未臻美善，如何能期望「胡適思想」的園地開出燦爛的花朵？例如，楊承彬《胡適的政治思想》[8]，在析論胡適的某一觀點（如「民主」）之際，既未考察胡適發言的時空背景，復將胡適不同時期的言論並治一爐而同為佐證，殊為不當。對一般想要親近胡適的人身造型及其思想的讀者而言，反倒是胡適個人與美國哥倫比亞大學進行「口述歷史」計畫遺留下來的《胡適口述自傳》中譯本[9]，及此書譯註者唐德剛撰寫的《胡適雜憶》[10]，才是足以讓人流連忘返的大千世界。

所幸，大江總是向東奔流的。胡適獨特的生命旅程，不再是重重謎霧籠罩的歷史命題。以胡適的生命史為對象，讓人得以貪婪地閱讀各種文獻，窺視其間無限風采，並且可以得到跳脫出政治神話囚籠的思想刺激的時代，已經降臨。思想觀念的禁區不復存在，文獻資料的大量出土，讓人們在「胡適研究」的領域裡足可邁開大步，開展漫無邊際的「知識探險」活動。可是，當「胡適研究」的浪頭在一九八〇年代以降的漢語學術圈重新迎面撲來，一部又一部的論著紛紛面世，模塑胡適形象的風潮，竟如千層堆雪的時分，迎波逐流的弄潮兒，是否也該稍歇腳步，凝望這波浪潮捲起的重重雪花，質問自己：「胡適研究」花開滿園的多彩景觀，還需要什麼樣的「深描濃寫」（thick description），讓這面可能編織而成的「意義之網」（web of significance），確實可以成為更為深層與廣袤的反思空間的標誌[11]？歲月悠悠，浪起潮落，已然步入新世紀的此際，我們面對著胡適的生命史歷程不曾面對過的錯綜複雜的現實，還需要從胡適那兒找到省思當代中國／臺灣未來進程的哪一種答案？在開展／面對「胡適研究」的心智探險工作的時候，為什麼「胡適研究」擁有應當／如何成為一個學術領域的可能性[12]？

將近百年以前，胡適引用了尼采（F. W. Nietzseche）這位反理性的哲學家的論說，提示人們如何評價此起彼湧的「新思潮」的意義：

新思潮的根本意義只是一種新態度。這種新態度可叫做「評判的態度」。……尼采說現今時代是一個「重新估定一切價值」（transvaluation of all values）的時代。「重新估定一切價值」八個字便是「評判的態度」的最好解釋[13]。

當我們耗費氣力於精確描摹與分疏胡適的生命史和相關的思想／學術／政治軌跡之際，不客氣地說，「『重新估定一切價值』這八個字」，也適用於「胡適研究」自身：那些已然成為我們理解胡適的認知基礎的既有成果，都必須出以「評判的態度」，重新估定它們的價值和意義。本文嘗試就此提出初步的思考，但望能夠引起學界先進同好的教正與興味。

二、「啟蒙」的召喚與戰鬥：與現實互動的「胡適研究」

對「譽滿天下，謗亦隨之」的胡適而言，早在生前，「胡適思想」好似已然蓋棺論定。源源不絕的「胡適批判」或是「胡適研究」，正是具體的歷史註腳。他所宣傳的理念，他所努力的事業，乃至於他的言行舉止，眾目所集，毀譽並生[14]。「胡適研究」的視野，正受到了這樣的歷史性格的制約，一方面，既為我們提供了思考和認知的基礎，另一方面，則又可能先天地形構為理解過程的障礙，在我們的思惟世界裡滲透蔓延，妨礙了我們從胡適自己的生命史脈絡進行理解的可能性[15]。甚至於，向「胡適研究」進軍的時候，這等早已內化了的意識形態的思維和語言，正指揮著人們即將邁開的腳步[16]。

從歷史的脈絡裡觀察，這種以意識形態來詮解胡適的思維／立場，其實也有它自己的形成史。在中國近現代的歷史舞臺上，思潮趨向的快速變遷[17]，竟讓胡適曾經振臂高呼的，「重新估定一切價值」進而「再造文明」的主張[18]，在某些文化人看來，只是與怒濤澎湃的革命時代全不相干的書生之見；胡適更成為被痛批嚴駁的箭靶，意欲與之一爭勝長[19]，並且要為思想文化領域的另類選項（alternative）獨占霸權位置而鳴鑼開道的文化人，更不知凡幾。例如，一度曾向胡適執弟子禮的李季[20]，到頭來，反而要以「辯證唯物法的觀點和辯證的方法」向胡適的《中國哲學史大綱》提出批判與質疑[21]。在一九三〇年代文化領域內一片山雨欲來風滿樓的凜烈景象裡，被認為站在「資產階級立場」的胡適，自然難以避免「左翼」的攻擊砲火。恰如瞿秋白的諷刺：

> 文化班頭博士銜，人權拋卻說王權。朝廷自古多屠戮，此理今憑實驗傳[22]。

這樣，在意識形態束縛之下的歷史筆墨，往往只會呈顯出一幅被扭曲地詭異之至的「胡適形象」，它的歷史孑遺，於今未絕。好比說，在一九三〇年代日本步步進逼的困局裡，胡適與友朋創辦《獨立評論》，企望「言論報國」。可是，這群友朋之間，往往意見並不一致，爭論不休[23]。如何理解與詮釋這份刊物的言論立場和主張，值得細思深究[24]。然而，如果把這份刊物的言論立場解釋為「完全是國民黨當局的統治思想，暗合蔣介石政府的大政方針，而失去了自由主義知識分子本身所具有的獨立意識」，又說胡適在臺灣的淒涼歲月裡的行為，「在一系列重大原則問題上，唯蔣家父子之命是從，見蔣家父子臉色行事，甚至有時公開扯去了蒙著的『自由主義』的面紗，明目張膽地與蔣介石站在一起」[25]，這種意識形態的表態論說，很難不引起讀者的反感。同樣地，如果在二十世紀的中國思想史的地圖上為胡適進行定位工作，視之為「西化思潮」的代表人物，特別是與同胡適立場有相當差異的其他思想流派的知識分子進行對比，以凸顯胡適思想的特殊意涵，固是可以自成一說；但若將胡適支持蔣介石的政治抉擇視為「蔣介石獨裁統治的裝飾品」[26]，恐怕也只會提供經過意識形態汙染後的歷史智慧[27]。諸如此類把胡適描寫為「蔣氏家臣」，將之列為墮落為既存政權首腦的「文化御林軍」的知識分子成員之一的「史筆」，除了履踐某種「意識形態再生產」的功能之外，還有些什麼別的意義嗎？

當然，在「意識形態戰場」上，胡適的行動和這個名字，確實具有一定的「社會基礎」，也有獨特象徵的意義。像是在國共內戰相持不下的一九四七年，胡適寫下了〈我們必須選擇我們的方向〉，自陳「偏袒這個民主自由大潮流」[28]，他的這番論說，竟然可以「在全國四十多家日報上發表」[29]。那麼，藉著「胡適之酒杯」，澆個人之塊壘」，將關於胡適方方面面的研究與闡述，轉化為對現實政治社會文化思想處境的「戰鬥元素」，為胡適想望的「啟蒙」的未竟之業而招魂，也是理有必然。好比「胡適思想」這面旗號，就是殷海光在一九五〇年代打擊國民黨官方意識形態時一用再用的工具[30]。只是，在現實威權的壓制局面下，被闡釋者與闡釋者，同樣都遭受無可言喻的苦難[31]。

這些與現實互動的「胡適研究」，是與時代脈搏同繫共結的結果，往往打上了深刻的現實烙印，也可能形成了認識和理解胡適的先入為主的意識形態[32]。如果以這樣一種意識形態為尺度，為判準，開展「胡適研究」，那麼，描摹所得，不但是對於胡適具體生命存在的褻瀆，也是對於自身人格精神價值的侮蔑。

三・把「胡適研究」「顛倒過來」看

對於歷史人物豐富多彩的生命與學思歷程的叩問，應當可以讓研究者自己得到同樣獨特鮮明的生命和思想體驗。正如同胡適自身透過《戴東原的哲學》[33]，非僅闡明了自己的智識主義道德觀與人生觀，還試圖整理出中國智識主義的哲學傳統[34]。胡適本人在生前便已然被排進可以與戴震同儕並列的先賢隊伍裡去了，他的思想與學術，儼然也具有這樣的啟發意義。就像把胡適比喻「為思想界之暴風雨」，他的貢獻是「勇於懷疑，勇於打倒傳統」的張君勱，早在一九四〇年時分便強調：

> 適之在思想史上所留之痕跡之矯正，應為今後思想界前進之出發點。

張君勱透過對於胡適象徵的「思想路線」的「評論」，成為他倡言「學術自主自立之大方針」的思想視野之一[35]。就在同一年，林同濟也將胡適的《中國哲學史大綱》視為在中國現代學術史上「劃出一個新時代」的著作，作為展望未來階段的基礎之一[36]。在戰爭期間，面臨著國族生死存亡的關頭，張君勱與林同濟的轉化式解讀和反省，即便意蘊深長，卻也冒著可能把複雜的歷史圖像給簡單化的危險。畢竟，胡適自身的生命歷程裡，其實也承受多方面的「思想資源」，他與同時代知識分子的交流，也形構為他自己進行思想／學術活動的基礎。如果基於現實需要，「弱水三千，單取一瓢飲」，平面化地看待胡適的「思想遺產」，甚且想要進一步地「述往思來」，這樣的立足點，恐怕難免「見樹不見林」之憾，也稍有取巧之嫌[37]。

就在「文學革命」號角初鳴的時分，由於得到了錢玄同的「振臂一呼」，他身為「舊文學大師章太炎先生的高足，學有本源，語多『行話』」，因此產生的影響[38]，胡適晚年猶且念念不忘[39]。錢玄同和胡適之間，情誼深厚[40]，兩人之間思想交流激盪不已，錢玄同的質疑，也促使胡適屢屢起身而辯，成為我們至今解釋胡適思想的基本素材之一。例如，胡適首倡的「整理國故」風潮，在一九二〇年代一時之間竟有席捲中國大地（**特別是高等學府**）的態勢[41]；可是，他自身對於「整理國故」的意義和定位的述說，往往不甚一致，乃至相互牴牾，清理他個人的思想面向，自然是理解這場思想學術風潮的基礎[42]。然而，胡適關於這個課題的許多述說，常常是對外來「挑戰」的「回應」，即便「挑戰」已是時過境遷，在他的深層意識裡，當初的困擾依舊存在，讓他難能忘懷。就在「整理國故」的口號震天作響之際，胡適的老戰友陳獨秀卻直稱「國學本來是含混糊塗不成一個名詞」，「國學是什麼，我們實在不太明白」，他更痛責「整理國故」是在「糞穢裡尋找香水」[43]。胡適顯然注意到陳獨秀的評論[44]，所以當錢玄同寫信給他勸勉道：

我們實在希望你也來做「思想界底醫生」。我底意思也不致于如吳老先生那

樣激烈，以為「整理國故」便不應該。……[45]

胡適便在給錢玄同的信裡回應道：

我們整理國故，只是要還他一個本來面目，只是直敘事實而已，**糞土與香水皆是事實，皆在被整理之列**。如敘述公羊家言，指出他們有何陋處，有何奇特處，有何影響——如斯而已，更不想求得什麼國粹來誇炫於世界也[46]。

……

這是胡適為倡言「整理國故」找尋「合理化」依據的說辭之一，更可視為他對陳獨秀近兩年前的批評，也是對當下錢玄同的期待的回應。透過如此「脈絡化」的理解，我們可以看到那些活躍跳動在胡適的思想世界裡的成分。

所以，胡適「思想遺產」的形成過程，應當被「立體化」的展現：他可能吸取了誰的思想養分，他的「思想對手」又帶給他什麼樣的思想壓力？像是胡適在〈《國學季刊》發刊宣言〉裡倡言「國學的目的是要做成中國文化史」[47]，這種以「中國文化史」來統勒「國學的系統的研究」，「做成各種專史」的概念，應是受梁啟超《中國歷史研究法》影響下的產物[48]。又如，胡適自早先「疑古」的心態泥淖裡掙脫，他發表於一九三四年的〈說儒〉，就是具體的里程碑，這篇文章更引發學界相當的爭論[49]，歸根究柢，這是傅斯年的「功勞」[50]。同樣地，對於胡適引發的「禪學公案」，倘若不覆按當時研究禪學史的諸家大師的原作，恐怕也不能為胡適的佛學研究成果，進行精確的定位[51]。在製作胡適的「思想地圖」的過程裡，如果只停留在水平線層次，便即意欲一筆描畫西江水，那自然可以滿足詩人和畫家的興趣；然而，追求嚴謹實相的學術工作者，卻必須高空俯瞰，知其源頭所出，主流所歷，支源所注，總匯於海的整體形式；兼佐以局部樣態的水平線層次考查，透過微觀精巧的細密考察步驟，辯證式地形塑立體格局。如此，這張「思想地圖」可能才會擁有相當的實用價值。

這樣的努力，要求的是對於胡適思想的整體脈絡和外來「思想刺激」的掌握，當然困難重重。例如，胡適藉由西方的思想／人物為例證，鼓吹某種觀念的時分，他對於自己宣傳的理念，到底有怎樣的理解與認識？好比說，當胡適藉由「易卜生主義」來倡言「健全的個人主義的真精神」的時候，其實並未做出嚴格的限定，對於易卜生的無政府主義思想背景，也沒有比較周全的掌握[52]。同時，胡適把「易卜生主義」視為「健全的個人主義的真精神」的範本，這樣一種奉「西」為尚，以「外來和尚」為尊的思維模式[53]，也很可以招來批判的矛頭；更何況，在胡適的思想世界裡，以「西學」做為「剪裁」中國文化和思想的立場，始終不變，直到去世前三個月發表的演講：〈科學發展所需要的社會改革〉[54]，他依舊堅持地以西方概念來「剪裁」中國思想[55]。他的這種思想習慣與立場，在「後殖民論述」的觀點裡，更必然受到挑戰[56]。像胡適以「文藝復興」這個歐洲史的概念來解釋中國文明的歷程與瞻望它的前景，至少可以上溯到胡適在一九一七年六月十九日返回中國途中在火車上讀薛謝兒女士（**Edith Sichel**）的《再生時代》（*Renaissance*）一書而得到的「靈感」[57]，此後相關論說，源源不絕[58]，直至晚年的《胡適口述自傳》裡，依舊如是言之[59]。然而，沒有清理胡適如何援引這種以歐洲史的發展階段來詮釋中國文明之歷程的「概念變遷」的整體歷程，便引徵「後殖民論述」的理論觀點而予月旦品評，大做文章，恐怕不免是種「理論暴力」。

同樣地，從文化／社會背景討論胡適這位「一代宗師的摶成」[60]，我們的認識角度，也該從他引發具體社會影響的脈絡裡，盡可能地顯現原來的歷史場景。例如，在廣義的學術史上引發重大影響的《中國哲學史大綱》，即便得到了章太炎的私下批評[61]和梁啟超的公開批判[62]，他一度還是自信滿滿，對於陳源評介「新文學運動以來的十部著作」時[63]，竟選了《胡適文存》而不是《中國哲學史大綱》，深致不平之情：

西瀅先生批評我的《文存》，單取我的《文存》，不取我的《哲學史》。西瀅究竟是一個文人；以文章論，《文存》自然遠勝《哲學史》。但我自信，中國治哲學史，我是開山的人，這一件事要算是中國一件大幸事。這一部書的功用能使中國哲學史變色。以後無論國內國外研究這一門學問的人都躲不了這一部書的影響。凡不能用這種方法和態度的，我可以斷言，休想站得住[64]。

證諸這部書在當時的「思想市場」上激起的迴響，胡適的「夫子自道」，確實有某種可以立足的「社會基礎」。姑且不論眾所周知的文史哲專業學人如顧頡剛、馮友蘭等的回憶述說[65]，一九一〇年代中期時分同樣就讀北大的學生輩，日後非文史哲專業此道中人如周德偉，也回憶說《中國哲學史大綱》讓他可以藉而貫穿往昔所讀「舊籍」的意義[66]。又如錢穆這樣未曾受過現代大學教育，在中、小學裡任教，生命旅途上的文化／政治終極立場與胡適也有著巨大差異的讀書人，也曾從其中汲取「思想養分」，錢穆在一九二〇年代中末期寫就的《國學概論》裡即對胡適《中國哲學史大綱》評價道，此書「介紹西洋新史學家之方法，來治國故，其影響於學術前途者甚大」，「要之，其書足以指示學者以一種明確新鮮之方法，則其功亦非細矣」[67]。直到一九三〇年，這部書已然印行十五版[68]，可以想見它在出版市場上的流通程度。待得其他同樣主題的著述——如馮友蘭的《中國哲學史》——問世，《中國哲學史大綱》的「流行熱度」是否已然降溫退潮，尚莫得其詳；然而，以胡適的《中國哲學史大綱》為起點，各種《中國哲學史》其實是研究者依據不同的思想背景進行傳統中國學術譜系的改寫過程，並且在各別的改寫過程裡塑造現代價值體系[69]，它的「典範」意義，非僅在學術史的世界裡足供史家沉吟思索[70]，它的「社會影響」，也還可以再三玩味。例如，後世史家往往援引與胡適學術地位相當的菁英的述說（**如陳寅恪與金岳霖對馮友蘭的《中國哲學史》提出的〈審查報告〉**）[71]，或是依據楊樹達留下的齊思和的述說：「美國人……其學哲學者，近皆讀馮友蘭所著書，不復及胡適矣」[72]，以作為證成《中國哲學史大綱》「學術地位」漸趨「貶值」的證據；不過，如果從一九二〇年代社會地位仍較為遜色的錢穆的述說或是其印行數量為佐證，或可有助於觀察它的「社會影響」具體歷史實況。

胡適其他著作的出版數量，也可以做為他的社會影響力的指標之一。胡適的多種著作原先多由上海亞東圖書館出版[73]，他的新詩集：《嘗試集》，開風氣之先，至一九五三年亞東圖書館結束營業為止，總印數為四萬七千冊，數量遠遠超過郭沫若等人那部也廣受好評的《三葉集》[74]；另據在上海亞東圖書館工作過的汪原放的回憶述說[75]，可以將胡適著作的出版數量初步整理如下表[76]：

書名	時間	印數（冊數）	資料來源
《胡適文存》	一九二一年十二月十五日初版	四千部	頁七五
	一九二二年年底	共印三版，一萬二千部	頁八二
	一九二八年	十版以上（冊數不詳）	頁一三九
《胡適文存二集》	一九二四年初版	四千部（每部四冊）	頁一〇三
《四十自述》	一九三三年	五千冊	頁一七六
《胡適文選》	一九三三～一九三四年間	四千冊	頁一七六

其他著作也由亞東圖書館出版的「五四」人物，其出版情況則如下表：

書名	時間	印數（冊數）	資料來源
	一九二一年九月初版	三千部	頁七五
《吳虞文錄》	一九二二年年底	共印二版，五千部	頁八二
	一九二八年	五版以上（冊數不詳）	頁一三九
	一九二一年十一、十二月左右初版	三千部	頁七五
《獨秀文存》	一九二二年年底	共印二版，六千部	頁八二
	一九二二年初版，至一九二七年止	共印二萬九千部（版數不詳）	頁一六八
	一九三三年重印，至一九三四年止	共印三千冊	頁一六八

大體而言，胡適著作的出版數量，都超過同代人物。這樣的現象，應當可以顯示胡適的著作確實擁有一定的讀者群，是他能在「思想市場」上充當「青年導師」的「社會基礎」[77]。

胡適的文化／學術活動，多采多姿，影響所及，非僅只在純粹的「學院象牙塔」裡而已，他還也自覺地／被有所期待地扮演「學術導師」的角色。搭建起社會流動的渠道，竟具體而微地改變了許多邊緣知識分子[78]的生命道路[79]，使他們有向上躍升的可能。例如，羅爾綱、吳晗等知名學人的學術生涯的開展，胡適有提攜之功[80]；透過他所倡議的「整理國故」等類似活動，也讓原先沒沒無聞的知識分子找到可以施展拳腳的天地。像出身於上海大同大學這所非學術主流學校，以《清代樸學大師列傳》一書而使自身名諱留諸學界的支偉成，在一九二五年時「擬編《民國政變記》及《近三十年學術史》二書」，就請胡適提出意見[81]。又如，身為「小學教師」的吳文祺[82]，歷數自己如何受到胡適的啟發，也想投身於「整理國故」的洪流裡，於是「冒昧」寫信給他，還擬向胡適主編的《讀書雜誌》投稿[83]。自言對於胡適「所提倡的以科學方法來整理國故，也覺得實獲我心」的吳文祺，於是就「先後寫了許多文章在各報各雜誌發表」[84]，他的「努力」，當時多少也得到學界的注意[85]。歷經時光的汰洗，吳文祺的著述猶且持續刊布，傳諸後世[86]。胡適曾自言道，青年時期如果沒有蔡元培的著意提挈，「他底一生也可能就在二三流報刊編輯的生涯中度過」[87]。顯然，當胡適身列學界領袖之後，他自覺地扮演某種「學術導師」的角色，而且，不僅適用於如羅爾綱、吳晗等日後成為知名學人的身上，對於若干聲名不是那樣顯著的知識分子而言，亦復如是。

像胡適這樣在二十世紀的中國史上有獨特地位的知識分子，他的思想歷程亦或是人際關係，總有訴說不完的故事[88]。例如，是否能以胡適和他的朋友為中心，從而創造二十世紀的中國知識分子類型學[89]？好比說，提出「胡適派文人集團」這樣的概念來概括那群匯聚在胡適這面大旗之下的知識分子[90]，便是意義深長的企圖。但是，如果只從政治立場取向為某些知識分子做定位，就必須注意同一種政治立場的人物之所以能夠被貼上這個標籤，究竟歷經了什麼樣的心路轉折過程？這樣才能夠增強論述的力度，避免浮汎的議論。「胡適派文人集團」的成員，當然可以被視為中國自由主義者的基本團隊；可惜，在時局變幻莫測的二十世紀中國，某些自由主義者有時候一點都不像是自由主義者：一九三〇年代「民主與獨裁論戰」時期的蔣廷黻、丁文江與吳景超，可都不是鼓吹民主、自由這些理想的號手[91]。這樣看來，析論「胡適派文人集團」的政治意見的時候，確實還需要仰賴更精細的個案研討。

華勒斯坦（Immanuel Wallerstein）從布賀岱（F. Braudel）的著述裡得到關於把資

本主義「顛倒過來」看（see capitalism “upside down”）的認識基礎[92]。相形之下，目前許多精彩的「胡適研究」的成果，其實還停留在把胡適的生命史及其影響「還他一個本來面目」的層次；至於能夠帶給我們胡適與他的世界「顛倒過來看」的思想刺激的「典範」，還處於持續形塑的階段。

四．結論：「胡適研究」形塑「典範」的可能性

胡適在風雲變幻的二十世紀中國的歷史舞臺上留下許多深刻的印記。由於相關文獻資料的大量出土，讓這個領域的「知識探險」活動，從而創造「胡適研究」形塑「典範」的可能性，應當不再是只是夢想。亦且，「胡適研究」的成果，應當不僅僅只是「學術」課題而已，它應當可以成為中國現代文明的「價值重估」的資源。然而，「胡適研究」匯集而成的歷史圖像，如何可能為我們自身進行自我的反思批判，瞻望前景，提供永不枯竭的「思想資源」？「回到胡適」！是筆者的初步結論。

胡適自問自答：

> 我為什麼要考證《紅樓夢》？……在積極方面，我要教人一個思想學問的方法。我要教人疑而後信，考而後信，有充分證據而後信[93]。

在「胡適研究」的領域裡，「疑而後信，考而後信，有充分證據而後信」，則是實踐「回到胡適」這句口號的方向。確切資料證據的持續開發和縝密解剖，是胡適開創「新紅學」的根基（儘管批評不少，不詳述）[94]；「胡適研究」也應當建立在同樣的基礎上，從而為胡適的生命史肖像，添上無數筆細膩的彩繪。

例如，在胡適生命個體的「私人領域」裡，他和艾迪絲・克利福德・韋蓮司（Edith Clifford Williams）長達半世紀的情誼交流，在挖掘與整理兩人往來書函這種第一手史料的基礎上，終於重見青天[95]。在學術思想方面，胡適的《中國哲學史大綱》竟被學生輩的馮友蘭的《中國哲學史》「後來居上」，他自身對此有什麼樣的反應，則可以從他的英文著述裡，得到更清楚的認識。原來，待得馮友蘭的《中國哲學史》英譯本出版之後，胡適才於一九五五年在《美國歷史評論》（*The American Historical Review*）發表英文書評，「從基本的架構上來全盤否定馮著的價值」[96]。和政治等「公眾領域」始終關係密切的胡適，努力過的層域相當廣泛，如面對國民黨的訓政體制，在一九二〇、三〇年代之交，他有過激烈的反應，以他為首的一群知識分子組成「平社」，對政治與社會等領域都有所主張，對「平社」這個知識分子群體活動實況，便需要細緻的「歷史重建」工夫[97]；胡適的未刊稿：〈我們要我們的自由〉[98]，更彰顯出胡適等人組成「平社」，企望力爭「思想、言論、出版的自由」的用心[99]。

在一九四九年之後的風雨歲月裡，胡適做出「支持蔣介石」，並為重建「自由中國」而努力以赴的政治抉擇，行止所及，曲折幽微，也必須在更詳密的史料基礎上，始能得其確解。如《自由中國》這份被公認為一九五〇年代臺灣自由主義的代表刊物[100]，胡適於其間扮演的角色，相當重要，他為《自由中國》撰寫〈自由中國的宗旨〉，其中提出的若干主張，刊登在每一期《自由中國》的封面上，儼然具有「燈塔」意義。但是，胡適對〈自由中國的宗旨〉一文並不覺得滿意，先後在一九四九年四月十六日、一九五〇年一月九日分別致函雷震、王世杰等人，要求朋友群再行討論[101]。又如，胡適於一九五一年五月三十一日致函蔣介石，函裡把「一黨專政」作為國民黨的「大錯」，並提出「實行多黨的民主憲政」的方案，高唱「今日要改革國民黨，必須從蔣公辭去總裁一事入手，今日要提倡多黨的民主政治，也必須從蔣公辭去國民黨總裁一事入手」的聲調[102]。諸如此類的事例，正顯示了要評斷胡適在一九四九年之後臺灣的自由主義／民主運動脈絡裡的地位，還有待於大量的史料搜尋與分析工程。

「回到胡適」，不是意謂著對他的生命旅程提出某種「根本」的解析，或是進行「玄學化」的遊戲。畢竟，歷史的認識永遠不會與歷史事實本身相合，史學工作者得面對的挑戰，不是類似於「後殖民批判／論述」這樣的理論架構，也不是歷史哲學家建構的宏觀「歷史心靈」，而是如何窮搜深究具體的史料，以盡可能地逼近胡適這個人的具體存在而又多樣複雜的歷史事實。胡適的書函、英文著述或是未刊文稿信函，是「胡適研究」這座寶山的豐富蘊藏，在在等待研究者的深掘細磨。當然，即便是面對史料，我們的解讀視野和觀點也都可能存在著恆難自知的局限，卻很容易被人一語道破。然而，在「胡適研究」的領域裡並不存在「不證自明」的絕對理念，如果將分散於各種文集、出版品的論說，依我們今日的觀念，分門別類，系統條理，不思考胡適思想的整體立場，也不顧及胡適立說倡論的原來脈絡（**及其可能受到的外來影響**），而以研究者自己的思路，將資料甲、資料乙與資料丙……串連成一個「系統」來描寫他的生命樣態，還進行「評價」與「反思」，這樣的「胡適形象」，其實是研究者自己的心靈畫像。

如何形塑出胡適的遺澤所在，又如何藉以助益於我們對前此歷史發展跡向的理解，必定是有意涉足於「胡適研究」領域的學術工作者無可推卸的挑戰。但是，對廿一世紀的後來者而言，迂迴彳亍，前景所向，還是得面對著前輩學人蓽路藍縷，如何為這個學術領域發凡起例的心血。「胡適研究」之所以應當／如何做為一個學術領域的可能性，是在他們那兒開創出來的。無限的天地，正等待著後繼學人施展身手，好讓前行者的栽植，長青永茂。本文之作，野人獻曝，期盼可以成為學界同好在持續奮力以進的路途上，開展反思與批判的一粒基石。

附註

1 本文原刊：《文史哲學報》，期五十六（臺北：臺灣大學，二〇〇二年五月）。

2 胡明，〈胡適批判的歷史理解與文化詮釋〉，收入劉青峰（編），《胡適與現代中國文化轉型》（香港：香港中文大學出版社，一九九四），頁一一三—一三七。

3 胡適，〈四十年來中國文藝復興運動留下的抗暴消毒力量——中國共產黨清算胡適思想的歷史意義〉，收入：《胡適手稿》（臺北：中央研究院近代史研究所胡適紀念館，一九七〇），第九集，下冊，卷三，頁四八九—五五七；按，胡適撰述此文之時間為一九五五年，因他在此文中說：「去年（一九五四）」中國大陸決定展開「批判胡適思想的討論會……」（頁五二三）。

4 胡適，〈新思潮的意義〉（一九一九年十一月一日），原刊：《新青年》，七卷一號（一九一九年十二月一日），收入：《胡適文存》，卷四，頁一五一—一六四；本文引用的版本是：胡適，《胡適文存》（上海：亞東圖書館，一九二一）。

5 耿雲志，〈重新發現胡適（代序）〉，收入氏著，《胡適新論》（長沙：湖南出版社，一九九六）。

6 〈編後記〉，丘為君（編），《民主與獨裁論戰》（臺北：龍田出版社，一九八一）。

7 前此可供檢索胡適著述的依據是：徐高阮（編），〈胡適先生中文著作目錄〉、徐高阮（編），〈胡適先生中文遺稿目錄〉、袁同禮（等編），〈胡適先生西文著作目錄〉、胡頌平（編），〈胡適先生詩歌目錄〉，均見《中央研究院歷史語言研究所集刊》，第三十四本下冊（臺北：一九六三年十二月）；前三份目錄，又大體依據原樣收入胡頌平（編著），《胡適之先生年譜長編初稿》（臺北：聯經出版公司，一九八四），第十冊；這幾份目錄，著錄的胡適著述並不齊備完整，也未據年繫文，檢索頗為不便。此外，《胡適之先生年譜長編初稿》每一份冊亦附有該冊所涵括胡適事蹟之年分的著述索引，但以筆劃順序為次，亦難免檢索之苦。

8 楊承彬，《胡適的政治思想》（臺北：中國學術著作獎助委員會出版，一九六七）；類似缺失的作品，不一而足，傅豐誠之作亦為一例，見：傅豐誠，〈理想與實證的結合：胡適的政治思想〉，收入周陽山（等編），《近代中國思想人物論．自由主義》（臺北：時報文化出版公司，一九八〇），頁三四五—三七六。

9 胡適（口述），唐德剛（譯注），《胡適口述自傳》（臺北：傳記文學出版社，一九八三〔再版〕）。

10 唐德剛，《胡適雜憶》（臺北：傳記文學出版社，一九八一〔再版〕）。

11 這是借用 C. Geertz 的論說，參見：C. Geertz, "Thick Description: Toward an Interpretive Theory of Culture", in: idem., *The Interpretaion of Cultures: Selected Essays*（N. Y.: Basic Books, Inc., Publishers, 1973）, pp. 3-30；當然，C. Geertz 的論點，在人類學界也引發若干的爭議，例如：Adam Kuper, *Culture: The Anthropologists' Account*（Cambridge, MA: Harvard University Press, 1999）, pp. 109-113；本文不詳述。

12 即如朱文華提議「胡適研究」成為「胡適學」，並主張「胡適學」的內容可分為「內學」與「外學」部分：「內學」部分至少有三大基幹，即「生平活動研究」、「思想研究」以及主要以傳記（評傳）為載體的「生平思想綜合研究」；而「外學」部分，主要有兩大方面，即「傳記資料的收集、整理和研究」與「對胡適研究的研究」。參見：朱文華，〈「胡適研究」所涉及的學術課題——試為「胡適學」初擬內容框架〉，收入安徽大學胡適研究中心（編），沈寂（主編），《胡適研究》第一輯（北京：東方出版社，一九九六），頁三〇九—三四二。

13 胡適，〈新思潮的意義〉，《胡適文存》（亞東圖書館，一九二一），卷四，頁一五二—一五三。

14 即如唐德剛的有趣比喻：「他【胡適】底一生，簡直就是玻璃缸裡的一條金魚；它搖頭擺尾、浮沉上下、一言一行……在在都被千萬隻眼睛注視著……」，見唐德剛，〈寫在書前的譯後感〉，頁三，

《胡適口述自傳》（臺北：傳記文學出版社，一九八三〔再版〕）。

15 正如 Hans-Georg Gadamer 提出的「效果歷史意識」（wirkungsgeschichtliches Bewusstsein）的思考，參見：洪漢鼎，《詮釋學——它的歷史和當代發展》（北京：人民出版社，二〇〇一），頁二三七—二四一；當然，關於 Gadamer 詮釋學理論的述說和檢討，不可勝數，漢語世界裡最新的專書，厥推：洪漢鼎，《理解的真理——解讀伽達默爾《真理與方法》》（濟南：山東人民出版社，二〇〇一）；其餘涉及的課題，本文不擬詳究。

16 關於意識形態（ideology）的研究討論，文獻不可勝數，如 Teun A. van Dijk 即從意識形態做為一種社會認知的形式（ideology as a form of social cognition）的角度切入（參見：Teun A. van Dijk, *Ideology: A Multidisciplinary Approach*〔London: Sage Publications Ltd., 1994〕），可堪參照；其餘探討，本文不詳舉例。

17 以余英時的論述來說，中國近代思想史即是一個激進化的過程（process of radicalization），見：余英時，〈中國近代思想史上的激進與保守〉，收入氏著，《猶記風吹水上鱗》（臺北：三民書局，一九九二），頁一九九—二四二；當然，余英時的論述也引起不同的批評，如姜義華即以為是「激進不足，保守有餘」，見：姜義華，〈激進與保守：與余英時先生商榷〉，《二十一世紀》，第十期（香港：香港中文大學中國文化研究所，一九九二年四月），頁一三六—一四二（其餘相關討論，不詳引述）。

18 這是胡適在〈新思潮的意義〉裡提出的主張：「新思潮的唯一目的是什麼呢？是再造文明」（見：胡適，〈新思潮的意義〉，《胡適文存》，卷四，頁一六四）；羅志田即以「再造文明之夢」為主題撰述胡適的生命史，見：羅志田，《再造文明之夢：胡適傳》（成都：四川人民出版社，一九九五）。

19 例如，在一九二八年流亡日本之後的郭沫若，向研究中國古代社會歷史和文獻方面進軍，這樣的思想轉折，費人疑猜。史家逯耀東與余英時都認為，郭沫若之轉治古史最重要的動機之一是要打倒胡適，參見：逯耀東，〈郭沫若古史研究的心路歷程〉，收入氏著，《史學危機的呼聲》（臺北：聯經出版事業公司，一九八七），頁一四九—一七〇；逯耀東，〈郭沫若吻了胡適之後〉，收入氏著，《胡適與當代史學家》（臺北：東大圖書股份有限公司，一九九八），頁一四一—一五八；余英時，〈莫道人間總不知——談郭沫若的古史研究〉，收入氏著，《歷史人物與文化危機》（臺北：東大圖書股份有限公司，一九九五），頁一〇三—一二三。筆者則認為，「中國社會史論戰」以郭沫若《中國古代社會研究》為引爆核心之一，而這場意涵深刻的思想鬥爭，並不是單憑郭沫若個人一心與胡適力爭短長而動搖筆桿之後就能帶來的，應該從《中國古代社會研究》問世之際的社會背景與其象徵的社會意義進行理解，見：潘光哲，〈郭沫若治古史的現實意涵〉，《二十一世紀》，第二十九期（香港：香港中文大學中國文化研究所，一九九五年六月），頁八四—九〇。

20 如：〈李季致胡適（一九二〇年三月一日）〉，收入耿雲志（主編），《胡適遺稿及秘藏書信》（合肥：黃山書社，一九九四），冊二十八，頁四七—四九；本函稱胡適為「適之夫子」，自稱「受業」。

21 李季，《胡適中國哲學史大綱批判》（上海：神州國光社，一九三一）；李季並自稱道，他寫作《胡適中國哲學史大綱批判》一書「出以一種嬉笑怒罵的態度」，原因是「非採取這種態度，即不能發洩胸中的熱情，增加文字的力量，引起讀者強烈的注意，並促進他們深刻的認識」，見：李季，〈序言〉，頁二—三，《我的生平》（上海：亞東圖書館，一九三二）。

22 瞿秋白，〈王道詩話〉，原刊：上海《申報·自由談》（一九三三年三月六日），收入《瞿秋白文集·文學編》，第二卷（北京：人民文學出版社，一九九八），頁四八—五〇；不過，事實上，瞿秋白和胡適在一九二〇年代初期也曾有一段友好然卻為時短暫的交誼，待得瞿秋白發表〈實驗主義與革命哲學〉（原刊：《新青年》季刊第三期〔一九二四年八月一日〕，收入《瞿秋白文集·政治編》，第二卷〔北京：人民出版社，一九八八〕，頁六一九—六二七），則象徵兩人之間的思想分歧，參見：陳鐵健，〈短暫的交誼——瞿秋白與胡適〉，收入孫淑、湯淑敏（主編），《瞿秋白與他的同時代人》（南京：南京大學出版社，一九九九），頁四〇四—四一八。

23 參見：張忠棟，〈在動亂中堅持民主〉，收入氏著，《胡適五論》（臺北：允晨文化公司，一九八七），頁一六七。

24 例如，陳儀深分析《獨立評論》裡討論中日關係的文章，更進一步地顯示其間展現的「自由民族主義」（liberal nationalism）的理論涵義，參見：陳儀深，〈自由民族主義之一例——論《獨立評論》對中日關係的處理〉，《中央研究院近代史研究所集刊》，第三十二期（臺北：一九九九年十二月），頁二六一—二八九。

25 分見：沈衛威，《學思與學潮：胡適傳》（臺北：立緒文化公司，二〇〇〇），頁二四八—二四九、頁三八二—三八三。

26 例如：鄭大華，《梁漱溟與胡適——文化保守主義與西化思潮的比較》（北京：中華書局，一九九四），頁三一八—三二三；鄭大華在述說梁漱溟與胡適對西方民主制度的認識與實踐的脈絡裡，提出了這樣的論斷。

27 例如，同樣是將胡適與張君勱進行對比的論說，那種痛斥胡適「以美國豪門之心為心」，詬詈張君勱「文化在口，利祿在心」的著作（見：夏康農，《論胡適與張君勱》〔上海：新知書店，一九四八〕），其學術／思想價值，自然不能和嘗試從「知識分子的坎坷遭遇與悲涼心態」的角度進行「同情的理解」的論作相提並論（例如：雷頤，〈殊途同歸：胡適與張君勱的歷史命運〉，收入氏著，《雷頤自選集》〔桂林：廣西師範大學出版社，二〇〇〇〕，頁一七二—一八四）；當然，夏康農的《論胡適與張君勱》問世於一九四〇年代末期的內戰烽火之下，自有其濃冽的文化／政治意義，不能從純粹學術的角度理解。

28 胡適，〈我們必須選擇我們的方向〉（一九四七年八月二十四日），見胡頌平（編著），《胡適之先生年譜長編初稿》（臺北：聯經出版公司，一九八四），第六冊，頁一九八七—一九九一。

29 原文是：「我那篇〈我們必須選擇我們的方向〉，是答你的信。當時我很忙，就沒有剪寄給你——當初是在全國四十多家日報上發表的」，見〈胡適致陳之藩（一九四八年三月三日）〉，耿雲志（主編），《胡適遺稿及秘藏書信》（合肥：黃山書社，一九九四），冊二十，頁三二。

30 黎漢基，〈殷海光與胡適〉，收入王元化（主編），《學術集林》，卷九（上海：上海遠東出版社，一九九六），頁二二〇—二二三；不過，殷海光在肯定和維護胡適之外，對胡適思想並不照單全收，兩人也有筆墨官司，參見：張忠棟，〈胡適與殷海光——兩代自由主義者思想風格的異同〉，《文史哲學報》第三十七期（臺北：國立臺灣大學文學院，一九八九年十二月），頁一二三—一七二。

31 例如，胡適對「自由中國」這個名稱是否適用於一九五〇年代在國民黨統治下的臺灣，在他信仰的「自由中國」的理想，與「自由中國」不堪的現實之間，深受煎熬挫折，參見：劉季倫，〈在圍剿中的胡適〉，《二十世紀臺灣歷史與人物——第六屆中華民國史專題論文集——》（臺北：國史館，二〇〇二），頁一三三三—一三七八。

32 這種與現實互動的「胡適研究」，或許可以成為撰寫某種意識形態的「概念史」（Begriffsgeschichte）的基本素材，正如同「五四」作為某種歷史意識的象徵符號，可以顯現出多元而複雜的啟蒙歷史圖景（參見：顧昕，《中國啟蒙的歷史圖景》〔香港：牛津大學出版社，一九九二〕）；至於「概念史」的成果和取向，主要是德國學界的創獲，筆者關於這方面的認識得益於：M. Richter, *The History of Political and Social Concept: A Critical Introduction*（Oxford: Oxford University Press, 1995）；此外，主要在 Q. Skinner 的號召與啟發下，英文學界也開始注意到「概念變遷」的課題，如：T. Ball, J. Farr and Russell L. Hanson, ed., *Political Innovation and Conceptual Change*（Cambridge: Cambridge University Press, 1989），即收集了探索“constitution”等等辭彙與概念的「概念變遷」的成果，即為代表。當然，本文並無意在這一方面開展。

33 胡適，《戴東原的哲學》，《胡適作品集》，第三十二冊（臺北：遠流出版事業股份有限公司，一九八六）；按，本書完稿於一九二五年八月十三日，原刊：《國學季刊》，第二卷第一期（一九二五年十二月），一九二七年由上海商務印書館出版單行本（參見：季維龍〔編〕，《胡適著譯繫年目錄》〔合肥：安徽教育出版社，一九九五〕，頁七六）。

34 周昌龍，〈戴東原哲學與胡適的智識主義〉，收入氏著，《新思潮與傳統》（臺北：時報文化出版公司，一九九五），頁四三—九九；另可參看：周昌龍，《超越西潮：胡適與中國傳統》（臺北：臺灣學生書局，二〇〇一）。

35 張君勱，〈胡適思想路線評論〉，原刊：《再生（重慶版）》，第五一期（一九四〇年十二月三十一日），收入：周陽山（等編），《近代中國思想人物論·自由主義》，頁三七七—四〇四。

36 簡要言之，林同濟將「五四」之後的歷史劃分為兩個階段，一九一九年至一九二九年為「經驗實事時代」，以胡適的《中國哲學史大綱》為「開山之作」；一九二九年之後為「辯證革命時代」，則以郭沫若的《中國古代社會研究》啟其端。他強調，自第二次中日戰爭起應當進入第三期的「文化綜合」或「文化攝相」的新階段。見：林同濟，〈第三期的學術思潮——新階段的展望〉，原刊：《戰國策》第一四期（一九四〇年十一月一日），收入溫儒敏、丁曉萍（編），《時代之波——戰國策派文化論著輯要》（北京：中國廣播電視出版社，一九九五），頁三一九—三三二。當然，林同濟的論說，自有其整體思想的脈絡，本文不擬詳述，參見：江沛，《戰國策派思潮研究》（天津：天津人民出版社，二〇〇一）。

37 即如浦江清聲言王國維對胡適的影響，但僅出以泛泛之論：「故凡先生【王國維——引者按】有所言，胡氏【胡適——引者按】莫不應之」，並沒有舉出具體的事例（見：浦江清，〈論王靜安先生之自沉〉，原刊：《大公報·文學副刊》〔一九二八年六月十一日〕，收入浦漢明〔編〕，《浦江清文史雜文集》〔北京：清華大學出版社，一九九七〕，頁九），顯然，浦江清的觀察，還需要後繼學人進一步的論證。

38 這是黎錦熙的述說，原文是：「【《新青年》】編輯人中，只有他是舊文學大師章太炎先生的高足，學有本源，語多『行話』，振臂一呼，影響更大」，見：黎錦熙：《錢玄同先生傳》，收入：高勤麗（編），《疑古先生——名人筆下的錢玄同．錢玄同筆下的名人》（上海：東方出版中心，一九九九），頁二四。

39 胡適回憶道：「錢氏原為國學大師章太炎的門人。他對這篇由一位留學生執筆討論中國文學改良問題的文章，大為賞識，倒使我受寵若驚」，「錢教授是位古文大家。他居然也對我們有如此同情的反應，實在使我們聲勢一振」，見：唐德剛（譯注），《胡適口述自傳》（臺北：傳記文學出版社，一九八三〔再版〕），頁一五四—一五五。

40 參見：楊天石，〈錢玄同與胡適〉，收入李又寧（主編），《胡適與他的朋友》，第一集（紐約：天外出版社，一九九〇），頁一五三—一九七；本文大量徵引了錢玄同的未刊日記，述說詳縝，為他文不及（如：周質平，〈胡適與錢玄同〉，收入氏著，《胡適與魯迅》〔臺北：時報文化出版公司，一九八八〕，頁四九—七六）。

41 陳以愛，《中國現代學術研究機構的興起——以北京大研究所國學門為中心的探討（一九二二～一九二七）》（臺北：政治大學歷史學系，一九九九）。

42 如李孝悌即從胡適的學術訓練、歷史意識與實驗主義的立場等等面向提出脈絡化的分析，見：李孝悌，〈胡適與整理國故：兼論胡適對中國傳統的態度〉，《食貨》，第十五卷五—六期（臺北：一九八五年十一月），頁二一四—二四二。

43 陳獨秀，〈寸鐵．國學〉，原刊：《前鋒》，第一期（一九二三年七月一日），收入任建樹（等編），《陳獨秀著作選》（上海：上海人民出版社，一九九三），第二卷，頁五一六—五一七；值得注意的是，陳獨秀在此文裡開列出來的「國學大家」專長的「名單」，多少反映了陳獨秀自己的學術認知所在：「當今所謂國學大家，胡適之所長是哲學史，章太炎所長是歷史和文字音韻學，羅叔蘊所長是金石考古學，王靜庵所長是文學，除這些學問以外，我們實在不太明白什麼是國學？」；此題涉及廣泛，不能詳論。

44 至於胡適什麼時候讀到陳獨秀的評論，不詳。

45 〈錢玄同致胡適（一九二五年五月十日）〉，耿雲志（主編），《胡適遺稿及秘藏書信》（合肥：黃山書社，一九九四），冊四十，頁三五一—三五六。

46 〈胡適致錢玄同（一九二五年四月十二日）〉，耿雲志、歐陽哲生（編），《胡適書信集》（北京：北京大學出版社，一九九六），上冊，頁三六〇—三六一（著重號為引者添加）；這封信的繫時，可能有誤，參見本文附錄一：一九二五年四月十二日胡適致錢玄同函繫月考。

47 胡適，〈《國學季刊》發刊宣言〉，《胡適文存二集》，卷一，頁二一—二二；本文引用的版本是：胡適，《胡適文存二集》（上海：亞東圖書館，一九二八）。

48 陳以愛，《中國現代學術研究機構的興起——以北京大研究所國學門為中心的探討（一九二二～一九二七）》，頁二三二（註三三）；又，劉龍心則從學術與制度交融並錯的角度提出獨見，認為胡適「做成各種專史」的概念，可謂是學術體系的轉化過程裡傳統歷史知識和現代學術分科系統如何接合的象徵，參見：劉龍心，《學術與制度：學科體制與現代中國史學的建立》（臺北：遠流出版公司，二〇〇二），頁一七一—一七五。

49 相關研究，例如：鄧廣銘，〈胡著〈說儒〉與郭著〈駁說儒〉平議〉，收入劉青峰（編），《胡適與現代中國文化轉型》（香港：中文大學出版社，一九九四），頁三八七—三九五；不過，鄧廣銘並未言及傅斯年對胡適〈說儒〉的啟示。

50 王汎森，〈傅斯年對胡適文史觀點的影響〉，《漢學研究》，第十四卷第一期（臺北：一九九六年六月），頁一七七—一九三；他從現藏於臺北中研院史語所的「傅斯年檔案」裡找到了胡適向傅斯年致意的親筆短簡，並結合傅斯年的作品〈周東封與殷遺民〉，清楚地論證，〈說儒〉的撰成甚受傅斯年的啟發。

51 江燦騰，〈胡適禪學研究的開展與諍辯——第一階段（一九二五～一九三五）的分析〉，《清華學報》，新二十四卷一期（新竹：清華大學，一九九四年三月），頁一二七－一五三。

52 林毓生，〈漫談胡適及其他——兼論胡著「易卜生主義」的含混性〉，收入氏著，《政治秩序與多元社會》（臺北：聯經出版公司，一九八九），頁二二一－二三四。

53 即如黃進興對於「新史學」的誕生是以「西學」為本而衍生的歷史困境所提出的反省，參見：黃進興，〈中國近代史學的雙重危機：試論「新史學」的誕生及其所面臨的困境〉，《中國文化研究所學報》，新第六期（香港：香港中文大學中國文化研究所，一九九七），頁二六五－二八五。

54 胡適，徐高阮（譯），〈科學發展所需要的社會改革〉，原刊：《文星》，第九卷第二期（臺北：一九六一年十二月一日），收入張忠棟、李永熾、林正弘（主編），劉季倫、薛化元、潘光哲（編輯），《現代中國自由主義資料選編——⑥社會改革的思潮》（臺北：唐山出版社，二〇〇一），頁二一一－二一七。

55 陳平原，《中國現代學術之建立：以章太炎、胡適之為中心》（北京：北京大學出版社，一九九八），頁二六二－二六六。

56 關於「後殖民論述」的探討，已蔚為顯學，筆者所知，受益於此書甚眾：Bart J. Moore-Gilbert, *Postcolonial Theory: Contexts, Practices, Politics*（London: Verso, 一九九七）；其他相關論說，不詳引述。

57 見：胡適，〈藏暉室劄記〉，卷十七，《胡適留學日記》（臺北：臺灣商務印書館，一九八〇〔臺五版〕），頁一一五一－一一五四；不詳引。

58 如，胡適，「一九二三年四月三日日記」：「用英文作一文，述『中國的文藝復興時代』（The Chinese Renaissance）……」（《胡適的日記（手稿本）》〔臺北：遠流出版公司，一九九〇〕，第四冊〔無頁碼〕）；一九二七年二月二十六日在紐約外交政策協會演講，將一九二〇年代發生的一切，視為「中國的文藝復興」的階段之一（見："Address of Dr. Hu, Shih"in: *Forward or Backward in China? Speeches by Dr. Hu, Shih, Mr. Glover Clark, and Dr. Stanley K. Hornbeck before the Foreign Policy Association, New York City, February 26, 1927*〔Peking: Peking Leader Press, 1927〕，收入：周質平〔主編〕，《胡適英文文存》〔臺北：遠流出版公司，一九九五〕，頁二三六），一九三三年還有 *The Chinese Renaissance* 之作（Hu, Shih, *The Chinese Renaissance: The Haskell Lectures 1933*, with introd. by Hyman Kublin〔New York: Paragon Book Reprint Corp., 1963【2nd ed.】〕）；其他類似述說，不詳引。

59 如：「中國文藝復興階段」，「從公元一千年（北宋初期）開始，一直到現在」，見：唐德剛（譯注），《胡適口述自傳》（臺北：傳記文學出版社，一九八三〔再版〕），頁二六九；同書裡的類似述說，不詳引。

60 沈松僑描摹胡適在學界、教育界的影響力，正是這方面的精采呈現，見：沈松僑，〈一代宗師的塑造——胡適與民初的文化、社會〉，收入周策縱（等著），《胡適與近代中國》（臺北：時報文化出版公司，一九九一），頁一三一—一六八。

61 章太炎收到胡適送他的《中國哲學史大綱》，覆函略曰：「接到《中國哲學史大綱》，盡有見解。但諸子學術，本不容易了然，總要看他宗旨所在，纔得不錯。如但看一句兩句好處，定都是斷章取義的所為，不盡關係他的本義。仍望百尺竿頭再進一步。……」見：〈章炳麟致胡適〉，耿雲志（主編），《胡適遺稿及秘藏書信》（合肥：黃山書社，一九九三），冊三十三，頁二二一—二二三；本函未署年，繫日為「三月二十七日」。

62 關於胡適與梁啟超的關係，參見：張朋園，〈胡適與梁啟超——兩代知識分子的親和與排拒〉，《中央研究院近代史研究所集刊》，第十五期下冊（臺北：一九八六年十二月），頁八一—一〇八；梁啟超對《中國哲學史大綱》的批判與胡適的回應，參見：董德福，〈梁啟超與胡適關于《中國哲學史大綱》的辯論芻議〉，《復旦學報（社會科學版）》，一九九八年期三，頁五八—六四。

63　陳源，〈新文學運動以來的十部著作〉（上），收入氏著，《西瀅閒話》（北京：中國文聯出版公司，一九九三），頁二〇七；本書據新月書店一九三一年三版以簡體字排印。

64　胡適，〈整理國故與打鬼——給浩徐先生信——〉（一九二七年二月七日），《胡適文存三集》，卷二，頁二一二；本文引用的版本是：胡適，《胡適文存三集》（上海：亞東圖書館，一九三〇）。

65　胡適對顧頡剛的影響，可參見：顧潮、顧洪，《顧頡剛評傳》（南昌：百花洲文藝出版社，一九九五），頁四四—五九；胡適對馮友蘭的影響，可參見：翟志成，〈馮友蘭徹底的民族主義思想的形成和發展（一八九五—一九四五）〉（二），《大陸雜誌》，第九十七卷第六期（臺北：一九九八年十二月），頁一二一—一二三；類似文獻甚眾，不一一引註。

66　周德偉，〈我與胡適之先生〉，收入氏著，《周德偉社會政治哲學論著》（臺北：尊德性齋，一九六八），頁三五七。

67　錢穆，《國學概論》（臺北：臺灣商務印書館，一九六八〔臺一版〕），頁一四二—一四三。當然，錢穆亦批評曰「惟胡氏此書似出於急就，尚未能十分自達其主張」，其論說不詳引。又按，錢穆自述道此書「屬筆在民國十五年，脫稿在十七年之春」（〈國學概論新版附識〉）。

68　季維龍，〈胡適與商務印書館〉，收入李又寧（主編），《胡適與他的朋友》，第六集（紐約：天外出版社，二〇〇一），頁二二七；趙潤海亦如是云，見：趙潤海，〈胡適與《老子》的時代問題——一段學術史的考察〉，收入劉青峰（編），《胡適與現代中國文化轉型》，頁三九七。但是他們都未說明史料依據，也未說明此書究竟印了多少冊。

69 陳少明，〈知識譜系的轉換——中國哲學史研究範例析論〉，《學人》，第十三輯（南京：江蘇文藝出版社，一九九八），頁一五五—一七八；他舉的例證是胡適的《中國哲學史大綱》（香港：中文大學出版社，一九九四）、馮友蘭的《中國哲學史》與侯外廬主編的《中國思想通史》。

70 余英時，〈《中國哲學史大綱》與史學革命〉，收入氏著，《中國近代思想史上的胡適》（臺北：聯經出版公司，一九八四），附錄一；羅志田，〈大綱與史：民國學術觀念的典範轉移〉，《歷史研究》，二〇〇一年期一，頁一六八—一七四。

71 陳寅恪與金岳霖對馮友蘭的《中國哲學史》提出的〈審查報告〉，均收入馮友蘭著，《中國哲學史》（上海：商務印書館，一九四七〔增訂八版〕）。

72 楊樹達，《積微翁回憶錄．積微居詩文鈔》（上海：上海古籍出版社，一九八六），頁一〇三；這是一九三五年九月二十一日的紀錄。

73 上海亞東圖書館的主人是汪孟鄒，與胡適為安徽績溪同鄉，兩人之間的關係與交誼，見：沈寂，〈胡適與汪孟鄒〉，收入李又寧（主編），《胡適與他的朋友》（紐約：天外出版社，一九九〇），第一集，頁三四五—三八九。

74 按，《三葉集》的總印數為二二，九五〇冊，見：沈寂，〈胡適與汪孟鄒〉，頁三六五（但是，沈寂未說明史料來源）。

75 汪原放，《回憶亞東圖書館》（上海：學林出版社，一九八三）。

76 本表「資料來源」，即指：汪原放的《回憶亞東圖書館》一書的頁數（下表同）。

77 即如胡適自己更從總字數達一百四、五十萬的三集《胡適文存》裡有意識地「選出了二十二篇論文」，在一九三〇年由亞東圖書館出版《胡適文選》一書，「預備給國內的少年朋友們作一種課外讀物」，見：胡適，〈介紹我自己的思想〉，《胡適文選》，《胡適作品集》，第二冊（臺北：遠流出版公司，一九八六）；朱自清即認為，《胡適文選》「是一部值得讀的好書」，故撰有〈《胡適文選》指導大概〉，做為高中生閱讀的指引，見：朱自清，〈《胡適文選》指導大概〉，收入：歐陽哲生（編），《再讀胡適》（北京：大眾文藝出版社，二〇〇一），頁三〇一—三三二。

78 關於邊緣知識分子的興起，參見：羅志田，〈近代中國社會權勢的轉移：知識分子的邊緣化與邊緣知識分子的興起〉，收入氏著，《權勢轉移——近代中國的思想、社會與學術》（武漢：湖北人民出版社，一九九九），頁一九一—二四一。

79 羅志田從社會層面的角度述說了文學革命引發的社會反響，參見：羅志田，〈文學革命的社會功能與社會反響〉，收入氏著，《權勢轉移——近代中國的思想、社會與學術》，頁二九〇—三〇一。

80 潘光哲，〈胡適與羅爾綱〉，《文史哲學報》，第四十二期（臺北：臺灣大學文學院，一九九五年三月），頁五七—一〇二、潘光哲，〈胡適與吳　〉，《歷史月刊》，第九十二期（臺北：一九九五年九月），頁一二〇—一二五。

81 見：〈支偉成致胡適（一九二五年十月十六日）〉，耿雲志（主編），《胡適遺稿及秘藏書信》（合肥：黃山書社，一九九四），冊二十四，頁五六二—五七一；本函編年依據，參見本文附錄二：支偉成致胡適函繫年考。

82 吳文祺的生平略傳，參見：徐友春（主編）《民國人物大辭典》（石家莊：河北人民出版社，一九九一），頁三四二；其中略述：吳文祺畢業於浙江師範講習所，肄業於金陵大學，為文學研究會會員，一九二六年任上海商務印書館編輯等等；一九四九年後，任教上海復旦大學，又任上海市政協常務委員等。

83 〈吳文祺致胡適〉，耿雲志（主編），《胡適遺稿及秘藏書信》，冊二十八，頁三四五—三五〇；本函繫年自署為一九二二年十月三十日；函中另自述道，他受到胡適的〈文學改良芻議〉、〈建設的文學革命論〉「不得不信仰白話文有至高無上的價值」，讀了〈不朽〉，「我的人生觀遂大大的一變」，讀了《中國哲學史大綱》，「我真是佩服得五體投地了」，讀了〈論國故學〉，「又知道整理國故的重要，故做了一篇〈整理國故問題〉」，又「想引起國人對于國故的注意」，故寫了〈整理國故的利器——讀書通〉，擬投稿於《讀書雜誌》等等；但是，〈整理國故的利器——讀書通〉未刊於《讀書雜誌》。

84 〈吳文祺致胡適（一九三二年七月三十日）〉，耿雲志（主編），《胡適遺稿及秘藏書信》，冊二十八，頁三五一—三七四；本函編年依據，參見本文附錄三：吳文祺致胡適函繫年考。又，本函又說，他讀了《章實齋先生年譜》「才去讀《文史通義》」，較諸錢穆自述一九二一年以前「在小學任教，即深喜章氏之《文史通義》」（錢穆，《八十憶雙親．師友雜憶合刊》〔臺北：東大圖書公司，一九八三〕，頁一六二），則章學誠著述的「閱讀史」，是否由於《章實齋先生年譜》而「復興」，或許可以另行深究。

85 吳文祺，〈重新估定國故學之價值〉，見：許嘯天（編輯），《國故學討論集》（上海：上海書店，一九九一〔景印〕），第一集，頁三〇—五〇。

86 最明顯的例證是吳文祺的《新文學概要》（原為中國文化服務社一九三六年版），收入《民國叢書》（上海：上海書店，一九八九〔景印〕），第一編五十八冊。

87 唐德剛，《胡適雜憶》（臺北：傳記文學出版社，一九八七），頁五九；原文是：「胡先生在他紀念蔡元培的文章裡便把他成功的偶然性說得很清楚。他說他底青年期如果沒有蔡先生的著意提挈，他底一生也可能就在二三流報刊編輯的生涯中度過」；但是，所謂「胡先生在他紀念蔡元培的文章」，究係何指，目前尚難得悉。

88 例如，逯耀東對胡適的生活、交遊、人際網絡等面向即有細緻的描寫，別開生面，見：逯耀東，〈胡適逛公園〉，收入氏著，《胡適與當代史學家》（臺北：東大圖書股份有限公司，一九九八），頁三七—六三（可惜，他未詳註史源所出，讓初涉此一領域的後學，無法藉而進一步親近原始資料，不免略有闕憾）。

89 或者說，從「知識分子社會學」（the sociology of the intellectuals）的取向進行探索，這是筆者自 A. W. Gouldner 的論著裡得到的想法，參見：A. W. Gouldner, *The Future of Intellectuals and the Rise of the New Class: A Frame of Reference, Theses, Conjectures, Arguments, and an Historical Perspectives on the Role of Intellectuals and Intelligentsia in the International Class Contest of the Modern Era*（N. Y.: Continuum, 1979）；當然，關於 A. W. Gouldner 對於知識分子做為新階級（new class）的探討，也可以從整體的理論變遷脈絡裡進行思考，如 Ivan Szelenyi、Bill Martin 就指出，關於知識分子作為新階級的理論變遷趨勢，可以約略區分為：首先是一八七〇年代以降問世的知識階級的無政府主義理論（the anarchist theories of the intellectual class），而後演變為一九三〇至五〇年代的技術官僚階級理論（the technocratic-bureaucratic class theories），再流衍遞變為一九七〇年代的知識階級理論（the knowledge class theories），A. W. Gouldner 的述說，即被他們認為是一九七〇年代知識階級理論的代表之一（見：Ivan Szelenyi、Bill Martin, "The New Waves of New Class Theories and postscript", in: Charles C. Lemert edited, *Intellectuals and Politics: Social Theory in a Changing World*〔Newbury Park, CA: Sage Publications, 1991〕, pp. 19-25）。

90 這是沈衛威在「胡適研究」領域裡的首創之功，見：沈衛威，《自由守望——胡適派文人引論》（上海：上海文藝出版社，一九九八）；本書有臺灣版：沈衛威，《升起與失落——胡適派文人集團引論》（臺北：風雲時代出版公司，二〇〇〇）。

91 如陳儀深考察胡適刊布於《獨立評論》的民主言論，將他在此一階段的思想特徵歸類於「無黨政治論」，便是著重個例精細分析的展現，見：陳儀深，《獨立評論的民主思想》（臺北：聯經出版公司，一九八九）。

92 參見：Immanuel Wallerstein,"Braudel on Capitalism, or Everything Upside Down," in idem., *Unthinking*

Social Science: The Limits of Nineteenth-Century Paradigms（Cambridge: Polity Press, 1991）, pp. 207-217。當然，華勒斯坦也強調，別的論者也可以從布賀岱那兒提出其他的闡釋。

93 胡適，〈廬山遊記〉，《胡適文存三集》（上海：亞東圖書館，一九三一），卷二，頁二七三。

94 胡適與「新紅學」的關係，論著不可勝數，嘗試從二十世紀中國學術思想的整體脈絡進行探討的成果，見：陳維昭，《紅學與二十世紀學術思想》（北京：人民文學出版社，二〇〇〇），他指出，自從胡適發表〈《紅樓夢》考證〉（一九二一年）以來，「考證成為《紅樓夢》研究中最基礎最首要的一個學術環節」，「這座輝煌的金字塔的塔基是由胡適一手締造的」，「時至今日，關於《紅樓夢》考證的論題，大多數是由胡適提出的」（頁六八）；其餘述說，不詳引證。

95 這是周質平的絕大貢獻，他將胡適寫給韋蓮司的一百七十五封英文函電等資料，編譯為中文專書：周質平（編譯），《不思量自難忘：胡適給韋蓮司的信》（臺北：聯經出版公司，一九九九），並結合其他相關史料，撰述為專書：周質平，《胡適與韋蓮司：深情五十年》（臺北：聯經出版公司，一九九八）。

96 關於引證胡適的英文著述來說明胡適對於馮友蘭《中國哲學史》的反應，首先是周質平的創獲，見：周質平，〈胡適與馮友蘭〉，收入氏著，《胡適叢論》（臺北：三民書局，一九九二），頁八七—一四六；後來，翟志成亦有類似的細緻論述，見：翟志成，〈馮友蘭徹底的民族主義思想的形成和發展（一八九五—一九四五）〉（二），《大陸雜誌》，第九十七卷第六期（臺北：一九九八年十二月），註九三（頁二〇）。

97 參見：沈衛威，《自由守望——胡適派文人引論》，頁一九六—一九七、頁二二五—二三五。

98 胡適，〈我們要我們的自由〉，收入耿雲志（主編），《胡適遺稿及秘藏書信》（合肥：黃山書社，一九九四），冊十二，頁二二五—二三三。

99 胡明則引用〈我們要我們的自由〉說明「胡適願當諍臣的立場」，他在論述胡適決心參與創辦《獨立評論》的心路歷程時，亦徵引此文（胡明，《胡適傳論》〔北京：人民文學出版社，一九九六〕，頁六九二、頁七〇七—七〇八），恐皆不盡恰當。

100 參見：薛化元，《《自由中國》與民主憲政——一九五〇年代臺灣思想史的一個考察》（臺北：稻鄉出版社，一九九六）。

101 這兩封信是：〈胡適致雷震等（一九四九年四月十六日）〉、〈胡適致雷震〉（一九五〇年一月九日），收入：萬麗鵑（編註），潘光哲（校閱），《萬山不許一溪奔——胡適雷震來往書信選集》（臺北：中央研究院近代史研究所，二〇〇一），頁一—三、頁九—一〇；按，這兩封信的資料來源是臺北中央研究院近代史研究所胡適紀念館收藏的「雷震持贈本」；早在一九八〇年代，張忠棟即使用友人提供的影本，提出論證（參見：張忠棟，〈為自由中國爭言論自由的胡適〉，註一一二〔氏著，《胡適五論》（臺北：允晨文化公司，一九八七），頁二五六〕）；後繼學人如任育德的《雷震與臺灣民主憲政的發展》（臺北：國立政治大學歷史學系，一九九九）一書對胡適與雷震及《自由中國》關係的描述，雖大量引用臺北中央研究院近代史研究所檔案館收藏的《雷震檔案》，卻未能同時自胡適紀念館搜檢檔案而徵引這兩封信，未免有憾。

102 見：〈首次公諸於世·民主發展的艱難見證·胡適與蔣總統論政書札〉，《聯合報》一九九七年二月二十七日，三十七版；雷頤即引用了這封信做為分析胡適晚年政治思想的材料之一，見：雷頤，〈胡適晚年政治思想述要〉，《雷頤自選集》（桂林：廣西師範大學出版社，二〇〇〇），頁一八五—一九九。

103 〈錢玄同致胡適〉，耿雲志（主編），《胡適遺稿及秘藏書信》（合肥：黃山書社，一九九四），冊四十，頁三五一—三五六；依此原件景本，本函繫年確為一九二五年五月十日。

104 本函用紙即為「甲子社人文類編輯部用牋」，據該「用牋」，甲子社社址在「上海靜安路」。

105 本文引用的版本是：支偉成，《清代樸學大師列傳》（長沙：岳麓書社，一九八六〔景印〕）；本書〈出版說明〉謂本書於一九二五年由上海泰東書局初版，依據一九二八年上海泰東書局再版本景印。

106 耿雲志，《胡適年譜》（香港：中華書局，一九八六），頁九三—九四、胡頌平（編著），《胡適之先生年譜長編初稿》（臺北：聯經出版公司，一九八四），第二冊，頁六一五—六一六。

107 杜春和（等編），《胡適論學往來書信選》（石家莊：河北人民出版社，一九九八），將本函繫年於一九二三年十月十六日（上冊，頁三二一），誤。

108 《周作人日記》（鄭州：大象出版社，一九九八），下冊，頁二七六。

附錄一：一九二五年四月十二日胡適致錢玄同函繫月考

胡適這一封給錢玄同的信，一般繫年為一九二五年四月十二日，它的資料來源是《魯迅研究資料》第九輯，目前尚未見到原信（或影本），其原貌何若，莫得其詳。然而，細繹函內述說：

> 謝謝你的長信……《今文家書目》，真應該磕頭道謝的。我一定依這個指南針去尋求……《華國》、《學衡》都已讀過，讀了我實在忍不住要大笑。近來思想界昏謬的奇特，真是出人意表！我也想出點力來打他們，但我不大願意做零星的漫罵文章。這種膏肓之病不是幾篇小品文字能醫的呵。「法宜補瀉兼用」。補者何？盡量輸入科學的知識、方法思想。瀉者何？整理國故，使人明了古文化不過如此。……

對比於一九二五年五月十日錢玄同給胡適的信：

> 《華國》二冊奉上……《學衡》第三十八期一本，亦奉上。我送給你看，並非因為其中有〈跋紅樓夢考證〉一文，乃因有吳宓底二篇和景昌極底一篇，你看他們的議論和思想，昏亂到什麼地位？……你叫我開關于晚清今文學底書單子，茲另紙開奉……[103]。

因此，這一封信必當是胡適對錢玄同此函的回應，繫年絕對不可能是一九二五年四月十二日；至於它的確切日期，自當有待於原信（或影本）問世，始得其詳。

附錄二：支偉成致胡適函繫年考

《胡適遺稿及秘藏書信》第二十四冊收錄支偉成致胡適函共六通，此處繫年考證者為第六通（頁五六二—五七一）。

是函未署年，繫日為「十月十六」，函內云：

> 昨由黃任之先生偕臺駕蒞臨敝社參觀，幸獲一瞻丰采……，

又云：

> 留呈《清代樸學大師列傳》，切望先生詳加指正（此書甫印就……）。

按，黃任之先生即黃炎培，敝社當為「甲子社」[104]，查支偉成《清代樸學大師列傳》於一九二五年由上海泰東書局出版[105]，是書〈凡例〉自署繫年為「民國十三年甲子冬十一月二十八日」，書末附〈敘

傳〉，略云：「年二十二，……方肄業滬之大同大學」，輯成《清代樸學大師列傳》時，「年概蓋二十有六矣」，「於甲子之冬付梓」（〈敘傳〉，頁二二）。

再查胡適行跡，他自一九二五年九月到武漢講學，十月赴上海，十月二十三日在上海中華職業學校講演[106]。因此，胡適於一九二五年十月十五日是否曾參觀甲子社，《胡適的日記（手稿本）》未見此一紀錄，但仍可斷定本函繫年當為一九二五年十月十六日[107]。

附錄三：吳文祺致胡適函繫年考

《胡適遺稿及秘藏書信》第二十八冊收錄吳文祺致胡適函共三通，此處繫年考證者為第二通（頁三五一—三七四）。

本函未署年，繫日為「七、三〇」。函內謂：「現在【徐】志摩已經死了」（按，徐志摩逝於一九三一年十一月十九日）；又謂：

> 數日前因事去找周啟明先生，……

按，周作人，「一九三二年七月二十五日日記」：「吳文祺君以平伯介紹來談」。是以，本函繫年當為一九三二年七月三十日。

編輯後記

我的「胡適閱讀史」：被閹割的「五四火種」在臺灣[1]

潘光哲

自從漸漸地不需要仰賴注音符號就可以讀書閱報以來，父親的書架，便是我開始進行探險的天地。那正是一九七〇年代初期臺灣離開聯合國的時候，身為職業軍人的他，放在那裡最多的，或是國防部編印的《處變不驚莊敬自強史例》之類的書，都是白色封面的精裝本；或是國民黨中央黨部編印的《中央月刊》，花花綠綠的封面，每個月各不相同。這些書的基調，千篇一律，外加不認識的字實在太多了，讀沒多久，就覺得乏味之至。意外的是，胡適的《四十自述》與馮愛群編的《胡適之先生紀念集》，居然與國民黨黨國體制的那堆宣傳品夾雜在一起。前者是臺南大東書局的版本（現在看來，當然是部盜版書），後者是臺北學生書局出版的。兩部書的出版時間與父親題寫在內頁的收藏時間，都是一九六二年三月，恰是胡適去世後的一個月，臺灣追悼胡適的情緒最為熱烈的時候。顯然，一介軍人的父親，也受到這波熱烈的感染。這兩部書的封面裝幀，絕不出色，本來難能吸引幼童的目光，它們是無可選擇之後的最後選擇。不過，意外發現之後，它們成為《國語日報》與《王子雜誌》等兒童讀物之外，最能吸引自己的書本。

剛捧起《四十自述》的我，最初根本不知道胡適的本名「嗣穈」和他的二哥「嗣秬」、三哥「嗣秠」究竟該怎麼念。胡適註記了「穈字音門」，可是，「嗣」、「秬」與「秠」呢？非知道不可的衝動，讓我從摸索裡學會了查《辭源》的本事。知道答案之後，自然越查越起勁，越讀越過癮。等到被允許單獨出門去逛號稱「書街」的臺北重慶南路，在眾多書店裡尋覓胡適的書，是自己的「第一志願」。那套得到胡適授權，由遠東圖書公司出版的四大卷《胡適文存》，是在哪家書店裡發現的，已不復記得，卻永遠忘不了，那是我第一次享受到找書覓書居然「美夢成真」的快樂滋味。只是，快樂之後，馬上就是痛苦了。那不是家裡買得起也願意買給孩子的書；眷村和小學裡都沒有圖書館，這套書無從借起。可憐那時我也不曉得有公立圖書館可以滿足自己的閱讀好奇；只好有空就去書店裡「站崗」，企圖畢其全功。然而，胡適的

註1　本文部分內容曾刊載於：《南方都市報》（廣州：二〇〇九年五月十七日），B二十七版。

文字再怎麼淺顯易懂，也不可能是小學生站在書店裡看得完，而且全部都看得懂的。只有再三翻讀《四十自述》這兩部書，聊以藉慰。小學畢業典禮上頒發的臺北市「市長獎」獎品，會是一套《胡適文存》嗎？一直是我的幻想。當然，這兩樣我都沒拿到。

初中時代，國文課本選錄了胡適的〈我的母親〉，出自我早已讀過的《四十自述》。然而，那三年卻是絕對不容許人喘氣找胡適來看的時候。等到一九八〇年夏天高中聯考結束，開始暑期打工，拿到工錢的第一件事，就是騎腳踏車去當時還位於臺北光華商場旁的水準書局，買了一套與遠東版內容一模一樣卻未署出版者的《胡適文存》。同樣是遠東出版的，《胡適文存》的售價為什麼比梁實秋編的高中英漢辭典貴那麼多，是我那時最大的好奇之一；無可奈何之下，只好買盜版的本子。同一時候，李敖突然「復出江湖」，他的《胡適研究》與《胡適評傳》由遠景出版公司新版上市，轟動一時。將《胡適文存》與這兩部書合併而觀，不僅引起我探尋李敖其人其書的「前史」的興趣，他指責遠東版《胡適文存》的錯誤和刪節部分，更指示提醒了我，在舊書攤尋覓《文星》和《自由中國》之外，也得留心有沒有「原版」的《胡適文存》。前面兩種雜誌與《文星叢刊》乃至於柏楊、錢穆、徐復觀與殷海光，都找到了不少，後者則從來不見「盧山真面目」。沉迷於舊書攤（以及棒球場）的代價是沉重的，一定得補考才能升級的命運，讓父親氣得說要把我辛苦找到的李敖和柏楊的書，統統都燒掉。還好，參加全國作文比賽拿名得獎的成績和那堆胡適的書，成了「擋箭牌」，他老人家終究沒有付諸行動，也逼得我把心非放回準備大學聯考上不可。

始終掛念的「原版」《胡適文存》的本來內容，一直要到一九八六年當遠流出版公司得到胡適紀念館的授權，推出壯觀的三十七冊的《胡適作品集》之際，方始知曉。已經是大學生的我，讀過胡適祕書胡頌平先生編的《胡適之先生年譜長編初稿》十大冊以及臺灣大學歷史系教授張忠棟先生的〈胡適從「努力」到「新月」的政治言論〉一文，早就知道了《人權論集》的存在。所以，我更好奇的是，胡適在這部書裡究竟是怎麼批判國民黨的？好不容易，輾轉從張忠棟先生那裡得到《人權論集》的影印本，總算滿足了我的好奇；它更一度是我揣摩再三學習撰寫政論文字的藍本。

原來，李敖批判遠東版《胡適文存》刪節的，主要是胡適發表在《努力週報》的政論文字的部分，其中頗多對孫中山的「不敬」之語，甚至於對孫中山和陳炯明間的衝突糾紛，胡適更是站在肯定後者的立場上。當臺灣對這段歷史的詮釋，以孫中山之「是」為「是」，以孫中山之「非」為「非」，稱之曰「陳炯明叛變」的時候，要在臺灣再度出版《胡適文存》，他當年的政論意見，絕對「不合時宜」，非刪不可。只是，誰都料想不到，動手「閹割」《胡適文存》的，居然是胡適本人。直到遠流版的

《胡適作品集》，終於才「還它一個本來面目」。然而，胡適在《人權論集》裡對國民黨的批判，更為激烈，批判的矛頭，更直接指向蔣介石。所以，在臺灣總統還姓蔣的時代，遠流即使可以「勇敢」地出版《胡適作品集》，卻絕無再版《人權論集》的「勇氣」。至於《胡適之先生年譜長編初稿》也只選錄《人權論集》的〈序〉，卻未可錄其全文，自然都可以理解。我能讀到《人權論集》的影印本，已經是樁「福氣」了。

大江總是向東奔流的。從一九八〇年代末期起，臺灣政治上的一切禁忌，被怒不可遏的社會力「衝決網羅」，認識胡適全貌的可能性，也不例外。特別是，張忠棟先生在一九八七年將他的〈胡適從「努力」到「新月」的政治言論〉及其他文章匯為《胡適五論》，以這部書的出版為標誌，胡適獨特的生命旅程，從此不再是重重謎霧籠罩的歷史命題。張先生的這部《胡適五論》，以嚴謹的學術規範為基礎，秉史家如椽之筆，直書無忌，盡可能精確地書寫過往歲月的紀錄，既揭穿黨國威權體制一貫「英明偉大」的真相，也像是萬馬皆闇的時代裡的正義之聲。可以說，在「胡適研究」的「復興」浪潮裡，張先生的研究成果，實位居新起浪頭的第一波。以胡適的生命史為對象，讓人能夠貪婪閱讀各種文獻，窺視其間無限風彩，並且得到跳脫出政治神話囚籠的思想刺激的時代，終於降臨。諸如《胡適的日記》手稿本的影印出版，以及由北京中華書局出版三大冊的簡體字本的《胡適來往書信選》等相關文獻資料，在臺灣的大量出土與流通，閱讀胡適，根本不再需要尋尋覓覓了。思想觀念的禁區不復存在，研究胡適，可以自由自在地開展漫無邊際的「知識探險」活動。當然，自由研究閱讀胡適，與發揚實踐胡適思想，是兩回事。像胡適這樣的自由主義者翹望以待的理想生活世界，仍是征途漫漫。

胡適做為「五四」的領袖人物之一，他又歸骨埋骸於臺灣，在臺灣傳遞「五四火種」的起跑者，他自是當之無愧。因此，胡適的各種著作，始終在臺灣出版不輟，亦且盜版連連，正展現了胡適的吸引力。可是，現實政治卻壓制了人們對於胡適的認識與理解，「五四火種」在臺灣的薪傳空間，也逃脫不了黨國體制「魔掌」的控制。我的「胡適閱讀史」，從盜版書讀到影印本，再讀到經過授權的「合法版本」，而後又收集到來自中國的各種簡體字本，既展現了胡適在臺灣流傳軌跡的一個面向，多少也是臺灣轉變的象徵。

當下臺灣處境裡的讀者，不必品嘗尋覓胡適的辛苦歷程。然而，人們可能面對的問題，不是去那裡才能讀到胡適，而是描說胡適愛情世界的書更為流行的時候，除了「消遣」之外，為什麼要讀胡適。舉例來說，對「統獨」、「藍綠」等等讓人好似困惑難決的問題，胡適那裡自然找不到直截了當的答案。只是，在廿世紀的華人歷史舞臺上，占據一個樞紐位置並自稱為自由主義者的胡適，碰到的困難抉擇，絕對不比我們少。胡適的抉擇，叫好拍掌的回應，固然聲振一時；批判詈罵的聲浪，也是響徹雲霄。胡適面對時代潮流與現實環境做出的選擇，為什麼「有所為」，「有所不為」，應該都有可供思考的借鑑意義；胡適做出抉擇後的複雜心情及其歷史結果，還值得細細的品味反省。在「爆料文化」主宰臺灣的公共論壇，以「名嘴」的是非為是非不容討論辯難的此際，胡適期望「我們若想別人容忍諒解我們的見解，我們必須先養成能夠容忍諒解別人的見解的度量」，胡適主張不要「以吾輩所主張者為絕對之是」的態度，應當猶具相當的啟發意義。

在臺灣已不再是被閹割的「五四火種」，還能傳薪不已嗎？重新閱讀胡適，應該會是回答這個問題的一道路徑罷。

自從二〇〇八年自美國哈佛大學訪學返臺，個人意外奉命負責中央研究院近代史研究所胡適紀念館的行政業務，如履薄冰，兢兢業業，期可毋負所望。在前人打下的基礎上，如何將胡適的精神遺產，傳承轉化，成為我們持續共享的財富；怎樣讓年輕朋友不必再走上一趟苦苦尋覓胡適的歷程，讓閱讀胡適成為思想的享受，使胡適是思考現實的可能動力之一，始終纏繞我心。以自己的閱讀經驗和體會為基礎，呈現一愚之見，纂輯這部小書，是實現這分信念的初步嘗試。對胡適有興趣的青年朋友，如果能夠以本書做為開始閱讀胡適的起點，進而得著些許益處，必將是個人最大的榮幸。

編輯本書的原始構想和創意，蒙楊渡仁兄的熱心指教和支持，終可落實，謹此特別表示謝意。前任中央研究院代院長王汎森院士與殷海光基金會董事陳宏正先生特別關心本書的編纂出版；前後擔任胡適紀念館管理委員會的諸位前輩：陳永發、謝國興、黃克武、楊翠華、翟志成與陳儀深等教授，提供館務運作的睿見，贊助本書的纂輯，亦應特致謝悃。鄭鳳凰、許惠文、莊茹蘭、蘇育琇、李文仁、岑丞丕及張家玲等前後服務於胡適紀念館的同仁，支持本書的編輯工作，特別是鄭鳳凰女士總其繁瑣，謹此銘誌其勞，並表謝意。本書的初版出版者：南方家園出版社的劉子華、洪于雯對本書的製作完成，其功更不可忘。現版權到期，榮蒙李進文先生的厚愛，轉由臺灣商務印書館再行推出新版，編者乃以原書樣態為基礎，增補易改，精益求精，以酬答讀者與編者諸君之熱忱。一切謬失，自仍由編者負責。

潘光哲 謹誌

二〇〇九年五月四日・初稿
二〇一〇年二月二十八日・再稿
二〇一九年二月二十四日・三稿

國家圖書館出版品預行編目(CIP)資料

容忍與自由：打開胡適思想世界的第一扇窗 / 胡適著；潘光哲選編. -- 初版. -- 新北市：臺灣商務，2019.06
面；　公分.

ISBN 978-957-05-3215-9(平裝)

1. 言論集

078　　108008005

人文

容忍與自由
打開胡適思想世界的第一扇窗

作　　者—胡適
編　　者—潘光哲
發 行 人—王春申
總 編 輯—李進文
編輯指導—林明昌
責任編輯—王育涵・徐平
書籍美術設計—吳郁嫻
校　　對—黃瑞容
業務組長—陳召祐
行銷組長—張傑凱
出版發行—臺灣商務印書館股份有限公司
23141 新北市新店區民權路 108-3 號 5 樓（同門市地址）
電話◎ (02)8667-3712　傳真◎ (02)8667-3709
讀者服務專線◎ 0800056196
郵撥◎ 0000165-1
E-mail ◎ ecptw@cptw.com.tw
網路書店網址◎ www.cptw.com.tw
Facebook ◎ facebook.com.tw/ecptw

局版北市業字第 993 號
初版一刷：2019 年 6 月
印刷：沈氏藝術印刷股份有限公司
定價：新台幣 400 元
法律顧問—何一芃律師事務所